新时代中国特色农村金融创新研究

本书编委会　编著

中国金融出版社

责任编辑：吕　楠
责任校对：孙　蕊
责任印制：丁淮宾

图书在版编目（CIP）数据

新时代中国特色农村金融创新研究 / 本书编委会编著．—北京 ：中国金融出版社，2023.2
ISBN 978-7-5220-1889-8

Ⅰ.①新…　Ⅱ.①本…　Ⅲ.①农村金融—金融改革—研究—中国　Ⅳ.①F832.35

中国国家版本馆 CIP 数据核字（2023）第 021077 号

新时代中国特色农村金融创新研究
XINSHIDAI ZHONGGUO TESE NONGCUN JINRONG CHUANGXIN YANJIU
出版发行　中国金融出版社
社址　北京市丰台区益泽路 2 号
市场开发部　(010)66024766，63805472，63439533（传真）
网 上 书 店　www.cfph.cn
(010)66024766，63372837（传真）
读者服务部　(010)66070833，62568380
邮编　100071
经销　新华书店
印刷　北京九州迅驰传媒文化有限公司
尺寸　169 毫米×239 毫米
印张　16.75
字数　280 千
版次　2023 年 2 月第 1 版
印次　2023 年 2 月第 1 次印刷
定价　89.00 元
ISBN 978-7-5220-1889-8

本书编委会

序

党的二十大报告提出了建设农业强国的战略决策，并把健全农村金融服务体系作为建设农业强国的举措之一。健全农村金融体系的内容很多，包括政策性金融和商业性金融提升为农服务水平和加大为农服务力度，也包括合作金融的发育。新中国成立后，后者的发展十分曲折，至今仍然没有放开。

合作金融的重要性，在理论上自不必说。在中国共产党领导的合作经济发展过程中，合作金融自始至终都扮演了重要角色。早在1925年成立的中国共产党领导的第一个省级农民协会——广东省农民协会，就在其决议案中强调要发展三类合作社，包括购买合作、贩卖合作和“（三）借贷合作：生产既不能无资本，借贷是不能免的。但是我们没有钱的时候，就要受资本重利的盘剥，而有钱的时候，又无从安放生息，乡间虽有邀集亲友作借贷的事业，例如作月会年会等，惟是此种大半非生产的借贷，我们应该联合大家自己组织一个借贷合作银行，会员有钱时可以放存银行收回相当的利息，需用时又可以向银行借取，那末抵押土地，典当衣服，及地主重利盘剥等事，都可以避免了”①。1926年12月湖南省第一次农民代表大会、1927年2月江西省第一次全省农民代表大会、1927年2月湖北省农民协会第一次全省代表大会均通过有关农民合作社问题的决议案，都提出要发展信贷合作社。到土地革命、抗日战争和解放战争时期，尽管我党领导的合作经济组织以生产互助为主，主要是解决男子上前线造成的劳动力不足问题，但信用合作仍然是主要内容之一。如1934年1月第二次全国苏维埃代表大会通过的《关于苏维埃经济建设

---

① 史敬棠等．中国农业合作化运动史料［M］．北京：生活·读书·新知三联书店，1957：74.

的决议》给出的数据是："生产合作社，消费合作社，粮食合作社，信用合作社等即在中央苏区吸收的社员，已达五十万人以上。闽浙赣省加入合作社的人数达到全省人口百分之五十。在有些乡则全体劳苦群众已经加入了合作社。为了加强对于各种合作社的领导，在中央苏区，在各省都已经有了总社的组织。"① 成立于1936年的延安南区合作社，是毛泽东同志亲自培育和树立的典型，是我党领导的合作社事业的一面旗帜，其合作的内容也包括信用，即毛泽东同志所说的"延安南区合作社式的包括生产合作、消费合作、运输合作（运盐）、信用合作的综合性合作社"②，是新中国合作社事业发展的模板。

新中国成立后，党高度重视信用合作社的发展。1950年10月，中共中央把《中华人民共和国合作社法（草案）》和《合作社登记办法（草案）》下发到各中央局、分局并转各省委、市委征求意见③，其中第三条第二款为："农村供销合作社即农业生产信用合作社的目的，是农民及农村其他劳动人民把自己当作生产者同时也当作消费者自愿地联合起来，凑集资金，建立自己商业的、生产的或信用的组织，首先去推销自己所生产的多余的农产品和副业产品，同时去购买自己所需要的生产资料和日常消费品，并发展农村中新的借贷关系，以便首先畅销自己多余的产品，同时比较廉价地买到自己所需要的生产资料和日常消费品，并使资金多余的人得到存款利息，使缺乏资金的生产者及其他劳动人民低利地借到资金，避免中间剥削和高利贷剥削，以促进农村生产的发展和农村人民生活的改善。"④ 因此，1950年7月成立的中华全国合作社联合总社，就包括信用合作的内容。1951年4月，薄一波、程子华两位同志上报中共中央《关于信用合作会议的报告》，提出要"单独组织农村

① 史敬棠等. 中国农业合作化运动史料（上册）［M］. 北京：生活·读书·新知三联书店，1957：94.

② 毛泽东. 组织起来［M］//毛泽东选集（第三卷）. 北京：人民出版社，1964：931.

③ 此后没有形成正式法律、法规。其中，《中华人民共和国合作社（草案）》总则的前三条为刘少奇同志亲自撰写，并对整个法律草案进行了多处修改。

④ 中华人民共和国合作社法（草案）［M］//中共中央文献研究室，中华全国供销合作总社编. 刘少奇论合作社经济. 北京：中国财政经济出版社，1987：195-196.

信用合作社，统一由银行领导”。“供销合作社兼办的信用部遇有存少贷多，影响供销社资金周转，遇有不能按期收回的贷款，或发生呆账，则影响到供销社的巩固”。这个报告得到了以刘少奇同志为代表的党中央的肯定性批示。同年，经中国人民银行批准，农村信用社成立。此后，经历了农民互助合作（1952—1958 年，这期间是真正的农民合作金融机构）、人民公社管理（1958—1978 年）、农业银行管理（1978—1996 年）、人民银行代管（1996—2003 年）、地方政府管理（2003 年以来）五个阶段。2003 年 6 月 27 日，国务院正式发布了《深化农村信用社改革试点实施方案》（国发〔2003〕15 号），提出要按照“明晰产权关系、强化约束机制、增强服务功能、国家适当支持、地方政府负责”的总体要求，加快农村信用社产权制度和管理体制改革。改革的一项主要内容是以法人为单位，改革农村信用社产权制度，明晰产权关系，完善法人治理，区别各类情况，确定农村商业银行、农村合作银行与保持合作制的农村信用社三种不同的产权形式，由县、乡两级法人体制转变为以县为单位的统一法人。2011 年，银监会在农村信用社体制问题上作出了最终选择，明确“去合作化”，今后将不再组建新的农村合作银行，现有农村合作银行也要全部改制为农村商业银行，要求符合条件的农村信用社改制组建为农村商业银行。截至 2020 年 12 月末，农村信用社数量为 641 家，农村合作银行为 27 家，农村商业银行为 1539 家。农村信用社“去合作化”后，农民的信用合作组织不复存在。

然而，我国“大国小农”的特点决定了常规金融很难满足小规模农户资金的需求。日本、韩国以及我国台湾地区合作金融成功的经验也说明了生产合作、供销合作、信用合作的不可分性，三者互为条件、互相促进。实际上，在欧美国家较大型的农民合作社也大多有信用合作内容。2014 年中央一号文件就强调要“发展新型农村合作金融组织”，要求“在管理民主、运行规范、带动力强的农民合作社和供销合作社基础上，培育发展农村合作金融，不断丰富农村地区金融机构类型。坚持社员制、封闭性原则，在不对外吸储放贷、不支付固定回报的前提下，推动社区性农村资金互助组织发展”。然而，一旦资金互助组织有了一定程度的发展，很多地方就以防范风险为理由予以取缔，而不是加强监管使之朝着正确的方向运行。直至今日，全国范围内农村信用合作组织仍然处于较低的发展水平，无法满足广大农民发展现代农业的需求。

党的二十大提出建设农业强国的战略目标，2023 年中央一号文件对如何建设农业强国进行了具体部署。在建设农业强国的过程中，农民和各类新型经营主体对资金的需求是必然的，如果满足不了他们的需求，就必然会延迟农业强国的步伐。这就是党的二十大把健全农村金融服务体系作为建设农业强国举措之一的原因。因此，必须继续深化农村金融改革，除常规金融加大支农力度外，在适度监管下加快农村信用合作发育仍然是必选策略之一。从这个意义上看，供销总社成立金融服务部意义重大，但如何推动基层社发展普惠的信用合作，致力于扶持草根金融发育和成长，道路漫长而曲折，需要不懈努力。本书第七章讨论了新型农村合作金融的实践探索，肯定了试点的成绩，但在我看来，把试点经验尽快铺开，让广大农民都感受到农村金融改革的成果，已经时不我待，的确不能再拖延了。

总社金融服务部组织撰写了专著《新时代中国特色农村金融创新研究》，嘱我作序。全书内容全面而新颖，覆盖了 21 世纪以来商业银行支农创新实践、农业保险的创新发展、农产品期货市场对农业发展的拉动作用、农村直接股权融资的实践、新型农村合作金融的探索、地方金融组织支农服务的创新发展、农业供应链金融的作用等，对于建设农业强国都有重要作用。但我所关心的，仍然是合作金融的发展。拉拉杂杂写了上面这么多文字，与全书博大的内容不太相符，但总算是我个人对农村金融改革方向的一点思考。

是为序。

孔祥智

2023 年 1 月 2 日

目　录

第一章　新时代中国农业农村发展形势及金融需求分析*

一、新时代农业发展形势

党的十八大以来，中国特色社会主义进入新时代。新时代是实现更加充分和平衡发展、扎实推进共同富裕、不断满足人民对美好生活向往的时代。立足新时代背景下的国情农情，中国政府坚持把解决好“三农”问题作为全党工作重中之重，坚持农业农村优先发展总方针。中国农业发展取得历史性成就，并呈现新特征、新趋势，现代农业产业体系、生产体系和经营体系加快完善，农业综合生产能力和质量效益不断提升。与此同时，现代农业发展在农产品市场供求、农业发展方式、小农户与现代农业有机衔接、新技术推广等方面仍面临诸多问题和挑战。

（一）现代农业产业体系加快优化

随着农业产业横向拓展和纵向延伸，现代农业产业体系加快优化，农业产业链得以拓展、价值链得以提升，产业转型升级加速。这主要体现在农林牧渔业生产结构不断调整、“一二三”产业融合深化、农业新业态新模式不断涌现等方面。

1. 农林牧渔业生产结构不断优化

农林牧渔业总产值持续增长，农业经济稳中有进。2021 年，农林牧渔业总产值 147013 亿元，比 2012 年增加 60671 亿元，年均增长 4.2%。分产业看，农林牧渔各业均保持稳定增长，其中，农业产值增加最多，农林牧渔专业及辅助性活动增长速度最快。2021 年，农业产值 78340 亿元，比 2012 年增加 33494 亿元，2013—2021 年年均增长 4.5%；林业产值 6508 亿元，增加 3101 亿元，年均增长 6.1%；牧业产值 39911 亿元，增加 13420 亿

---

* 本章作者为孙同全，中国社会科学院农村发展研究所研究员；苏岚岚，中国社会科学院农村发展研究所助理研究员。

元，年均增长 2.7%；渔业产值 14507 亿元，增加 6103 亿元，年均增长 3.4%；农林牧渔专业及辅助性活动产值 7748 亿元，增加 4554 亿元，年均增长 7.8%。

农林牧渔产业内部结构不断优化。一是蔬菜、水果、油料等主要经济作物产量稳定增长。2021 年，全国蔬菜及食用菌产量达 77549 万吨，2013—2021 年年均增长 2.6%；水果和油料产量分别为 29970 万吨和 3613 万吨，年均增长率分别为 3.4% 和 1.1%。二是畜牧业生产结构持续调整。2021 年，猪肉产量占肉类总产量的比重下降到 58.9%，比 2012 年减少 5.4 个百分点；牛羊禽等其他肉类产量占比提高到 41.1%。三是渔业加快转型升级。2021 年，养殖类水产品产量占水产品总产量的比重增加到 80.6%，比 2012 年提高 8.2 个百分点；捕捞水产品产量占水产品总产量的比重下降到 19.4%，比 2012 年下降 8.2 个百分点。

2. 农村产业融合深化

一是农业龙头企业引领、多元主体广泛参与的产业发展格局逐渐形成。截至 2021 年，全国新兴职业农民超过 2000 万人，家庭农场达 390 万家，农民专业合作社达 220 万个，县级以上农业产业化龙头企业达 9 万家。2017—2022 年，全国共有 1309 个乡镇获批建设农业产业强镇，374 家单位获批创建农村产业融合发展示范园，乡村产业融合的载体蓬勃发展。与此同时，农业与乡村旅游、文化、创意、康养等结合日益紧密，乡村产业融合提档升级。

二是产业融合促进农村经济多元化增长。2020 年农产品加工业营业收入 23.2 万亿元，农产品加工业与农业总产值比提升为 2.4∶1。休闲农业和乡村旅游营业收入、农林牧渔专业及辅助性活动收入、农村电商零售额分别为 0.60 万亿元、0.65 万亿元和 1.79 万亿元。

三是产业融合助力农民就业增收。截至 2022 年初，农业产业化国家重点龙头企业 1959 个，带动就业 33.2 万人，促进农民人均增收 1.52 万元。农民参与乡村产业融合发展获得收入占农村产业融合收入的 43%，比 2015 年提高 5.3%。

3. 农业新业态新模式持续涌现

一是随着农业多功能得以开发，创意农业、休闲农业、体验农业等农文旅融合新业态不断涌现。2012—2019 年，全国休闲农业和乡村旅游人次从近 8 亿人跃升至 30 亿人，年均增速超过 20%。2020 年，尽管受新冠肺炎疫情影响，全国乡村休闲旅游接待游客仍达 26 亿人次，实现营业收入 6000

亿元，吸纳就业1100万人，带动农户800多万。①

二是农村电商加快发展，“数商兴农”持续推进。2021年农村网络销售额达2.05万亿元（2016年以来年均增长14.8%），占网络零售额的比例为15.66%。其中，农产品网络零售额为4221亿元，同比增长2.8%（见图1-1）。全国淘宝村数量从2016年的1311个增加到2021年的7023个。直播电商、社交电商、短视频电商有效拓展了农产品销售渠道和销售灵活性。

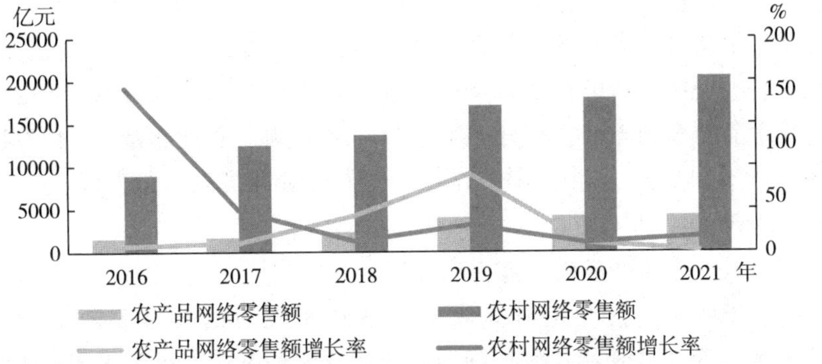

图1-1　2016—2021年农村网络零售额及农产品网络零售额增长情况

三是智慧农业试点加速落地。2013年以来，全国9个省市陆续开展农业物联网区域试验。2017年起，13个试点县区围绕重要农产品全产业链大数据建设，共建设近100个数字农业项目。2020年全国农业生产信息化水平为22.5%。

（二）现代农业生产体系转型升级

随着现代科学技术加速改造传统农业，中国农业生产方式由较多依赖资源消耗转向依靠科技创新和劳动者素质提升，现代农业生产体系加快转型。这主要表现在农业全产业链绿色转型加快推进、生物技术和数字技术对现代农业的支撑能力显著增强。

1. 农业全产业链绿色转型加快推进

（1）农业投入品减量增效成效明显

随着农业转型步伐加快，绿色低碳发展理念渐入人心。中国农业碳排放总量由2016年的8.41亿吨下降到2019年的7.90亿吨。“十三五”期

① 赵腾泽．乡村旅游提质升级　助力乡村全面振兴——党的十八大以来旅游业高质量发展系列报道之五［N］．中国旅游报，2022-09-23.

间，中国农药和化肥施用量连年减少。2019 年，农药和农用化肥使用量分别为 26.29 万吨和 5403.6 万吨，比 2015 年分别减少 3.7 万吨和 619 万吨。生物防控、理化诱控等绿色防控技术加快应用，高效低毒低残留农药得以大力推广。

（2）农业废弃物资源化利用水平持续提高

随着绿色农业加速发展，农业废弃物综合利用水平稳步提升，农业面源污染得到有效遏制。近年来，中国先后支持 585 个畜牧大县整县推进畜禽粪污资源化利用，建设 100 个农膜回收示范县。2020 年，全国畜禽粪污综合利用率达 75%，规模养殖场粪污处理设施装备配套率达 95%，比 2015 年分别提高了 15%和 45%；秸秆产生总量 8.56 亿吨，可收集量 7.22 亿吨，利用量 6.33 亿吨，综合利用率达 87.6%，较 2015 年提高 7.5 个百分点。农膜回收率达到 80%。①

（3）农业绿色产品供给能力稳步提升

绿色产品供给能力提升是农业绿色转型发展的典型表征。2021 年，《“十四五”全国农业绿色发展规划》出台，农业绿色发展路线图初步清晰。农业“三品一标”行动（品种培优、品质提升、品牌打造和标准化）深入实施，使全产业链绿色低碳转型步伐加快。截至 2021 年底，全国绿色食品、有机农产品、农产品地理标志获证单位超过 2.8 万家，产品超过 5.9 万个，绿色食品原料标准化生产基地总面积超过 1.7 亿亩，农产品质量安全例行监测合格率达 97.8%。全国共建设 100 处绿色生产标准化基地，创建 150 家标准化养殖示范场。制定完善 1.2 万多项农兽药残留标准、6000 余项农业行业标准，基本覆盖农业绿色发展的重点领域。

2. 农业科技支撑能力显著增强

（1）农业生物技术研发推广步伐加快

农业生物技术研发和支撑保障体系初步形成。近年来，中国农业植物新品种权申请量居世界第一，在水稻、小麦、玉米等方面的生物技术育种不断取得突破。截至 2022 年初，中国共选育推广了机收籽粒玉米、高产高蛋白大豆、优质多抗水稻、高产节水抗病小麦等一批突破性新品种。水稻、小麦、大豆、油菜、棉花等生产用种均为自主选育，玉米自主选育品种面积占比提高到 91%，蔬菜提高到 87%以上。国家审定通过的小麦、玉米、水稻、大豆和棉花品种由 2016 年的 165 个增加到 2021 年的 1875 个。良种

① 全国人大代表赵立欣．提升秸秆利用水平支撑农业减排固碳［N］．新京报，2022-03-07.

对作物增产贡献率达 45%以上。①

（2）数字技术与农业融合不断加深

得益于信息通信技术的快速扩散，数字技术在农业流通领域加速渗透。2007—2022 年 6 月，农村互联网普及率由 7%增长到 57.6%。“快递进村”工程和农产品电商快速发展。中国农村网络零售额由 2015 年的 0.35 万亿元增加至 2021 年的 2.05 万亿元，农村网络零售额占全国网络零售额的比例由 9.02%增长到 15.66%。

数字技术在农业生产经营不同环节得以加快应用。一是物联网技术在种植业和养殖业领域加快推广。自 2013 年以来，全国累计建设了 9 个农业物联网示范省、100 个数字农业试点项目，征集推介了 426 项农业物联网应用成果和模式。二是农业无人机应用持续增长。2014—2020 年全国植保无人机保有量从 695 架增加至超过 10 万架，作业面积从 426 万亩次增加至超过 10 亿亩次。三是智能农机的试点应用不断加快。截至 2021 年，全国累计安装北斗农业高精自动驾驶系统 10 万台以上，安装北斗定位终端超过 50 万台。四是区块链技术在农产品溯源中的探索不断推进，对改进农产品质量安全管理、增进消费者信任等发挥潜在作用。

数字技术在农业金融服务中的应用场景不断拓展。一些地方政府利用大数据、区块链和人工智能等技术建立数字化金融服务平台，为金融机构创新支农服务机制和产品创造了条件。一些金融机构利用物联网、区块链和卫星遥感等技术，开发数字信贷产品。此外，一些农业保险公司探索将数字技术应用到精准承保、快速定损、精准理赔、业务监管、风险预测等环节，有效地提升了农业保险服务能力和综合管理效率。

（三）现代农业经营体系加快形成

随着现代农业经营主体、组织方式、服务模式的转型发展，现代农业经营体系加快形成，农业经营的集约化、组织化、规模化和社会化水平持续提高。

1. 新型农业经营主体和高素质农民队伍持续壮大

农业产业化龙头企业成为引领带动农业现代化的生力军。截至 2020 年底，全国经县级以上农业产业化主管部门认定的龙头企业超过 9 万家，其中

① 中国农业绿色发展研究会，中国农业科学院农业资源与农业区划研究所．中国农业绿色发展报告 2021［M］．北京：中国农业出版社，2022.

国家重点龙头企业 1547 家，省级以上 1.8 万家，市级以上 6 万家，培育农业产业化联合体 7000 多个，形成了四级联动的乡村产业“新雁阵”。①

农民合作社发展规模不断壮大，经营范围和服务领域不断拓展。截至 2020 年底，中国依法登记注册的农民合作社总数达 225.1 万家，是 2010 年的 5.9 倍。超半数农民合作社提供产加销一体化服务，1.3 万家农民合作社开展休闲农业和乡村旅游，4 万多家开展电子商务。农民合作社加快从小、散、弱走向联合。全国各类合作社联合社达 1.3 万家，涵盖 15.6 万多家农民合作社，实现经营收入 116 亿元。②

家庭农场呈现良好发展势头。截至 2020 年 6 月底，全国家庭农场数量已经突破 100 万个。2015—2019 年，全国家庭农场经营土地面积由 0.52 亿亩增加至 1.85 亿亩。家庭农场的经营范围逐步多元化，经济实力不断增强。各类家庭农场年销售农产品总值 2243.9 亿元，较 2015 年增长 78.1%，平均每个家庭农场 26.3 万元。

高素质农民队伍数量迅速增加、质量不断提升。截至 2020 年，全国认定高素质农民超过 1700 万，68.03%的高素质农民年龄为 36~54 岁，高中以上文化程度占比达 35%，拥有技师职称和职业资格证比例分别为 40.13%和 18.34%。

2. 农业社会化服务体系不断完善

多元化、多层次的农业社会化服务体系加快形成，支撑高效、绿色及智慧农业发展的社会化服务能力持续增强。近年来，中央和各级地方政府积极发展专业化、社会化服务组织，创新服务机制，着力培育立体多元、功能互补、复合高效的社会化服务体系。截至 2021 年底，全国农业社会化服务组织数量达到 95.5 万个，服务小农户 7800 多万户。其中，从事农业生产托管的社会化服务组织数量超过 44 万个，农业生产托管服务面积超过 16 亿亩次，③ 推动了集中连片种植和集约化经营，加速了小农户与现代农业有机衔接。

（四）农业综合生产能力持续提高

随着现代农业产业体系、生产体系和经营体系的完善，中国农业综合

① 郭芸芸，王景伟，胡冰川，等．2021 中国新型农业经营主体发展分析报告——基于中国农业企业的调查［N］．农民日报，2021-12-17.

② 高杨，王军，魏广成，等．2021 中国新型农业经营主体发展分析报告——基于中国农民合作社的调查［N］．农民日报，2021-12-17.

③ 乔金亮，吉蕾蕾．“三农”压舱石助力经济行稳致远［N］．经济日报，2021-12-25.

生产能力和质量效益不断提升，农业基本盘得以稳固，农业机械化、品牌化建设大力推进。

1. 粮食和重要农产品供给稳中有升

粮食和重要农产品保供有力。2021 年全国粮食总产量再创新高，达到 13657 亿斤，比上年增加 267 亿斤，同比增长 2%，连续 7 年保持在 1.3 万亿斤以上，实现“十八连丰”。全国粮食播种面积为 17.64 亿亩，比上年增加 1295 万亩，同比增长 0.7%，连续两年保持了增长态势。实现了谷物基本自给，口粮绝对安全。棉糖供给有保障，粮食尤其是稻谷和小麦的储备流通体系安全可靠。此外，2021 年，猪肉产量比上年增长 28.8%，达到正常年份水平；能繁母猪存栏 4329 万头，产能回归合理水平。禽肉、牛肉、羊肉、奶制品、水产品产量稳中略增，蔬菜水果供应充足。

2. 农业生产基础能力得到夯实

以农田水利为重点的农业基础设施建设大力推进，夯实了农业生产基础能力。2021 年国家财政用于农林水事务的支出达 22146 亿元，比 2012 年增加 10172 亿元，年均增长 7.1%。2021 年全国耕地灌溉面积为 10.44 亿亩，比 2012 年增加 10702 万亩，年均增长 1.2%。2021 年全国新建成 1 亿多亩高标准农田，累计完成 9 亿多亩高标准农田建设任务。

全国农业种质资源保存体系初步建成，有效地保护了现代农业的芯片。截至 2021 年，全国农作物资源保存总量超过 52 万份，确定了 205 个国家级畜禽遗传资源保种场（区、库），实现了对 147 个国家级品种的有效保护。①

农业机械化水平不断提升，巩固了现代农业发展的动力装备条件。2021 年全国农业机械总动力达到 10.8 亿千瓦，比 2012 年增加 0.5 亿千瓦，年均增长 0.6%。截至 2022 年 9 月，全国农作物耕种收综合机械化率超过 72%，比 2012 年提高近 15 个百分点；小麦、玉米、水稻三大主粮耕种收综合机械化率分别达 97%、90%和 84%，比 2012 年提高 4 个、15 个和 15 个百分点；油菜机收、机播环节机械化水平分别达 50%和 39%，比 2012 年提高 33 个和 24 个百分点。畜牧养殖和水产养殖机械化率分别达到 36%和 32%。②

3. 农业品牌建设得以大力推进

农业品牌化建设大力推进，助力品牌强农战略实施。农业品牌领域首

① 乔金亮．农业综合生产能力稳步提高［N］．经济日报，2022-04-15.

② 农机增动力　丰收添底气——全国农作物耕种收综合机械化率超过 72%，近 10 年提高 15 个百分点［N］．人民日报，2022-09-02.

个行业标准《农产品区域公用品牌建设指南》发布。截至2021年底，全国省级农业农村部门重点培育区域公用品牌约3000个、企业品牌约5100个，产品品牌约6500个。[①] 为支撑绿色农业品牌化建设，近年来国家层面先后启动了包含种养、加工、展销、消费全过程的绿色化建设，推出了系列技术规范和标准体系。

（五）现代农业发展仍面临诸多挑战

尽管中国农业现代化取得显著成就，但在农产品市场供求均衡、农业发展方式、小农户与现代农业有机衔接、新技术应用与推广等方面还面临诸多挑战。

1. 农产品供求的结构性矛盾依然存在

国际国内市场需求动态变化引致农产品供求的结构性矛盾。限于人多地少水缺的基本国情，加之全球气候变化、农业生产要素过量投入、农业面源污染等不利因素，中国粮食生产的可持续增长面临较大压力。随着人口增长和居民消费结构升级，粮食产需将在较长时期内处于紧平衡状态。从结构看，稻谷和小麦等口粮产量有绝对保障，库存充足，但优质强筋小麦、玉米、大豆等作物产量不足，结构性、区域性、季节性市场波动时有发生。随着农产品消费需求呈现健康化、多元化和优质化趋势，城乡居民对肉蛋奶及水产品的需求将持续增长。新冠肺炎疫情的冲击使国际农产品供应链面临诸多不确定性，在一定程度上加剧国内农产品市场供需不均衡。

2. 转变农业发展方式任重道远

中国农业基础设施整体薄弱、产业升级压力较大、资源环境承载力趋紧等问题依然突出，制约农业可持续发展。中国耕地细碎化程度高，土地利用效率低，农业生产用水方式仍然比较粗放。此外，化肥、农药、农膜大面积过量使用，导致地表和地下水体污染严重、土壤板结和沙化。2018年，中国化肥每亩用量仍高达27.89千克，远超国际公认的亩均15千克的安全上限；农药亩均施用量超过0.74千克；农用地膜使用残留率高达40%左右。因此，亟须转变农业生产经营方式，依靠科技创新和提高劳动者素质推动农业可持续发展。

3. 小农户与现代农业有机衔接不足

小农户在生产发展、金融资源获取、市场竞争等方面面临诸多困难。

---

① 中国农业绿色发展研究会，中国农业科学院农业资源与农业区划研究所．中国农业绿色发展报告2021［M］．北京：中国农业出版社，2022.

“大国小农”的基本国情和农情决定了在当前和今后很长一个时期内，小农户将长期存在。中国小农户数量占农业经营主体的98%以上，小农户从业人员占农业从业人员的90%，小农户经营耕地面积占总耕地面积的70%；到2050年，中国小农户仍有1亿户左右，经营的耕地面积占比约为50%。① 小农户普遍存在土地经营规模小、耕地细碎化程度高、农业生产方式较为滞后等问题，且缺乏有效担保人或抵押物、风险抵御能力和贷款偿还能力较弱，往往面临较高程度的金融排斥。此外，小农户因缺乏资金、技术和社会网络资源，获取市场信息的能力普遍较差，难以通过灵活调整生产决策及时满足市场需求的变化，因而市场竞争力较弱。

4. 新技术的应用与推广仍然乏力

中国农业减排固碳技术的推广面临诸多困难。农业深度脱碳涉及环节复杂，技术种类繁多、集成困难，系统性的技术创新缺失。以沼气、秸秆还田等为例，相关减排固碳技术的推广较多依赖财政补贴，缺乏长效激励机制。此外，以小农户为主体的分散化经营是当前和今后一段时期中国农业的主要经营方式。然而，小农户对农业低碳生产方式认识不足，绿色农业生产技术采用的成本较高、经济效益尚不明确。

智慧农业发展在技术推广与应用方面还面临诸多挑战。虽然2013年至2022年6月，中国农村地区互联网普及率由27.5%提升到58.8%，但仍与同期城镇居民互联网普及率（82.9%）存在较大差距。虽然中国职业农民教育培训力度不断加大，但农业劳动力素质整体偏低（受教育程度为高中及以上的占比仅为7.2%②），数字化教育培训体系不完善。此外，中国智慧农业科研体系不健全、科研成果转化能力不足、智慧农业科技推广乏力。

二、新时代农村发展形势

党的十八大以来，中国农村发展取得历史性成就。脱贫攻坚战取得伟大胜利，美丽乡村建设扎实推进，乡村发展转型升级，乡村治理能力显著改善，农民收入和消费水平持续提高。与此同时，新时代中国农村现代化发展仍面临诸多困难和挑战。疫情背景下巩固拓展脱贫攻坚成果面临较大压力，乡村建设进展与农民群体期待还有较大距离，乡村公共服务供给水平与治理效能偏低，区域发展不平衡问题仍然明显。

---

① 屈冬玉．以信息化加快推进小农现代化［N］．人民日报，2017-06-05.

② 国家统计局．中国统计年鉴2021［M］．北京：中国统计出版社，2022.

（一）巩固拓展脱贫攻坚成果与乡村振兴有效衔接加快推进

脱贫攻坚任务完成之后的一年多时间，防止返贫动态监测帮扶机制全面建立，各项帮扶措施有序衔接，脱贫攻坚成果得到有效巩固和拓展，脱贫地区可持续发展能力增强，针对农村低收入群体的常态化帮扶机制逐步建立。

1. 脱贫攻坚成果得到有效巩固和拓展

脱贫攻坚成果得到巩固，与乡村振兴有效衔接工作稳步推进。2020 年底 832 个贫困县全部“摘帽”，现行标准下 9899 万农村贫困人口如期全面脱贫。2021 年脱贫人口人均纯收入达到 1.25 万元，同比增长 16.9%。① 305 家中央单位定点帮扶 592 个脱贫县，160 个乡村振兴重点帮扶县确立，系列支持政策接续实施。防止返贫动态监测帮扶机制全面建立，近 70%的监测对象已消除风险，其余均已落实帮扶措施。东西部协作和易地搬迁后续扶持等措施有序衔接。

2. 脱贫地区可持续发展能力增强

脱贫地区生产生活基础设施条件明显改善，行路难、吃水难、用电难、通信难等问题得到历史性解决，教育、医疗、社会保障等基本公共服务主要领域接近全国平均水平。脱贫县实现产业从无到有，打造了一批特色鲜明、带贫面广的主导产业，提升了乡村可持续发展能力；劳动力技能培训、小额信贷支持有效增强了贫困地区的内生发展动力。

3. 农村低收入人口的常态化帮扶机制逐步建立

面向农村低收入人口的帮扶措施提标增效。民政部门持续推进最低生活保障、特困人员救助和临时救助等社会救助，2022 年 9 月，全国低收入人口动态监测信息平台基本建成，归集了 6200 万左右低收入人口的信息。其中，低保对象、特困人员约 4600 万，低保边缘家庭、支出型困难人口约 1100 万，易返贫致贫和其他困难人员 500 万左右。

（二）乡村建设扎实推进

随着乡村振兴战略的推进实施，中国乡村建设得以全方位推进，在人居环境整治、重点领域基础设施建设、基本公共服务供给、数字乡村建设等方面均取得明显进展。

---

① 常钦．脱贫人口 2021 年人均纯收入预计超 1.25 万元［N］．人民日报，2022-01-11.

1. 农村人居环境整治取得显著成效

农村人居环境整治推进实施，村庄美丽宜居水平明显提升。2018 年以来，中国加快补齐农村基础设施短板，农村长期存在的“脏乱差”局面得到扭转，农民环境卫生观念发生可喜变化。2021 年末，96.3%的村生活垃圾集中或部分集中处理，卫生户厕普及率达 77.5%，47.6%的村生活污水集中处理或部分集中处理。

2. 农村重点领域基础设施建设有序推进

农村公共基础设施建设稳步推进，农村基本实现全面通电、通公路和通电话，村内道路质量不断升级。2021 年末，87.3%的村通公共交通，分别有 99.1%和 97.4%的村进村主要道路和村内主要道路路面为水泥或柏油。农村信息化建设持续推进，2021 年末，99.0%的村通宽带互联网，94.2%的村安装了有线电视。农村电商物流基础设施建设不断完善，2021 年末，全国有电子商务配送站点的村超过 33 万个。

3. 农村基本公共服务供给水平显著提高

农村医疗卫生服务体系建设不断完善，医疗卫生状况大为改观。2021 年末，全国乡镇卫生院达到 3.5 万家，有卫生院的乡镇占全国乡镇总数的 90.8%；村卫生室数达 59.9 万个，平均每个村拥有至少一个卫生室。2020 年，每万人拥有农村卫生技术人员数 52 人，每万人拥有农村执业（助理）医师数 21 人，比 2012 年分别增加 18 人和 7 人。

低收入人群的社会保障力度持续加大。2021 年，共有 3474 万人享受农村最低生活保障，438 万人享受农村特困人员救助供养。2020 年，农村分散供养“五保”人数 372 万，农村集中供养“五保”人数 74 万，实现了病有所医和老有所养。

农村义务教育基本办学条件得到显著改善。截至 2021 年底，中国小学阶段净入学率达到 99.9%以上，初中阶段毛入学率始终保持在 100%以上；义务教育专任教师总数增加 148 万人，本科以上学历教师占比提高至 77.7%。截至 2020 年底，中小学互联网接入率达 100%，98%的中小学已拥有多媒体教室。2022 年 4 月，国家中小学智慧教育平台上线，“互联网+教育”推动更多优质教育资源城乡共享。

4. 数字乡村建设开局态势良好

数字技术与平台加速嵌入乡村基础设施、公共服务与生态环境保护等诸多领域。2020 年国家公布了首批 117 个数字乡村试点县名单，全国大部分省份积极探索开展地方实践。乡村传统基础设施的数字化改造不断加快，基础数据资源体系建设稳步推进。智慧教育和远程医疗加快改善农村基本公共服务质量。截至 2020 年底，城乡中小学多媒体教室普及率达 97.72%，教育卫星宽带传输网直接服务近 1 亿农村中小学师生。全国范围内所有三甲医院均开展了远程医疗服务，并覆盖所有贫困县县医院。此外，依托数字化平台和手段，乡村优秀传统文化资源保护和传播，乡村就业、社保、医保服务，人居环境监管和生态保护的信息化程度均得以改善。

（三）乡村发展转型升级

聚焦产业促进乡村发展是加快乡村振兴的核心。党的十八大以来，中国乡村发展在县域富民产业和商业体系建设、农村就业创业环境优化、农村绿色发展等方面取得积极成效。

1. 县域富民产业和商业体系建设步伐加快

县域富民产业取得长足发展。从产业结构看，中国县域三产结构由 2011 年的 16.44∶53.74∶29.82 转变为 2020 年的 15.03∶40.15∶44.82，第三产业逐渐成为县域主导产业。截至 2022 年 9 月，全国累计创建 140 个优势特色产业集群、250 个国家现代农业产业园、1300 多个农业产业强镇、3600 多个“一村一品”示范村镇。

县域商业体系日趋完善。2021 年乡村消费品零售额 59265 亿元，比上年增长 12.1%。商业综合体、超市、专卖店、购物中心、便利店等各类业态在县域竞相发展，县域商业规模进一步扩大。2021 年新建或改造县级综合商贸服务中心 834 个，乡镇的商贸中心 1858 个，村级便民商店 3.69 万个。此外，覆盖县、乡、村的物流配送体系进一步完善。2021 年，商务部等部门已累计支持 1489 个县开展电子商务进农村综合示范，累计改造县级物流配送中心 1212 个，村级电商快递服务站 14.8 万个。2021 年农村地区收投快递包裹总量 370 亿件，80%以上的行政村实现快递直达。

2. 农民就业创业环境不断优化

农村就业创业环境持续改善，激发了农村创业型经济的发展活力。2015 年以来，国家先后分三批确定了 341 个返乡创业试点县（市、区），并给予一系列政策支持。各类返乡创业人员由 2015 年的 480 万人增长到 2021 年的 1120 万人，年均增长 15.2%。农民工、大学生、退役军人、妇女等群体成为农民创业大军中的重要主体。

农民返乡创业领域不断拓展、创业形式日趋多元。截至 2021 年，返乡入乡人员中，约 20%回归种养业，主要从事规模种养；约 55%创办家庭作坊和小微企业。此外，约25%为临时兼业人员，主要从事小买卖、打短工等。返乡入乡创业项目中，55%运用信息技术，开办网店、云视频、直播直销、无接触配送等；85%以上属于产业融合类型。2021年底，全国农村网商、网店有1632.5万家。

3. 农村绿色发展取得明显成效

得益于政策支持和绿色发展理念引导，中国农村绿色发展取得积极成效。截至2020年底，中央财政累计安排专项资金258亿元，以农村生活污水、垃圾治理，规模以下畜禽养殖污染防治等为重点，支持各地累计完成19.5万个行政村整治，占全国行政村总数的1/3左右，村庄环境明显改善。①

（四）乡村治理体系和治理能力现代化有序推进

乡村治理现代化是推进乡村振兴的重要保障。党的十八大以来，中国在农村基层组织建设、乡村治理能力提升及乡村治理数字化转型等方面取得明显进展。

1. 农村基层组织建设不断完善

一是农村党员队伍结构持续优化。农村基层党组织加大从青年农民、农村外出务工人员中发展党员队伍力度。截至2021年6月，中国农牧渔民党员2581.7万名，占党员总数的27.13%，农牧渔民党员数量在新发展党员中位列第二。二是加大基层小微权力腐败惩处力度。推行村级小微权力清单制度，全国纪检监察机关共处分村党支部书记、村委会主任27.8万人。三是第一书记和驻村干部的作用得到充分发挥。截至2020年底，全国累计选派25.5万个驻村工作队、300多万名第一书记和驻村干部。

2. 乡村自治、德治和法治体系融合加深

乡村治理能力明显提升，治理体系不断改善，农民的获得感、幸福感、安全感不断增强。从2019年开始，全国115个县（市、区）启动开展首批乡村治理体系建设试点和“千村百乡”乡村治理示范村镇创建活动。各地区因地制宜探索出多元主体带动型、便民代办服务型、积分评价管理型、产业融合互促型、数智应用管服型等典型治理模式。一些地方成立村民议事会、民主协商理事会等组织，并引入专业法律顾问规范工作程序、强化村规民约的作用，自治、德治与法治有机融合。在新冠肺炎疫情防控

① 孙浩．十年农村环境整治：乡村变美了　生活更好了［N］．中国环境报，2022-09-21.

中，党员、干部与群众一道构筑群防群控的坚固防线，彰显乡村治理的巨大优势。

3. 数字技术加速赋能乡村治理与公共服务

数字技术在乡村治理与公共服务中的作用日益凸显。“互联网+政务”加快向农村延伸，数字化平台应用促进农村“三资”管理；“互联网+基层党建”全面展开，以智慧党建引领乡村善治；平安乡村数字化平台初步建立，基本建成涵盖中央、省、市、县、乡镇、村6级联网应用体系。一些智慧乡村治理平台为乡村疫情防控提供支撑，并通过应用场景创新，为乡村教育、医疗、卫生等公共服务供给赋能。

（五）农民收入和消费水平持续改善

党的十八大以来，中国农村居民收入水平持续较快增长，消费水平稳步提高，消费结构优化升级，生活质量明显提升。

1. 收入水平持续提高、收入来源不断拓展

中国农村居民收入大幅提高，人均可支配收入由2012年的8389元增加至2021年的18931元；与此同时，城乡居民人均可支配收入比由2.9∶1下降至2.5∶1，城乡收入差距稳步缩小。2013—2020年中国农村居民收入比例结构不断优化。农村居民经营净收入占比由41.73%下降至35.47%，工资性收入占比由38.73%上升至40.71%，转移性收入占比由17.47%上升至21.37%，财产性收入占比由2.06%增加到2.45%。2013—2020年，贫困地区农村居民人均可支配收入年均实际增长9.2%，快于全国农村居民2.2个百分点。

2. 消费扩容提质、消费结构升级

随着电商巨头市场下沉，线上线下进一步融合，激活了乡村消费市场。从农村消费结构来看，2013—2019年，城乡居民恩格尔系数差距由4个百分点下降到2.4个百分点，农村居民用于交通通信、教育文化和娱乐以及医疗保健等享受类消费支出的比重由30.7%增长到35.6%。① 同时，国内消费增长空间向县乡市场下沉。乡村消费品零售额由2012年的2.6万亿元增加到2021年的5.9万亿元，年均增长9.8%，乡村消费品零售额占社会消费品零售总额的比重达到13.4%，比2012年提高近1个百分点。

---

① 王蕴，姜雪．市场“下沉”拉动消费上升［N］．光明日报，2021-01-16.

（六）农村现代化发展仍面临诸多挑战

虽然中国乡村建设、乡村发展、乡村治理协同有序推进，农村现代化发展步伐加快，但在疫情背景下巩固脱贫攻坚成果、乡村建设与公共服务水平、乡村治理效能、区域发展协同性等方面还面临诸多挑战。

1. 疫情背景下巩固脱贫攻坚成果面临较大压力

当前新冠肺炎疫情多点散发，国际局势复杂多变，中国经济发展环境的复杂性、严峻性、不确定性上升，脱贫地区防止发生规模性返贫仍面临较大压力。虽然相当一部分脱贫户基本生活有了保障，但收入水平仍然不高，脱贫基础不太稳固。部分脱贫户转移性收入占比较高，自我发展能力不足，发展基础相对薄弱，一旦帮扶政策撤出就存在较大返贫风险。脱贫攻坚期间，部分乡村未形成可持续发展的产业，较多依赖财政投入，获得帮扶的产业一般较为单一，且扶贫产业有同质化和低端化问题。经济发展面临的需求收缩、供给冲击、预期转弱三重压力，使脱贫群众稳岗就业难度加大。

2. 乡村建设进展与农民群体期待还有较大距离

一是农村基础设施建设普遍滞后。水、电、气、路、网等基础设施建设历史欠账较多，投入不足与重复建设问题并存，文化娱乐等生活性基础设施极度缺乏。其中，乡村生活垃圾、污水处理设施是突出“短板”。截至2021年，仍有53%的村未能实现生活污水集中处理或部分集中处理。

二是农村清洁能源建设滞后，难以满足“碳达峰、碳中和”目标的要求。农村能源消费层次低、结构不合理、管理体系不完善、清洁能源和可再生能源开发利用水平等问题仍然突出。

三是数字乡村建设面临发展不充分、惠民程度不高、体制机制不健全等诸多挑战。2020年83%的县乡村经济数字化处于中等及以下发展阶段，东北和西部地区这一比例甚至高达95%。数字技术采用存在明显的区域鸿沟和群体鸿沟，惠民程度仍然偏低。数字技术供需匹配、成本分担、投融资及人才培育等机制问题亟待完善。

四是农村人居环境整治仍存在诸多不足。由于各地发展基础和资金投入力度不同，农村人居环境整治水平参差不齐。农村污水处理、垃圾处理、公厕等设施未建立长效管护机制，废弃物资源化利用程度低、农民参与度不高等问题突出。

3. 乡村公共服务供给水平偏低

乡村基本公共服务供给难以满足乡村全面振兴的需求。农村教育、医疗、卫生、养老等基本公共服务发展相对滞后。一是农村基础教育仍存在教学设施落后、师资力量薄弱等突出问题。2019 年，乡村幼儿园班数与专任教师数之比为 1∶1，明显低于城区（1∶2.0）和镇区（1∶1.6）相应的比例。城区和镇区幼儿园专任教师中本科学历占比分别为 29.86% 和 23.88%，而乡村幼儿园这一比例为 17.79%。[①] 二是农村医疗资源供给不足、公共卫生专业人才紧缺。2020 年，每千农村人口乡镇卫生院床位仅为 1.52 张，每千农村人口乡镇卫生院人员数仅为 1.62 人。三是农村养老服务供给不足，保障水平较低，专业人才缺乏、社会力量参与不足。

4. 乡村治理效能有待进一步提升

一是乡村治理中多元主体的投资机制尚未形成。多数农村主要依靠单一的地方政府和村集体资金投入，社会资本投入远远不足。二是部分农村基层党组织工作缺乏创新或者重形式轻效果，存在弱化、虚化、边缘化问题。三是基层干部治理能力有待进一步提升。一些基层干部工作开展缺乏前瞻性、计划性和针对性，偏离乡村实际需求。四是乡村“空心化”加大乡村社会治理难度。

5. 区域发展不平衡问题凸显

西部地区虽在经济发展和民生保障方面得到较大改善，但区域发展不平衡问题仍然凸显，制约了共同富裕的实现。

一是城乡居民之间、农村居民内部的收入差距仍然较大。2020 年中国城乡居民人均收入比值为 2.56，农村居民高收入组和低收入组的倍差（8.23）高于城镇居民高收入组和低收入组的倍差（6.16）。虽城乡收入差距呈现不断缩小态势，但城乡收入差距及农村居民内部收入差距仍处较高水平。

二是东西部农村经济发展鸿沟仍处于高位。近年来，东部与中部、西部人均地区生产总值比均有大幅度下降，东部、东北、中部与西部地区农民人均可支配收入比均有大幅度下降。

三是西部地区乡村建设明显滞后于东部地区。西部地区尤其是脱贫地区，农村基础设施建设和公共服务供给水平偏低，人居环境治理整体滞后。2016 年东部和西部的乡镇没有幼儿园和托儿所的比例分别为 1.3% 和 6%，没有体育健身场所的比例分别为 28% 和 54%。此外，数字乡村建设呈现“东部发展较快、中部次之、东北和西部发展滞后”的格局。

---

① 21 世纪教育研究院．2021 年中国教育观察［M］．北京：社会科学文献出版社，2022.

三、新时代农村金融需求新变化

党的十八大以来，中国农业农村发展取得历史性成就，同时，农业农村现代化也面临诸多不确定性和挑战。新时代，农业农村结构加快转型、乡村振兴战略全面推进、金融科技持续赋能，推动农村金融需求主体日趋多元、金融需求领域不断拓展、有效缓解农村金融供需矛盾。随着农村金融实践的深化发展，迫切需要从金融扶持政策体系、金融组织体系、金融产品与服务体系、担保与信用体系等方面不断创新农村金融服务的体制机制。

（一）农业农村结构转型推动金融需求主体日趋多元化

随着新型城镇化和城乡融合推进，中国农村劳动力结构持续变迁、农业产业链加快发育、产业融合深化、集体经济组织发展壮大，加快培育农村新的金融需求主体。

1. 农村劳动力结构变迁重构金融需求主体

（1）留守与流出人口结构改变带来金融需求空间变化

农村劳动力流动引致农村金融需求空间发生相应改变。2016—2021 年全国外出农民工规模由 16934 万人增加到 17172 万人；其中，跨省流动农民工由 7666 万人减少到 7130 万人，省内流动农民工由 9268 万人增加到 10042 万人。转移到县城的人口有更多的社会融入，涉及购房、就业创业、教育医疗等系列生计问题，由此催生生产性、消费性和投资性等多样化金融需求。

农村仍将大量存在小规模经营的农户，传统农户的金融需求仍不容忽视。截至 2016 年，中国共有农户 2.3 亿户，户均经营规模 7.8 亩，经营耕地 10 亩以下的农户有 2.1 亿户。尤其中西部地区仍有较大一部分农业人口由于缺乏就业选择能力，对于转移到城市的意愿较低，该群体仍以小农经营的生产性和消费性金融需求为主。中国农村仍有 4000 万左右低收入人群，其普惠金融需求将在一段时期内长期存在。

（2）人口流出、土地流转与规模化经营带来金融需求主体变化

人口流出带动土地流转，加速了土地规模化经营和新型农业经营主体金融需求的增长。截至 2021 年底，中国土地流转面积达 5.32 亿亩，流转承包地农户超过 7000 万户，流转农地占家庭承包经营总面积的 40%。相较于小农户，新型农业经营主体在扩大生产经营规模、创新业务和组织形式、

防范市场风险等层面具有较强的积极性和能动性，因而对信贷、保险、担保等多样化产品与服务的需求也更大。生产投资的扩大引致新型农业经营主体对贷款额度的需求更高、对中长期信贷资金的需求增加；组织化程度和经营管理规范性的提高及经营风险的增加，使新型农业经营主体对抵押、担保、保险、证券、农产品期货等金融工具表现出较高的使用倾向。

2. 农业产业链供应链发展孕育多元化资本市场需求

农村产业融合深化和产业链延长，为发展农业供应链金融奠定了基础。金融机构与农业产业化龙头企业或农业联合体等核心企业合作，针对不同产业链特性建立分层分类的供应链金融支持体系。该体系的建立增强了生产端、销售端与消费端无缝对接，吸引保险、基金等投资机构和社会资本进入乡村产业。以中国农业银行为例，截至 2021 年底，该行围绕 407 家涉农核心企业，向农业产业链上下游的 4805 家企业提供融资 50698 笔共 308 亿元。①

随着新型农业经营主体壮大，农业产业链发展对利用农产品期货市场开展套期保值、利用股权融资创新融资模式、利用“保险+期货”开展农产品市场风险分散等方面的需求日益增长。2016 年以来，上海期货交易所、郑州商品交易所和大连商品交易所在 26 个省份开展了 584 个“保险+期货”试点项目，涉及天然橡胶、棉花、白糖、苹果、红枣、大豆、玉米、鸡蛋、豆粕 9 个品种，累计保障现货规模约 1200 万吨，② 为乡村产业发展提供了重要保障。当前，资本市场在农村发展仍处于起步阶段，支持相关企业以 IPO、发债、资产证券化等方式进行融资，有助于推进农业产业的升级改造。

3. 农村产业融合发展培育新的金融需求主体

现代农业产业体系的形成加快重塑传统小农生产格局，助力培育新的金融需求主体。现代农业生产活动的价值链、产业链、供应链的融合程度不断提升，有效降低金融市场供需间的信息不对称程度。随着农村新业态新模式不断涌现，迫切需要围绕农村不同产业主体不同层次的金融需求，充分发挥信贷、债券、股权、期货、保险等金融子市场的合力作用。不仅要支持传统农林牧渔产业，还要提高对农产品加工业、休闲旅游观光农业、康养农业、电子商务等新兴产业的支持力度。不仅要支持处在成长

---

① 农业银行供应链金融服务乡村振兴闯出新气象［N］. 经济日报，2022-03-09.

② 祝惠春. 保险+期货：为乡村产业撑起“保护伞”［N］. 经济日报，2021-03-16.

期和成熟期的规模经营主体，还要尽可能满足普通农户、新型职业农民以及返乡创业人员的差异化资金需求。不仅要支持农业产业化示范县和乡村旅游示范区等重点区域，还要实现乡村普惠金融服务高效覆盖。

4. 农村集体经济组织成为新的金融需求主体

农村集体经济组织不断发展壮大，成为激发农村金融需求新的增长点。2021 年全国已建立乡、村、组三级集体经济组织近 90 万个，清查核实集体账面资产 7.7 万亿元（不包括土地等资源性资产），其中经营性资产 3.5 万亿元。[①] 部分村集体经济缺乏资金积累、资源开发利用不足、收入来源单一。金融血液的注入不仅有助于发挥集体经济组织在公共服务供给中的主体作用，而且可以拓宽集体经济的创收渠道。农村集体经济发展迫切需要金融机构创新信贷、保险等产品与服务设计。如创新面向集体经济组织的授信、基于集体资产的抵押贷款与质押贷款以及农村资产信托、开发性债券等多种直接融资方式；为经营型集体经济提供资金托管、理财等服务，为资源开发型集体经济提供开发性基金等服务。

（二）乡村振兴战略全面推进催生金融服务新需求

随着乡村振兴战略的全面推进，乡村重点领域改革持续深化，乡村优势特色产业加快发展、乡村建设行动扎实推进、乡村治理能力日益改善，不断拓展金融服务的领域和内容。

1. 乡村重点领域改革拓展金融资源的应用范畴

农村经济体制改革不断深入，持续拓展农村金融支持的领域。一是农地承包经营权确权登记助力土地流转和经营权抵押贷款。从 2014 年开始整省试点并逐步全面推开，全国 2838 个县（市/区）、3.4 万个乡镇、55 万多个行政村在 2018 年底基本完成承包地确权登记颁证工作。农地确权颁证和经营权有序流转稳定了产权关系，激发了农村金融市场需求。2016—2020 年末，全国“两权”抵押贷款累计发放 4507 亿元，对激活农村“沉睡”资产、活跃农村经济发挥重要作用。

二是农村集体产权制度改革试点，加快盘活农村集体资产、优化金融资源配置格局。《关于金融服务乡村振兴的指导意见》明确提出，将积极推动集体经营性建设用地使用权、集体资产股份等依法合规予以抵押，促进农村土地资产和金融资源的有机衔接。随着农村集体经济组织发展，符合

---

① 唐峥．全国已建立乡村组三级集体经济组织近 90 万个［N］．新京报，2021-09-16.

条件的相关主体金融需求日益增长。

三是集体经营性建设用地入市为信用扩张提供了基础条件。《农村集体经营性建设用地使用权抵押贷款管理暂行办法》出台，加速了农村集体经营性建设用地入市改革步伐，极大地增加土地的抵押价值。按此前“三块地”（农村土地、集体经营性建设用地、宅基地）改革试点地区成交均价114万元/亩推算，全国存量市场为57万亿元（2020年末全国全口径涉农贷款余额仅有38.95万亿元①），加之土地上的建筑物价值，可用于抵押融资的土地资产将大大增加。

2. 乡村优势特色产业发展引致金融需求规模增加

一是传统农业提质增效需要金融支持。随着农业现代化的推进，农产品加工、农产品流通、农业现代化示范区建设、智慧农业试点、良种培育攻关等领域均将产生大量融资需求。各类新型农业经营主体在扩大经营规模、推动产业优化升级过程中，对信贷、保险、理财等金融服务的需求同步增长。

二是乡村新产业新业态发展通过延长产业链、提升价值链，创造大量的金融需求。乡村新产业新业态的发展离不开农业基础设施建设的全面推进。高标准农田、大中型水利工程、耕地保护和地力提升等项目建设均需要大量信贷资金的支持。此外，建设县乡村三级物流体系，完善农村冷链物流网络，畅通农产品流通渠道，也需要金融机构的深度参与。

三是乡村产业发展对数字金融的嵌入提出越来越高的需求。各涉农金融机构加大数字科技赋能，探索基于大数据的授信机制，推进产业链数字金融发展。同时，各金融机构加快县域移动支付受理环境建设，将数字金融服务嵌入乡村产业各类场景。截至2021年末，“新农直通车”活动已实现在邮储银行20个一级分行落地，累计放款22.7亿元，服务新型农业经营主体4000多户。②

3. 乡村建设行动实施扩大金融需求的关键领域

乡村建设行动的推进和乡村宜居宜业水平的提升，不断拓展金融需求的关键领域。农村基础设施建设的提档升级、教育卫生事业的发展、社会保障体系的改善、人居环境的优化及信息化水平提升，无不需要金融支持。加强乡村传统和新型基础设施建设，提升农村基本公共服务供给水平，均

① 欧阳洁．银保监会：持续加大“三农”信贷投放支持［N］．人民日报，2021-03-25.

② 邵智宝．发挥好金融支持乡村产业振兴的作用［J］．中国金融，2022（5）．

需要大量中长期信贷投入；打造美丽生态宜居乡村，推进清洁能源建设工程，保护修复乡村生态，需要加快发展绿色金融，释放绿色生态价值；盘活乡村优质资源，发展乡村休闲旅游，也离不开金融的专项支持；数字乡村建设的全面推进，迫切需要从信贷、保险、债券等方面创新产品与服务设计。

4. 乡村治理现代化延伸金融服务的覆盖范围

乡村治理能力全面提升和治理效能持续改善均离不开金融产品与服务的全方位嵌入。巩固拓展脱贫攻坚成果、防止发生规模性返贫，加强相对贫困治理、持续促进低收入群体增收，实现乡村善治，迫切需要接续发挥普惠金融的社会功能。数字化时代着力构建以数字科技为依托的金融服务平台，用大场景、大连接、大服务助力乡村振兴，成为改善乡村治理能力和治理体系的内在要求。如通过搭建“三资”综合管理平台，打通农业农村基础数据与金融机构小微快贷系统的连接，促进“三资”管理高效化、产权交易和农户贷款数字化。此外，乡村治理现代化迫切需要通过农村金融注入和良性金融生态构建，不断改善乡村的信用环境和人文环境。

（三）金融科技为满足农村金融需求赋能

近年来，金融科技加持为农村实体经济赋能，对提升金融市场效率、降低交易成本、防范金融风险发挥重要作用，极大地激发了农村数字支付、数字信贷和数字理财的需求。

1. 数字经济发展孕育了新型金融需求

数字技术与农村经济社会各领域的融合实践不断深化，对新型金融科技及其应用提出越来越高的要求。伴随新型城镇化建设及城乡融合进程的加快，农村各类市场主体在支付、信贷、投资理财等方面的需求日益增长。在此背景下，金融机构加快推进数字化转型，持续拓展线上产品和工具应用。中国移动支付普及率和规模居全球首位。数字信贷便利金融机构利用大数据开展客户征信和智能风控，同时，有效地拓展了农村小微企业、个体工商户和农户的融资渠道，改善贷款服务效率。金融科技发展也有力地支持了农村地区的疫情防控。金融、物流、电商、便民服务等线上线下平台的融合，加速打通农产品进城的“最后一公里”，不断拓展数字金融的服务领域。数字技术对破解涉农金融服务中的高风险、高成本问题优势明显，但数字金融在农村的渗透也面临数字基础设施建设滞后、农民数字素养不高、潜在金融风险等挑战。

2. 数字支付极大地满足了农村线上交易需求

一是农村数字支付需求的规模持续增长。截至2020年，中国农村地区移动支付在手机网民中的使用率达79.0%。2020年，银行业金融机构共处理农村地区移动支付业务142.23亿笔，同比增长41.41%。非银行支付机构共处理农村地区网络支付业务4670.42亿笔，同比增长5.99%。[①] 二是移动支付便民服务纵深发展，应用场景不断拓展。央行持续推动移动支付在公共缴费、餐饮、商超、医疗等便民场景互联互通。2020年，全国共开展249项县域及农村生活场景、236项涉农生产场景建设，县域云闪付App累计注册用户达1.37亿户。网络支付助力提升农村中小微企业数字化生存能力，增强发展韧性和抗风险能力，着力缓解疫情影响。

3. 数字理财有效地拓展了农村财富管理需求

随着农户收入水平的提高，财富积累日益增加，加之农户金融意识的觉醒和金融素养提升，农户对金融理财的需求日益增加。单一的储蓄性存款的财富管理方式显然已不能满足农户的金融需求，加大基金、股票、保险、金融衍生产品在农村地区的投放，为农户财产的保值增值提供服务是农村金融发展的大势所趋。2022年第二季度农村金融理财机构（包括农商银行及其理财公司、农合行及农信社）的产品存续数量为12013款，存续规模约为1.37万亿元。随着新型城镇化建设推进、城乡融合发展加速，加之手机银行等移动终端的快速发展，农民多样化的理财需求将日益扩张。

4. 数字信贷助力缓解农村信贷约束和供需失衡问题

人工智能、区块链、云计算和大数据等金融科技不断创新发展，为解决农村金融市场供需失衡提供了重要技术支撑。人工智能应用通过建立风控模型、有效分析互联网大数据，提升金融大数据处理能力，从而有效控制农村信贷风险、促进信贷供需匹配。区块链技术与农村电商、农业供应链、农产品溯源、农业信贷等领域结合，有助于发挥去中心化、分布式记账、不可篡改等特性，降低信息不对称程度、确保交易真实可靠。云计算在降低信贷交易成本方面具有独特优势，大数据在农村金融机构客户征信、风险控制和精准营销方面具有显著优势。农村数字普惠金融发展为拓宽融资渠道、激发市场需求、促进农村金融市场供需均衡提供了重要保障。

（四）新时代呼唤农村金融服务体制机制创新

乡村振兴全面推进、金融科技迭代升级、农村金融市场发育滞后，迫

---

① 中国人民银行．中国普惠金融指标分析报告（2020年）[R]．2021.

切需要推进在区域金融扶持、农村金融组织、金融产品与服务、担保和信用体系等方面的创新实践。

1. 迫切需要完善差异化的区域金融扶持政策体系

中国农村金融市场发育不平衡，迫切需要构建更具包容性的区域金融发展扶持政策体系。一是对不同地区、规模、性质的金融机构在资本充足率、存款准备金等方面实行差异化监管。引导银行类金融机构加大涉农贷款投放，在放宽贷款条件与担保方式、扩大审批授权、优化业务流程、开辟绿色办贷通道等层面加大对乡村振兴重点帮扶县的政策倾斜。二是立足区域内乡村产业发展的内在规律及潜在需求，创新信贷、保险等产品和服务供给。积极拓宽抵质押物范围，结合地方特色产业，创新推出农机具、农业商标、动产质押等抵质押贷款业务，并融入保险、担保等业务。三是从基础设施升级、信用体系优化、金融教育、信息化建设等层面完善发展滞后地区农村金融的支撑保障机制。

2. 亟待构建多层次、包容性的农村金融组织体系

农村金融组织体系发展滞后制约农村金融转型升级。农村金融需求主体、内容及结构的变迁使得加快完善农村金融组织体系显得必要和迫切。一是城乡间金融市场的分割将逐渐被打破，重塑农村金融市场格局。随着县域经济加快成为乡村振兴的主要空间载体，农村金融需求也随着农业现代化、三产融合和城镇化进程，通过县域空间载体与城市金融相融合，逐渐形成城乡一体化的金融市场。二是异质性金融需求主体的共生迫切需要构建金融服务业态协同竞合关系。金融服务的整合性要求机构间开展深入合作，建立协同共生关系；信贷、保险、供应链服务、期货交易、财富管理等多种金融服务将更多地以整合的方式被提供给需求主体。多元化的金融组织体系将包括从非正规到正规金融、从私营到国有金融、从小型到大型金融机构共存的完整的金融机构图谱，政策性、商业性、合作性金融机构基于比较优势开展分工合作。

3. 着力推进金融产品体系和服务机制创新

乡村振兴全面推进依赖农村金融产品和服务创新。随着金融科技的进步和数字普惠金融的发展，无论农业银行、邮储银行、农商行等传统的“三农”金融服务主体，还是其他国有商业银行、新兴的互联网银行、金融科技服务公司、非银行支付机构等均积极运用金融科技创新金融产品与服务。根据小农生产需求向新型经营主体需求变迁的实际，引导政策性银行、农村信用合作社、村镇银行、资金互助合作社等多元主体优化面向新型经营主体的产品与服务种类，通过需求结构的优化倒逼供给质量的提升。综合运用奖励、补贴、税收等政策工具，接续拓展脱贫人口小额信贷。围绕新型城镇化的内生需求，构建县域小微经济主体的金融支撑体系，推进供应链金融、农产品期货等创新发展。

4. 加快创新农村担保体系和信用体系是应有之义

推进农村担保体系创新是完善新时期农村金融供给的必要举措。建立健全全国农担体系，是完善我国农业支持保护体系、深化农村金融改革的重大创新，是推动解决农业适度规模经营中的融资难题、激发其内生活力的重要手段，是财政撬动金融资本、引导社会资本投向农业的重要纽带，是构建服务乡村振兴战略多元投入机制的重要布局。全国农担体系要始终确保独立性，严格执行政策性业务范围和标准，不断加强自身能力建设，合力做大业务规模，要坚持底线思维，不断健全农担风险防控机制。

深入推进农村信用体系建设，是新时期优化农村金融供需匹配的迫切要求。急需大力支持各地构建域内共享的涉农信用信息数据库，因地制宜建设地方征信平台。推进行业信用信息、区域信用信息之间的信息资源交换与共享，并完善信息安全与隐私保护机制。加强各级政府对信用平台运营的组织保障和资金投入，建立长效维护机制。积极推进新型农业经营主体信用评价，并创新信用评价结果运用。

第二章　中国农村金融发展沿革、现状及相关政策*

一、农村金融发展的理论基础

研究中国农村金融发展沿革、现状及相关政策，必须对农村金融发展理论进行梳理、概括和总结。下面将对二元经济结构理论、中国的城乡二元结构理论、制度创新理论进行介绍。加深对这些理论产生的背景、适用范围及对经济发展史的贡献等问题的认识，对深耕农村金融研究和构建新形势下农村金融发展模式的研究框架具有十分重要的意义。

（一）二元经济结构理论

早先，荷兰科学家 J. 博克在社会学领域提出“二元结构”，随后该词被应用于发展经济学领域，并逐渐被完善为发展经济学的奠基石。1954年，诺贝尔经济学奖获得者美国经济学家威廉·阿瑟·刘易斯在《劳动无限供给条件下的经济发展》中提出了适用于发展中国家经济的二元结构模型，首次对发展中国家的“二元经济结构”进行详细论述。因此，刘易斯也被称为提出“二元经济结构理论”的第一人。

根据刘易斯的经济二元结构模型，发展中国家经济部门可被划分为传统部门和现代部门两类。其中，传统部门主要指能够维持生计的产业，包括简单的农业、零星的商业和服务业。这些部门边际劳动生产率小于或等于零，非熟练劳动者工资极低，但却为发展中国家大部分劳动力提供了就业机会。现代部门指使用再生产性资本，通过市场竞争获取利润，具有典型的资本主义特征的产业，包括建筑业、工矿业和近代商业等。这些部门劳动生产率和工资水平较高，但容纳的社会就业较少。该理论认为，劳动力供给具有无限性，现代部门的最低工资水平由传统部门的人均工资水平决定，传统部门能为现代部门提供大量劳动力。现代部门的利润来自劳动

---

* 本章作者为王亮亮，中国人民银行金融研究所副研究员。

产出大于工资总量的部门，产生利润后作为再生产性资本用于扩大再生产，从而吸收更多的传统部门剩余劳动力。传统部门由于吸收了大量就业，只有在剩余劳动力被转移走之后，才能提高劳动生产率，提高劳动者工资水平。模型结论认为，传统部门是次要的、从属的、消极被动的；现代部门是积极能动的。随着经济的发展，发展中国家的传统部门将随着现代部门的扩张而逐渐萎缩。二元经济结构理论在发展经济学理论体系中具有基础性的地位，对于发展中国家而言也具有非常重要的指导意义。

此后，美国耶鲁大学经济学家拉尼斯和费景汉出版的《增长和发展：演进观点》，采用了动态演进的研究方法，致力于剖析农业社会如何通过二元结构实现现代经济增长。指出传统经济二元理论中关于市场短期出清的假设并不准确，甚至从中长期看也是不成立的。此外，对经济二元结构理论进行了拓展，将发展中国家经济部分按照生产方式和生活方式不同分为工业部门和农业部门两类，完善了传统的二元经济理论。

来自西方的二元结构论通常不考虑制度变迁因素对社会经济发展的影响，将制度变迁视为外生变量，将二元产业差别作为论述的核心要素，对中长期发展中产生的城乡差别、居民收入差距等现象分析不到位。

（二）中国的城乡二元结构理论

中国的城乡二元结构理论包括二元经济结构和二元社会结构两个维度。城乡二元经济结构指传统农业经济与现代城市工业经济并存，城乡居民在收入、消费能力等方面存在较大差异。城乡二元社会结构指农村依附于城市，农村居民无法享受到与城市居民相同水平的基础公共服务，城市居民在医疗、教育、养老等方面达到较高的社会福利水平。

中国的城乡二元结构不仅体现了经济产业结构的差异，而且体现出特定历史条件下国家政策推动下的制度因素。追溯到计划经济体制时期，根据城乡户籍制度，中国居民被分为农业户口和非农业户口两类。在户籍制度的基础上形成针对两类户籍人口的制度安排，诸如粮油供应制度、社会保障制度、劳动用工制度等。从制度上将农村人口和城市人口进行区分，持有非农业户口的城市人口获得了各种特权和福利，成为中国城乡二元经济社会结构的显著特点。

随着市场经济的发展，计划经济淡出历史舞台，中国社会生产力和综合国力得以显著提高，政策水平不断提高，制度因素也随之做出调整。但城乡二元经济结构造成的一些问题仍然存在，并未得到根本解决。一是改革开放之后，有些地区尝试进行户籍制度改革，但由于城乡有别的治理体制改革成本高，城乡居民在就业机会和社会福利水平事实上的不平等还未根本改变。二是城乡市场体系仍处于分割状态。在商品市场，农民由于组织化程度低，生产规模有限，只能在有形的零售市场进行销售，不可能进入批发市场，更达不到参与大宗商品远期交易和期货交易的水平。在生产要素市场，一方面，农业具有投入大见效周期长的特点，资金往往追逐利润率而流入城市；另一方面，农民往往不具备进入货币市场和资本市场的条件，且投资渠道有限。在土地市场，农村土地难以效仿城市土地参与土地交易从而获得巨额收益。三是人力、财力投入不对等。改革开放后，为追求经济效益，农村的资本、劳动力、土地等生产要素不断涌入城市。此外，中央和地方政府在财政投入上存在向城市倾斜的现象，无论是基础设施建设还是科教文卫方面，城乡差距都在不断扩大。

为解决城乡二元结构带来的问题，应进一步深化改革，统筹城乡发展。建立和完善推进城乡一体化的体制机制，为一体化扫清制度障碍。此外，还应深化户籍制度改革，推进土地征用、占用制度改革，加快农村税费制度改革，扩大社保在农村的覆盖面，加大财政倾斜力度，改善农村基础设施，提高农民福利。特别强调的是发展农村金融，创新农村金融服务也是解决城乡二元结构的题中应有之义。培育新型农业主体，激活农村金融市场。从金融、财政多角度贯彻市场化原则，适当放宽对农村中小企业和农户贷款利率的浮动范围。引导资金流入农村市场，加大对农业产业的投入力度，打破资金流动的城乡壁垒。

（三）制度创新理论

经济学家一直致力于探索推动经济增长的原因，有人认为教育和资本的投入、科技的创新、规模经济、社会分工的优化都能够推动经济增长。也有人持不同意见，认为这些只是经济增长的外在表现，制度变迁才是经济增长的主要原因。1981 年，美国经济学家道格拉斯·诺思在其著作《经济史上的结构与变迁》中提出，制度变迁是制度替代、转换与交易的过程，对历史进步起决定作用的不是技术而是制度，产权制度的变迁才是历史演进源泉的核心观点。他通过产权理论、国家理论、意识形态理论等制度变迁理论，对经济史演变进行详细分析，论证了制度变迁在经济发展过程中的重要性。1973 年，诺思出版的《西方世界的兴起》，为了对其中观点进行完善和修正，又于 1981 年出版了《经济史中的结构与变迁》，强化了关于制度变迁对于历史的贡献这一重要观点。

诺思的《经济史中的结构与变迁》一书包括三部分，分别为理论部分、历史部分和总结部分。诺思在理论部分运用意识形态理论、国家理论和运用交易费用理论对历史中存在的各类经济组织进行了分析。在历史部分，诺思将制度变迁理论作为工具对人类第一次科技革命、第二次科技革命、古代世界经济的变迁与衰落、封建主义的兴衰、近代欧洲结构与变迁、产业革命、美国经济结构与变迁等历史以及演变进行剖析。最后得出结论和中心思想：制度变迁是指制度替代、转换与交易的过程。产权是交易的基本先决条件，产权结构的效率将引起经济增长、停滞或经济衰退。通过交易或交换能够使人类的生产活动获得经济效益，有利于打破人类活动面临的生存环境约束，获得安全保障。国家的作用体现在明确产权结构，最终对产权结构的效率负责。此外，意识形态作为一种工具，能够起到节省时间和精力，简化决策过程、增加经济制度黏合力、维护社会稳定的作用。

《经济史中的结构与变迁》首次从制度创新和制度变革角度来解释长期经济增长和人类社会的演进，理论结合经济史，标志着新经济史学派的制度变迁理论框架的基本完成。诺思用新的研究分析法，搭建制度变迁的理论框架，并以此为思路对人类经济发展历史进行深入分析，颠覆了传统认知，对经济史研究做出巨大贡献，成为新经济史学派的创始人。

二、农村金融发展阶段特征及现状

（一）新中国成立前的农村金融探索（1921—1949 年）

新中国成立前，中国共产党领导的最早的农村金融实践活动可以被追溯到 1922 年。1922 年，在中国共产党领导下，江西安源路矿工人消费合作社成立。随后，中共中央在《中国共产党对于目前实际问题之计划》中提出“为解决一般农民之痛苦，应采取下列政策：限田运动，限制私人地权在若干亩以内。组织农民消费协社，中国农民间有合资向城市购物之习惯，应就此习惯扩大为消费协社。组织农民借贷机关，中国农村向有宗祠、神社、备荒等公款，应利用此等公款及富农合资组织利息极低的借贷机关。限制租额运动，应在各农村组织佃农协会，每年应缴纳地主之租额，由协会按收成丰歉议定之。开垦荒地，应要求政府在地税中支用款项，供给过剩之贫农开垦官荒。改良水利，应支用国币或地方经费修理或开拓河道，最急要者如黄河、淮河等”。

针对《中国共产党对于目前实际问题之计划》提出的“组织利息极低的借贷机关”问题，1927 年 3 月，国民党二届三中全会在汉口召开，毛泽东出席会议，联合国民党著名“左”派邓演达等向大会提出《对农民宣言》，拉开了中国共产党领导农村金融改革与建设运动的序幕。毛泽东在宣言中指出“贫农问题的中心问题就是一个土地问题，农民的最后要求在于土地，如果不使农民得到土地，农民将不能拥护革命，至于最后成功”。毛泽东关于农民运动的思想代表了当时党在农民问题上的最高认识，也是最正确的认识。同年 4 月，土地委员会成立，毛泽东等人起草了《解决土地问题决议案》。在随后召开土地会议期间，毛泽东从消灭封建土地所有制、解放和发展农村生产力、推动革命发展的高度，阐明了土地革命的原则、步骤和方法，强调没收土地是土地革命的中心问题，土地革命必须分两步走，政治没收（没收土豪劣绅军阀的土地）为第一步，经济没收（没收一切自己不耕种而出租于他人的土地）为第二步；要依靠农民的力量实行自下而上和自上而下相结合的办法解决农民的土地问题。他的观点获得了其他委员的支持。

1. 土地革命时期

在土地革命时期，中国共产党起初领导的金融建设和改革主要在城市中开展。农村包围城市的革命思想得以明确后，党领导的金融活动也随之向农村转移。土地革命时期的农村金融改革实践被视为党领导农村金融改革的初创阶段，为之后不同历史发展时期的农村金融实践活动奠定了基础。在中国共产党领导下，不但创办了多家银行金融机构，还发起了废除高利贷运动。

为突破国民党的经济封锁，解决农民信贷需求，发展农村经济，中国共产党在根据地设立多家银行。从 1928 年成立第一家银行即海陆丰劳动银行，到 1937 年陕甘宁边区银行改组设立。近十年，根据地共成立 57 家银行、农信社，活跃了根据地经济金融发展，为农民融资提供了便利。根据地银行以“实行阶级经济政策，发展农村经济，帮助工农贫民，兴办公共生产及各种合作社，统一货币制度，防止金融外溢，冲破敌人经济封锁，巩固并发展苏区群众经济，帮助苏维埃政府创办一切建设事业，以促进革命的巩固与发展”为宗旨。

这些银行为根据地的经济稳定做出贡献，具体体现在以下方面：一是具有货币发行权。1934 年 1 月，毛泽东在《我们的经济政策》的讲话中指出：“从发展国民经济来增加我们财政的收入，是我们财政政策的基本方针，明显的效验已在闽浙赣边区表现出来，在中央区也已开始表现出来了。这一方针的着重执行，是我们财政机关和经济机关的责任。这里必须充分注意：国家银行发行纸币，基本上应该根据国民经济发展的需要，单纯财政的需要只能放在次要的地位。”这段话明确了根据地银行发行货币要遵循的发行原则，保证了根据地币值稳定以及流通顺畅。二是探索了合作金融，为信用合作社的发展提供支持。毛泽东指出：“合作社事业，是在极迅速的发展中。据一九三三年九月江西福建两省十七个县的统计，共有各种合作社一千四百二十三个，股金三十余万元。发展得最盛的是消费合作社和粮食合作社，其次是生产合作社。信用合作社的活动刚刚开始。合作社经济和国营经济配合起来，经过长期的发展，将成为经济方面的巨大力量，将对私人经济逐渐占优势并取得领导的地位。所以，尽可能地发展国营经济和大规模地发展合作社经济，应该是与奖励私人经济发展，同时并进的。”当时已经意识到发展信用合作社，是解决群众缺乏资本的主要方法，而且也是同城乡高利贷作斗争的有力武器。

这一时期，中国共产党还在根据地开展了废除高利贷运动。封建社会，高利贷是一种剥削农民的手段，严重危害农民阶级利益。在高利贷盛行的年代，农民作为弱势群体往往生活在水深火热之中。为了帮助农民摆脱高利贷盘剥，1930 年，毛泽东在江西、湖南等地进行调查研究。《寻乌调查》提到，在江西存在“钱利三分起码，也是普通利，占百分之七十，加四利占百分之十，加五利占百分之二十”，“借一斤，还两斤，借两斤，还四斤，借四斤，还八斤”等高利贷盘剥现象。《湖南农民运动考察报告》中记载，“地主‘卡借’，农民因借钱而企图组织‘借贷所’的，亦所在多有。”毛泽东坚信，只有解决高利贷问题才能更好地团结广大农民阶级闹革命。1926 年 9 月，毛泽东发表《国民革命与农民运动》一文，指出：“农民问题乃国民革命的中心问题。”“都市的工人学生中小商人应该起来猛击买办阶级，并直接对付帝国主义，进步的工人阶级尤其是一切革命阶级的领导，然若无农民从乡村中奋起打倒宗法封建的地主阶级之特权，则军阀与帝国主义势力总不会根本倒塌。”

1933 年，毛泽东在《怎样分析农村阶级》和《中华苏维埃共和国中央政府关于土地斗争中一些问题的决定》中对高利贷的划分标准和高利贷群体进行界定和论述。毛泽东指出：“依靠高利贷剥削为主要生活来源，其生活状况超过普通中农的人，称为高利贷者，应和地主一例看待。”此外，提出划分高利贷人群的标准，即“（一）有高利贷剥削（一切过去及现在的国民党统治区域，不论城市乡村，债务中最大多数，都是高利贷剥削)，但不是依靠高利贷为其全家主要生活来源的，不能叫作高利贷者而采取完全没收的政策，应各依其成分处理。以为凡有高利贷剥削的都是‘高利贷者’，这是不对的。（二）一面放债一面欠债的，应将其‘欠人’‘人欠’互相抵销，看其剩余部分的性质与程度，再与本人其他剥削关系总和起来，决定其成分。（三）店铺货账必须归还的理由，是为了不使商业受到损害，并且货账一般不能算入高利债务范围之内。”

基于毛泽东对当时根据地形势的正确研判，中国共产党开展了一系列反高利贷运动。反高利贷运动始于赣西革命根据地，1928 年底，江西田村、杨梅等地组织群众发动了抗债斗争。1929 年，在《抗债条例》中明确："凡是用利息剥削的叫债。"1930 年，在《苏维埃土地法》中明确："苏堆埃政权之下，禁止高利借贷。由县苏维埃按照当地金融情形，规定适当利率，但不得超过普通资本在当地一般经济情形中所得利率之数。"同年，在《总前委与江西省行委联席会议土地问题决议案》中指出，"从土地革命之日起，一切债务，不论借债、铺债以及各种谷物债项利息，一概废除。这是因为农村债务，除掉贫农与贫农之间少数的友谊的借债以外，都带有封建剥削性质。"1931 年，根据《中华苏维埃共和国关于经济政策的决定》，"取消过去一切口头的书面的奴役及高利贷的契约，取消农民与城市贫民对高利贷的各种债务，严禁预征或债（务）的奴役，应以革命的法律严防并制止一切恢复奴役与高利贷关系的企图。"并在同年颁布的《中华苏维埃共和国临时中央政府关于借贷暂行条例的决议》中彻底对高利贷与一般借贷进行区分。

中国共产党在根据地反高利贷运动中成果喜人，得到了广大农民阶级的支持，深得民心，也为日后领导农村金融事业积累了宝贵的经验。

2. 抗日战争时期

抗日战争时期，随着根据地范围扩大，中国共产党领导的农村金融改革的重点和方向有所调整，表现在以下三个方面：

一是在根据地基础上形成了由核心向外围扩散的网状金融体系，农村金融机构的数量增加、规模扩大。1937—1940 年，陕甘宁边区银行、晋察冀边区银行、山东抗日根据地银行、晋冀鲁豫边区银行、晋绥边区银行、华中抗日根据地银行等金融机构相继成立。

二是对农贷服务范围和人群进行调整。例如，为解决农民耕牛和农具不足的问题，1942 年，中共中央西北局将农贷对象明确为“贫民、中农、移民难民”。贫民指有劳动力但没有耕牛的农家。中农指只有一头牛的农家，或牛力不够的农家。移民难民指在政府帮助下解决了衣食的农家。以便为农民购买生产工具提供资金支持，激发农民劳动生产积极性，克服经济困难。再如，1942年陕甘宁边区政府颁布《边区农贷的基本任务和目前的实施办法》，提出了明确的农贷业务方针：以耕牛、农具贷款为主，追求粮食增产的生产实效；试点应选取在重点农业区县，取得经验后再进行推广；贷款不能平均分配，应达到农民所需的最低资金需求等。1942年8月，毛泽东在陕甘宁边区高级干部会议上对农贷实施提出了七大方针。随后，陕甘宁边区政府根据毛泽东的讲话精神，制定了《农贷小组暂行组织办法》《陕甘宁边区农业贷款章程》等法规，有力地推动了根据地农村金融业务的发展。

三是推行减租减息政策。为建立统一战线打击侵略者，中国共产党推行了减租减息的农村金融政策。1937年，《中国共产党抗日救国十大纲领》中明确提出了减租减息政策，号召“农民交租交息、地主减租减息”。在这一纲领性文件的指导下，各地纷纷响应，制定出具体的落实措施。例如，《中共中央北方分局颁布之晋察冀边区目前施政纲领》明确提出：“普遍实行二五减租，保证地租不得超过收获总额千分之三百七十五；利息不得超过一分，因借贷期满无力偿还而押出之土地，应依法清理。”此项政策推行后，抗日统一战线得到巩固，在一定程度上减轻了农民负担。

3. 解放战争时期

随着国内主要矛盾由民族矛盾转变为阶级矛盾，解放战争爆发，中国共产党为了拉动解放区农村经济金融发展，大力推进农村金融改革，为解放战争的胜利夯实了物质基础。

首先，统一币种，整合分散的农村金融体系。由于多种币种同时存在对解放区农村金融体系的稳定产生了不利影响，为使农村金融体系适合战争形势、经济形势需要，解放区将银行和货币币种由点状向面状扩散，由局部向整体联结，对分散化的金融体系进行整合。1948年，华北银行成立，承担起确定冀南币与北海币、冀南币与西北钞的比价任务，为统一货币奠定基础。同年11月，中国人民银行组建成立，发行人民币取代了之前分散的不同币种，实现了货币制度的统一，为建立解放战争胜利后全国统一的金融体系打下了良好基础。

其次，改组国统区银行机构，优化农村金融环境。伴随解放战争的不断胜利，解放区逐步扩大，在党领导下，国统区的银行机构被接管改组，具备了为社会主义经济金融服务的性质，成为社会主义农村金融体系的一部分。此外，1945 年，毛泽东提出“减租和生产是保卫解放区的两件大事”。1946 年，中共中央发出《关于土地问题的指示》，明确“耕者有其田”的政策，确保农民获得土地。1947 年，《中国土地法大纲》的发布标志着封建性及半封建社会的土地制度被废除，地主阶级被彻底消灭。为了支持农业发展，为广大农民提供购买生产资料提供资金支持，《一九四八年的土地改革工作和整党工作》提出要“发放必要的和可能的农业贷款（以贷给生产资料为主，必须有借有还，严格区别于救济性质的赈款）”。

最后，农村信用合作社得到发展。推翻封建的土地制度后，农民获得了土地，生产积极性空前高涨，急需更多的信贷资金支持。由于原有的农民金融体系规模有限，银行提供的贷款总量不能满足高涨的信贷需求，党中央决定发展合作经济，壮大农村信用合作社，支持农业农村发展，助力农村金融市场健康发展。

（二）农村计划金融主导时期（1949—1978 年）

1949 年 10 月，中华人民共和国成立，中国共产党领导的农村金融事业所处的内外部环境均发生改变，根据农村金融制度环境、需求和供给特点不同，可将 70 年以来农村金融发展划分为三个阶段。1949 年新中国成立到 1978 年改革开放被视为第一阶段，即农村计划金融主导时期。新中国成立后，国内外形势复杂，但在党的领导下，中国农村金融改革全面推进，探索建立了农村金融服务体系。新中国成立后，随着中国共产党完成对农业、手工业和资本主义工商业三个行业的社会主义改造，实现了把生产资料私有制转变为社会主义公有制的任务，经济上社会主义计划经济在我国基本确立。新中国成立之初，农村金融供需缺口很大，为农业生产恢复和发展提供资金支持尤为迫切。在国家主导下，当时的中国农村出现了集体化特征，民间自由借贷得到抑制，农信社和国家银行逐渐一体化，形成了单一的农村金融体制。

为配合新中国成立初期所有经济工作的核心都必须服务于工业化的发展战略，1951 年，时任人民银行行长南汉宸提出：“尽快恢复农业生产可以为工业供给原料和粮食，为工业品开辟市场，为发展工业积累资金，为出口创汇进口发展工业所必需的机器与原材料而提供产品，所以，金融必须支持农业的恢复与发展。”他认为，金融支持农业发展的方式包括发放贷款、收购农产品和调剂资金余缺。金融收购农产品的作用最为直接，农民通过出售农产品获得资金，从而用来解决生产资料和生活必需品购买问题。此外，帮助农民出售农产品还能增加农民收入。这一时期农村资金调剂工作主要由国家承担，国家银行对那些生产、生活困难的农民发放贷款，以便满足资金需求。为建立农村金融服务体系，银行机构到农村组织工作，从流动小组到固定机构，逐渐地建立集镇机构。1953 年，中国进入计划经济体制初期，农村工作的主要任务逐渐转向以互助合作为中心的农业增产运动。

1957 年，中国社会主义改造取得胜利，农村进入农业合作化大发展时期。农业合作化改变了传统的农村经济关系，并对农村信贷提出较高的要求。一方面，发展集体经济需要扩大生产规模和投入更多资金，应将农村闲散资金集中起来以扩大农贷资金来源。为保证农业生产计划的实现，还应对信贷资金进行有计划的管理。另一方面，农民加入农业合作社后，他们的经济生活也就受到有计划、有组织的集体经济生产和分配的影响和制约，因而社员家庭副业和生活上所必需的资金，在一定时期，仍需国家以信贷方式帮助解决。因此，农业信贷应坚持计划性、按期偿还性和物质保证性原则，加强党的领导，只有贯彻执行党在农村中的阶级路线，才能使农村信贷成为促进农业社会主义改造的武器。1958 年，随着人民公社的普遍建立，信用合作成为人民公社的一部分职能。同时，信用合作社成为国家银行的基层机构，农信社的独立性随之丧失。

总之，这一时期的农村金融体系几乎囊括了农业农村的所有领域。覆盖的农村经营主体包括农民、国营农场，股改的行业包括农业和手工业。虽然农村金融服务覆盖的主体和行业比较全面，但仍然存在一些问题。例如，对手工业支持力度不够，服务有待加强。相比于农户，对国营农场投入的信贷规模较小等。

（三）农村金融恢复调整时期（1978—2002 年）

受“文化大革命”影响，农村金融体系被破坏，农村信用社处于停滞状态。为了扭转不利形势，继续为农业发展和农民服务注入资金，党中央再次启动农村金融改革。改革道路是曲折的，但中国共产党从未放弃对农村金融领域的探索。伴随经济由计划经济体制向市场经济体制的转变，选取农村试点和“摸着石头过河”的方法在改革过程中发挥了巨大作用。回顾农村金融改革历史，1978—2002 年的改革主要围绕服务农业发展，满足农民信贷需要展开，具有全方位、多层次的特点，具有重大的理论和实践价值。为建立健全农村金融体系，改革主要在三个方面进行：全面恢复农村金融市场、探索农信社改革、建设现代化农村金融体系。

首先，为恢复农村金融市场进行机构改革。1977 年，发布《关于整顿和加强银行工作的几项规定》，在全国范围开展农信社整顿和改革。根据规定，农信社的性质得以明确，由人民银行对其进行管理和领导，并对农信社和人民银行营业所进行合并。对农信社进行重新定位后，针对农业银行的改革也随之展开。1977 年，发布《关于恢复中国农业银行的通知》，明确农业银行属于国务院直属机构。

其次，将恢复农信社“三性”（群众性、民主性、灵活性）作为改革目标。从 1951 年出台农信社草案到 1969 年将农信社管理权下放到贫下中农管理委员会，农信社的性质由合作制走向政府主导的“官办”道路。长期以来，农信社仅被当作国家银行的农村基层组织看待，距离自发地互助合作的初衷渐行渐远。鉴于此，国家将恢复农信社“三性”作为该阶段改革的主要内容和目标。1982 年，启动恢复农信社“三性”的管理体制改革试点。1996 年出台的《关于农村金融体制改革的决定》明确提出：“农村信用社管理体制改革，是农村金融体制改革的重点。改革的核心是把农村信用社逐步改为由农民入股、由社员民主管理、主要为入股社员服务的合作性金融组织。改革的步骤是：农村信用社与中国农业银行脱离行政隶属关系，对其业务管理和金融监管分别由农村信用社县联社和中国人民银行承担，然后按合作制原则加以规范。为保证农村信用社与中国农业银行脱离行政隶属关系后在管理上的连续性，要首先充实加强县联社和中国人民银行县支行。”随着改革开放的深入推进，打破传统僵硬的计划经济体制束缚已经成为必然，我国政府以经济建设为中心，加强推动农村经济发展。在改革形势驱动下，为了满足农村金融发展需要，扩大涉农服务覆盖范围，政府逐步按照“群众性、民主性、灵活性”原则，以及规范农村合作金融发展的思路，主导推动农信社改革。按照合作金融原则，将农信社改革为由农民入股、社员民主管理，主要为社员提供服务的合作金融组织。同时，与中国农业银行脱离行政隶属关系。恢复农信社的合作金融组织属性，能够吸收最广大农民入股，突出农民在经营管理决策中的作为，真正实现民主管理，以满足农民的资金互助需求。改革还涉及人民银行作为农村合作金融的监管机构，对农信社实施行业管理和金融监管；组建地（市）级联社和省联社。经过改革，农信社合作金融属性得到再次明确，网点普及，资金充盈，支农功能得以充分发挥。

最后，建设现代化的农村金融服务体系。1993 年，中央出台了《关于建立社会主义市场经济体制若干问题的决定》。该决定指出，社会主义市场经济体制是同社会主义基本制度结合在一起的。建立社会主义市场经济体制，就是要使市场在国家宏观调控下对资源配置起基础性作用。为实现这个目标，必须坚持以公有制为主体，多种经济成分共同发展的方针，进一步转换国有企业经营机制，建立适应市场经济要求，产权清晰、权责明确、政企分开、管理科学的现代企业制度；建立全国统一开放的市场体系，实现城乡市场紧密结合，国内市场与国际市场相互衔接，促进资源的优化配置；转变政府管理经济的职能，建立以间接手段为主的完善的宏观调控体系，保证国民经济的健康运行；建立以按劳分配为主体，效率优先、兼顾公平的收入分配制度，鼓励一部分地区一部分人先富起来，走共同富裕的道路；建立多层次的社会保障制度，为城乡居民提供同我国国情相适应的社会保障，促进经济发展和社会稳定。这些主要环节是相互联系和相互制约的有机整体，构成社会主义市场经济体制的基本框架。其中，农村金融市场作为市场经济的重要组成部分，必然也要进行市场化改革。1996 年，《国务院关于农村金融体制改革的决定》出台，提出农村金融体制改革是整个金融体制改革的一个重要组成部分。完善农村金融服务体系，对于加强农业的基础地位，促进农村经济发展，实现国民经济和社会发展“九五”计划和 2010 年远景目标，都具有十分重要的意义。

此外，从 20 世纪 80 年代中期开始，在我国出现了非正规农村合作金融组织——农村合作基金会。当时连续多年中央一号文件明确要用好集体资金，财政部等相关部门在落实中央文件精神过程中先后出台政策，支持和鼓励农村合作基金会的发展。在国家政策的支持下，农村合作基金发展迅速，但由于缺乏有效监管，相关政策不完善等原因，在发展的过程中风险不断积累，管理效率低、经营效益差等问题逐渐暴露，资金投向严重“脱农”。鉴于此，1999 年 1 月，国务院发文决定全面取缔农村合作基金会。

（四）农村金融创新发展时期（2003 年至今）

2003 年以前，党领导的中国农村金融改革事业处于探索阶段，2003 年以后，中国农村金融改革正式进入深化发展阶段。此次改革提倡从买方市场、市场供给端、需求端同时推进的思路。需求端，加强了农村信用体系建设，扩大了农业保险覆盖面和抵押担保品范畴，为农民获取贷款提供便利，缓解了农村市场信贷资金供需矛盾。

这一时期，农信社最终脱离合作制初衷，向商业化转变。根据国务院部署，2003 年，银监会将接替人民银行履行对农信社的依法管理职能、金融监管职能、行业管理职能。由于三种职能的履职手段、目标、要求存在较大差异，由同一监管主体同时履行必将造成监管效率低下，缺乏监督制衡机制甚至职能冲突的局面，对农信社自身发展和服务“三农”功能造成不利影响。据统计，2002 年，全国农信社不良贷款比例接近 37%，资本充足率低至-9%，资不抵债现象严重，在技术层面已经被认定为破产。基于此，2003 年，我国政府启动新一轮农信社改革。依据“明晰产权关系、强化约束机制、增强服务功能、国家适当扶持、地方政府负责”的要求，改革内容包括以下方面：保持农信社县（市）级法人地位的长期总体稳定；建立以法人为单位的产权制度；建立正向激励机制；省政府负责对农信社实施管理。改革初期，各地结合辖内实际，积极落实改革任务，通过自主选择产权制度和组织形式，形成了产权制度多元化、组织形式多样化的局面。但由于我国农信社长期存在法人治理结构不健全，委托代理问题严重，即便采取了多元化的产权制度、多样化的组织形式，也依然偏离了合作金融的发展目标，趋同于商业化运作。在此背景下，2012 年，银监会提出将全国农信社升级改制为农商行的目标。由此，农信社纷纷施行股份制改造，走向商业化经营道路。

2002 年，第二次全国金融工作会议提出，“必须把银行办成现代金融企业，推进国有独资商业银行的综合改革是整个金融改革的重点”，“具备条件的国有独资商业银行可改组为国家控股的股份制商业银行，条件成熟的可以上市”。2003 年，设立中国银行业监督管理委员会以便实施行业监管，同年颁布《银行业监督管理法》。党的十六届三中全会决议进一步明确，走股份制改造之路，是当前国有银行走出困境的战略抉择。2007 年，为了鼓励农业银行继续服务农村金融发展，国家对其进行股份制改造。2009 年，农业银行完成向股份有限公司的转变，改制成功。同年出台的《中国农业银行三农金融事业部制改革与监管指引》作为农业银行“三农金融事业部制”改革的纲领性文件成为“三农金融事业部制”改革试点工作不断推进的依据。在指引基础上，陆续发布了《中国农业银行股份有限公司三农金融部管理章程》《中国农业银行三农金融事业部制改革试点实施方案》《关于扩大中国农业银行“三农金融事业部”改革试点范围等有关事项的通知》等文件。

为助力农村金融发展，改变邮政储蓄抽取农村闲散资金的局面，2007

年3月，在改革原邮政储蓄管理体制基础上，中国邮政储蓄银行正式挂牌成立，主要开展小额信贷业务。2012年1月，整体改制为股份有限公司。《关于细化中国邮政储蓄银行有限责任公司股份制改革实施方案的批复》对邮政储蓄银行的支农服务力度提出了明确要求，有力地推动了邮政储蓄银行服务“三农”的力度。2016年9月，邮储银行在香港联交所挂牌上市；2019年12月10日，在上海证券交易所上市。中国邮政储蓄银行作为国有大型零售商业银行，以“服务社区、服务中小企业、服务‘三农’”为己任，为服务“三农”发展做出重要贡献。

政策性金融是我国金融体制改革的产物，也是中国特色社会主义市场经济在金融领域的成功实践。从20世纪90年代起，随着改革的深入和政策性业务的不断发展，政策性金融公司治理机制和职能定位滞后的问题越发明显。2013年，中国共产党第十八届中央委员会第三次全体会议通过《中共中央关于全面深化改革若干重大问题的决定》，第十二条提出“推进政策性金融机构改革”，开启了我国政策性金融机构改革的新征程，农业发展银行改革提上日程。2014年底，国务院陆续批复了包括《中国农业发展银行改革实施总体方案》在内的三家政策性银行改革方案，在完善治理结构和决策机制，实行资本充足率管理、政策性业务和自营性业务实施分类管理、分类核算三个方面提出要求。

三、新时代中国农村金融政策

为推动农村金融健康可持续发展，各部门不断出台和完善农村金融支持政策，凝聚政策合力，发挥好货币政策、财税政策、监管政策的协同效应。

（一）货币信贷政策

人民银行综合运用差别化准备金率、再贷款、再贴现等货币政策工具，持续引导金融机构加大对“三农”、小微企业的金融支持力度，推动农村金融发展取得良好成效。

1. 存款准备金政策

人民银行积极运用存款准备金工具，引导金融机构将信贷资源向农村倾斜，完善农村金融服务。一是对服务县域的农村金融机构执行最优惠的存款准备金政策。2019年以来，人民银行两次对农村金融机构实施定向降准。2019年5月，对服务县域的农村商业银行定向降准2～3.5个百分点，与农村信用社并档。2020 年 4 月，对服务基层的中小银行定向降准 1 个百分点。目前，农村商业银行、农村合作银行、农村信用社、村镇银行执行 6%的存款准备金率，为历史最低水平，比大型商业银行低 5 个百分点。其中，新增存款中的一定比例用于当地贷款考核达标的机构，还可以再享受 1 个百分点的存款准备金率优惠。二是继续实施普惠金融定向降准。对包括“三农”、小微、扶贫、双创在内的普惠金融领域贷款投放达到一定标准的商业银行，执行 0.5 个百分点或 1.5 个百分点的存款准备金率优惠。三是继续落实中国农业银行“三农”金融事业部优惠。对农业银行涉农贷款投放较多的县级“三农”金融事业部执行比农业银行低 2 个百分点的存款准备金率。

2019 年以来，人民银行逐步构建完善了“三档两优”的存款准备金率政策框架，更好地兼顾服务实体经济和防范金融风险。“三档”是指根据金融机构系统重要性程度、机构性质、服务定位等，将存款准备金率设为三个基准档：第一档是大型银行存款准备金率，目前为 11%。大型银行包括中国工商银行、中国农业银行、中国银行、中国建设银行、中国交通银行和中国邮政储蓄银行 6 家商业银行。第二档是中型银行存款准备金率，目前为 9%。中型银行主要包括股份制商业银行和城市商业银行。第三档是小型银行存款准备金率，目前为 6%。小型银行包括农村商业银行、农村信用社、农村合作银行和村镇银行。“两优”是指在三个基准档的基础上还有两项优惠：一是第一档和第二档银行达到普惠金融定向降准政策考核标准的，可享受 0.5 个百分点或 1.5 个百分点的存款准备金率优惠；二是服务县域的银行达到新增存款一定比例用于当地贷款考核标准的，可享受 1 个百分点存款准备金率优惠。实践中，大部分金融机构均能达到“两优”标准，从而其实际执行的存款准备金率水平低于基准档利率水平。构建完善“三档两优”存款准备金率框架，是深化金融供给侧结构性改革的重大举措。在该框架下，既弥补了中小金融机构在揽储上的成本劣势，又有利于发挥存款准备金工具的正向激励作用，优化信贷资源配置，增加基层金融供给。

2. 支农、支小再贷款、再贴现政策

2019 年以来，人民银行不断优化支农、支小再贷款、再贴现的地区结构，加强台账管理和资金投向、利率监测，注重发挥其正向激励作用，引导金融机构扩大“三农”、民营企业、小微企业信贷投放，特别是普惠口径小微企业信贷投放，降低社会融资成本，支持农村经济发展。一是适度下调支农、支小再贷款、再贴现利率水平。目前，一年期支农、支小再贷款利率均为2.25%，再贴现利率为2.00%，要求将支农、支小再贷款、再贴现优惠利率政策传导到“三农”、小微企业、民营企业，降低社会融资成本。二是规范完善支农、支小再贷款管理。明确支农、支小再贷款全部采取“先贷后借”模式发放，加强支农、支小再贷款台账管理，增强精准滴灌作用。三是提高支农、支小再贷款、再贴现政策普惠性。要求合理确定每亿元再贷款支持的经营主体（含农户、小微企业主、个体工商户）户数，优先对涉农票据、小微企业和民营企业票据办理再贴现，让支农、支小再贷款、再贴现资金惠及更多经营主体。支农、支小再贷款、再贴现政策实施进展顺利，对引导金融机构加大“三农”、小微企业信贷投放发挥了重要作用，有力地推动了农村经济发展。截至2020年末，全国支农、支小再贷款余额分别为4572亿元、9756亿元，再贴现余额为5784亿元。

3. 扶贫再贷款政策

2019年以来，人民银行继续认真贯彻落实党中央关于支持打赢脱贫攻坚战的决策部署，积极运用扶贫再贷款引导金融机构加大贫困地区信贷投放，政策效果良好。一是优化运用扶贫再贷款发放贷款定价机制，引导金融机构增加贫困地区信贷投放。在总结前期云南等12个省（自治区）经验的基础上，2019年7月，人民银行印发《关于全面实施优化运用扶贫再贷款发放贷款定价机制工作的通知》（银办发〔2019〕140号），明确在全国范围实施优化运用扶贫再贷款发放贷款定价机制工作，要求地方法人金融机构坚持保本微利、商业可持续原则，合理确定运用扶贫再贷款资金发放贷款的利率，切实降低贫困地区融资成本，运用扶贫再贷款资金发放贷款的加权平均利率应低于运用自有资金发放贫困地区贷款的加权平均利率。

二是设立专项扶贫再贷款，加大对“三区三州”深度贫困地区脱贫攻坚支持力度。2019年8月，人民银行印发《关于设立专项扶贫再贷款支持“三区三州”脱贫攻坚的通知》（银办发〔2019〕160号），设立专项扶贫再贷款，引导中国农业发展银行、中国农业银行、中国邮政储蓄银行的“三区三州”分支机构扩大当地信贷投放，降低“三区三州”融资成本，促进实现精准扶贫、精准脱贫目标。中国人民银行根据三家机构最近一个季度“三区三州”贷款余额较上季度末增量的50%，发放专项扶贫再贷款。

2020年脱贫攻坚目标任务全面完成，扶贫再贷款政策目标全面实现。截至2020年末，全国扶贫再贷款余额为2153亿元、专项扶贫再贷款余额为458亿元。

（二）财政税收政策

2019年以来，中央财政和税收部门积极贯彻落实中央服务“三农”的指示要求，综合运用税收优惠、贴息、奖补、保费补贴等手段，不断创新政策工具，完善政策扶持体系，加大政策支持力度，推动农村金融良性发展。

1. 农村金融财税支持政策

2019年以来，财政部门出台了一系列财税政策支持“三农”、小微企业发展。《财政部　科技部　工业和信息化部　人民银行　银保监会关于开展财政支持深化民营和小微企业金融服务综合改革试点城市工作的通知》（财金〔2019〕62号）明确从2019年起，财政部联合科技部、工业和信息化部、人民银行、银保监会开展财政支持深化民营和小微企业金融服务综合改革试点城市工作，中央财政给予奖励资金支持。《财政部关于修订发布〈普惠金融发展专项资金管理办法〉的通知》（财金〔2019〕96号）明确普惠金融发展专项资金实施期限至2022年，包括创业担保贷款贴息及奖补、财政支持深化民营和小微企业金融服务综合改革试点城市奖励、农村金融机构定向费用补贴。《财政部关于充分发挥政府性融资担保作用　为小微企业和“三农”主体融资增信的通知》（财金〔2020〕19号）规定，地方各级政府性融资担保、再担保机构进一步提高支小支农业务占比，确保2020年新增小微企业和“三农”融资担保金额和户数占比不低于80%，其中新增单户500万元以下小微企业和“三农”融资担保金额占比不低于50%。《财政部　农业农村部　银保监会　人民银行关于进一步做好全国农业信贷担保工作的通知》（财农〔2020〕15号）规定，进一步促进全国农担体系健康可持续发展，牢牢把握全国农担体系的政策性定位，稳步做大业务规模，充分发挥政策性农担职能作用，不断健全农担风险防范机制，健全激励约束机制，完善财政“一补一奖”政策。《财政部关于印发〈政府性融资担保、再担保机构绩效评价指引〉的通知》（财金〔2020〕31号）规定，规范地方各级政府性融资担保、再担保机构绩效评价工作，引导政府性融资担保、再担保机构坚守主业、聚焦支小支农、积极服务小微企业、“三农”和创业创新。

这些政策的作用明显。一是延长有关财税支持政策执行期限。延长普惠金融发展专项资金实施期限至2022年，包括创业担保贷款贴息及奖补、财政支持深化民营和小微企业金融服务综合改革试点城市奖励、农村金融机构定向费用补贴。延续实施普惠金融有关税收优惠政策从 2019 年 12 月 31 日延期至 2023 年 12 月 31 日。二是加大财政支持力度。从 2019 年起，开展财政支持深化民营和小微企业金融服务综合改革试点城市工作，中央财政通过普惠金融发展专项资金每年安排约 20 亿元资金支持一定数量的试点城市。三是完善政策，强化政府性融资担保的增信作用。充分发挥政府性融资担保作用，为小微企业和“三农”主体融资增信；进一步促进全国农业信贷担保体系健康可持续发展，完善财政“一补一奖”政策；规范政府性融资担保、再担保机构绩效评价工作。

2. 普惠金融发展专项资金

2015 年，中央财政整合设立普惠金融发展专项资金，并不断优化政策。2019 年财政部印发《关于修订发布〈普惠金融发展专项资金管理办法〉的通知》（财金〔2019〕96 号），明确遵循保基本、有重点、可持续的原则，综合运用贷款贴息、业务奖励、费用补贴等方式，弥补市场失灵，引导金融资源更多流向小微企业和“三农”主体，提升普惠金融重点服务对象基础金融服务的可得性和适用性。专项资金包括创业担保贷款贴息及奖补、财政支持深化民营和小微企业金融服务综合改革试点城市奖励、农村金融机构定向费用补贴 3 个支出方向。创业担保贷款贴息及奖补政策，是指对城镇下岗失业人员、高校毕业生、返乡创业农民工、残疾人等重点就业群体以及吸纳上述群体就业的小微企业申请的贷款，由创业担保贷款担保基金提供担保，由财政部门给予贴息，支持重点群体创业就业。

财政支持深化民营和小微企业金融服务综合改革试点城市奖励政策，试点期限为 2019—2021 年，中央财政对东部、中部、西部地区每个试点城市分别给予 3000 万元、4000 万元和 5000 万元奖励资金，鼓励试点城市因地制宜、先行先试，完善融资担保资本补充和风险补偿机制，改善民营和小微企业金融服务。2019 年和 2020 年，已推出两批，共 119 个试点城市，安排奖励资金 47.3 亿元。农村金融机构定向费用补贴政策，是指对符合条件的新型农村金融机构和西部基础金融服务薄弱地区的银行业金融机构（网点），按照不超过其当年贷款平均余额的 2%给予补贴，引导金融机构在县域以下下沉网点和服务。

（三）差异化监管政策

2019 年以来，银保监会不断完善差异化监管政策，强化对银行业金融机构的分类考核督促，引导地方法人金融机构回归本源，下沉经营管理和服务重心。通过普惠金融差异化考核机制，引导大中型银行将资源向小微、“三农”企业金融业务领域倾斜，提升精准服务能力。推动商业银行落实提升不良贷款容忍度和小微企业授信尽职免责要求，完善细化内部制度和工作机制。

一是强调地方法人金融机构回归本源、回归主业。2019 年 1 月，银保监会印发的《关于推进农村商业银行坚守定位 强化治理 提升金融服务能力的意见》（银保监办发〔2019〕5 号），要求农村商业银行准确把握自身在银行体系中的差异化定位，确立与所在地域经济总量和产业特点相适应的发展方向、战略定位和经营重点，完善适合小法人和支农支小定位的公司治理机制，专注服务本地、服务县域、服务社区，专注服务“三农”和小微企业，不断加大金融服务创新，切实做好融资成本管理，巩固好支农支小主力军的优势地位。2019 年 12 月，银保监会印发的《关于推动村镇银行坚守定位 提升服务乡村振兴战略能力的通知》（银保监办发〔2019〕233 号），要求村镇银行始终坚持扎根县域，专注信贷主业，有效提升金融服务乡村振兴的适配性和能力，建立完善符合自身特点的治理机制，扎实做好风险防控与处置。

二是健全普惠金融差异化考核机制。2019 年以来，银保监会持续优化小微企业、农户等普惠金融重点领域监管考核目标，每年出台政策文件，明确普惠型小微企业贷款、普惠型涉农贷款、精准扶贫贷款等增速要求，以及消灭基础金融服务空白地区等监管目标。突出差异化导向，适度提高小微企业、“三农”、扶贫不良贷款容忍度，明确不高于各项贷款不良率 3 个百分点作为监管评级扣分因素。将小微企业贷款享受风险资本 75%优惠权重的单户贷款额度上限由 500 万元提高至 1000 万元。持续推进对小微企业续贷业务的差异化监管，允许将符合条件的小微企业续贷贷款风险分类纳入正常类。2019 年 3 月，银保监会印发《关于做好 2019 年银行业保险业服务乡村振兴和助力脱贫攻坚工作的通知》（银监办发〔2019〕38 号），要求各银行业金融机构保持同口径涉农贷款持续增长，完成普惠型涉农贷款差异化考核目标，实现普惠型涉农贷款增速总体高于各项贷款平均增速。2020 年 4 月，银保监会印发《关于做好 2020 年银行业保险业服务“三农”领域重点工作的通知》（银监办发〔2020〕31 号），要求各银行业金融机构单列涉农和普惠型涉农信贷计划，在保持同口径涉农贷款和普惠型涉农贷款余额持续增长的基础上，完成差异化的普惠型涉农贷款增速考核指标。

三是建立“正向激励+尽职免责”机制。2019 年以来，人民银行、银保监会持续督促银行业金融机构落实尽职免责要求。2019 年 3 月，银保监会印发的《关于 2019 年进一步提升小微企业金融服务质效的通知》（银保监办发〔2019〕48 号），要求银行业金融机构完善内部绩效考核机制，提高小微企业业务的考核分值权重，将小微企业业务考核指标完成情况、监管政策落实情况与分支机构主要负责人考核评优及提拔任用挂钩，并要求银行业金融机构优化对基层信贷人员的考核激励方式，适当下调利润考核要求。2020 年 5 月，人民银行联合银保监会等部门印发了《关于进一步强化中小微企业金融服务的指导意见》（银发〔2020〕120 号），引导金融机构提升普惠金融在分支行和领导班子绩效考核中的权重，将普惠金融在分支行综合绩效考核中的权重提升至 10%以上，降低小微金融利润考核权重，增加小微企业客户服务考核权重。人民银行加强对金融机构评估考核督导，持续开展涉农和金融精准扶贫政策效果评估，督促金融机构加大对“三农”、扶贫领域金融支持力度；持续做好小微、民营企业信贷政策导向效果评估工作，督促引导银行业金融机构加大对民营小微企业的信贷支持。

2020 年 6 月，银保监会印发的《关于 2020 年推动小微企业金融服务“增量扩面、提质降本”有关工作的通知》（银保监办发〔2020〕29 号），要求银行业金融机构进一步细化小微企业不良贷款容忍度和授信尽职免责要求，明确“普惠型小微企业贷款不良率不高于各项贷款不良率 3 个百分点以内”的容忍度标准。对受新冠肺炎疫情影响严重地区的分支机构，适当提高其小微企业不良贷款容忍度。对受新冠肺炎疫情影响发生的小微企业不良贷款，有充分证据证明的，可对经办人员和相关管理人员免予追究责任。2020 年 6 月，银保监会出台《商业银行小微企业金融服务监管评价办法（试行）》（银保监发〔2020〕29 号），将小微企业授信尽职免责政策落实情况纳入专门评价指标，鼓励商业银行不断完善体制机制。

第三章　商业银行支持乡村振兴的金融业务创新*

一、商业银行服务“三农”概况

（一）商业银行服务“三农”发展历程

商业银行服务“三农”一直是世界性的难题。在中国六家大型商业银行中，中国农业银行（以下简称农业银行）和中国邮政储蓄银行（以下简称邮储银行）以服务“三农”为战略定位，是中国农村金融事业的重要实践者。本章以这两家银行服务“三农”的发展历程，来概要介绍中国商业金融服务“三农”的探索过程。

1. 中国农业银行服务“三农”发展历程

（1）1951—1979 年：四设三撤，服务农村经济改革

新中国成立后，顺应农村经济发展需要，中国农业银行的前身中国农业合作银行于 1951 年成立，主要办理农业财政拨款和一年以上农业长期贷款，1952 年撤销；1955 年在农业合作化进程中，中国农业银行正式成立，主要为生产合作组织和个体农民发放贷款，1957 年撤销；1963 年根据统一管理国家支援农业资金的要求，中国农业银行再次建立，1965 年与中国人民银行第三次合并；直到 1979 年党的十一届三中全会后，中国农业银行第四次恢复设立，主要任务是“统一管理支农资金，集中办理农村信贷，领导农村信用合作社，发展农村金融事业”。在这段特殊的历史时期，农业银行因农而生，与“三农”建立起了密不可分的联系，为新中国成立初期的农村经济改革、农村企业发展等提供了有力支持。

---

* 本文作者为欧海燕，中国农业银行“三农”对公业务部农村流通金融处处长；张剑，中国农业银行“三农”对公业务部农村流通金融处资深专员；郭羽佳，中国农业银行“三农”对公业务部农村流通金融处专员。

（2）1979—2006 年：二换属性，支持农村金融发展

1979—1993 年，农业银行作为第一家国家专业银行，顺应农村经济改革发展要求，在“三农”金融服务方面发挥了重要作用。从单纯支持农业种植业到扶持农、林、牧、渔和农村工、商、运输、服务业全面发展；从主要支持农业生产到支持农业生产、流通、分配、消费全过程，支持产供销衔接；倾斜信贷资源支持供销社、农副产品收购和乡镇企业发展，解决农产品“卖难”问题。农业银行对促进农村工业化发展、增加农民就业起到了积极作用。

1994—2006 年，根据国家国有银行商业化综合改革的要求，农业银行先后实施“一分”（与农业发展银行分设）、“一脱”（与农村信用社脱钩）、“一剥”（向长城资产管理公司划转不良资产）①，实现专业银行向商业银行的转变。在转轨进程中，农业银行及时调整服务“三农”指导思想、经营方式和服务领域，确定了“大农业”和“大市场”的市场定位，重点支持农业产业化发展、农村城镇化建设、农村基础设施建设，通过“以东带西、以城补乡”模式，进一步加大服务“三农”力度②。

（3）2007 年至今：股改上市，探索服务“三农”新模式

2007 年，农业银行按照党中央、国务院的战略部署，紧紧围绕中国农业银行“面向‘三农’、整体改制、商业运作、择机上市”的改革总原则，把服务“三农”放在改革发展的首位，深入研究面向“三农”和商业运作的有效途径，在总行设立“三农”金融事业部，构建城乡业务联动发展的经营格局，于 2010 年成功上市，服务“三农”实力进一步提升。

农业银行始终跟随国家战略，坚定不移地服务“三农”，促进城乡一体化发展，积极探索大型商业银行服务“三农”的模式与路径。通过开展“金穗惠农通”工程③，在县域农村地区以惠农卡为载体，以服务点为依托，以电子渠道为平台，以流动服务为补充，提高农村基础金融服务覆盖面，缩小城乡差距；将互联网金融服务“三农”作为“一号工程”，利用移动互联网、大数据、区块链等新技术，搭建“惠农 e 通”统一服务平

① 周慕冰．深化改革是建设国际一流银行必由之路［J］．中国金融，2018（14）．

② 齐巍巍．顺应改革需求致力服务“三农”——中国农业银行六十年历史回顾与展望［J］．农村金融研究，2011（6）．

③ “金穗惠农通”工程：在县域农村地区，以惠农卡为载体，以服务点为依托，以电子渠道为平台，以流动服务为补充，以提高农村基础金融服务覆盖面为目标，通过在服务点布放转账电话、POS 刷卡机等电子机具，为惠农卡持卡客户提供足不出村、方便快捷的小额取现、转账结算等基础金融服务。

台，创建线上线下一体化“三农”金融服务新模式，同时积极推进数字化转型，为农民提供更加便捷、多元、综合的现代金融服务，助力农村产业兴旺。作为国务院扶贫开发领导小组成员单位中唯一的商业银行，立足贫困地区发展基础和资源禀赋，倾斜资源配置、创新产品服务和扶贫模式，为打赢脱贫攻坚战贡献金融力量。

2021 年，农业银行全面贯彻落实党中央、国务院关于乡村振兴战略部署，以服务乡村振兴领军银行为目标定位，深入实施“三农”普惠战略，出台重点支持措施和服务方案，实施差异化金融服务政策，大力开展乡村振兴金融产品和服务模式创新，打造现代化“三农”金融服务体系，全力支持乡村产业振兴、人才振兴、文化振兴、生态振兴、组织振兴，为加快实现农业强、农村美、农民富贡献智慧和力量。

2. 中国邮政储蓄银行服务“三农”发展历程

中国邮政储蓄可追溯至 1919 年开办的邮政储金业务，至今已有百年历史。新中国成立后，人民银行于 1951 年委托邮政部门代理储蓄业务，1953 年停办。1986 年邮政储蓄恢复开办，在此阶段主要以区域布局、调整恢复金融业务为主，利用其邮政网点众多的优势建立了覆盖全国的金融服务网络，积极参与部分农村金融业务，并实施“绿卡”工程实现全国任一邮政储蓄联网市县通存通取，为农民提供存取款便利。

2007 年，中国邮政储蓄银行正式成立，定位于服务“三农”、城乡居民和中小企业。在广大的乡村地区设立了近三万个网点，开展定期存单、信用贷款、小额质押贷款等业务，成为农村金融的重要供给主体。

2012 年，邮储银行整体改制为股份有限公司，于 2016 年在香港联交所挂牌上市，于 2019 年在上交所挂牌上市，正式列入“国有大型商业银行”。邮储银行始终把“三农”金融服务工作放在改革发展的首要位置，在总行层面设立了金融事业部，同时充分发挥覆盖城乡的网络优势，为广大城乡居民提供基础金融服务，逐步形成了具有邮储银行特色的服务“三农”战略。

（二）商业银行服务“三农”业务范围

商业银行服务“三农”可以理解为商业银行为农村、农业、农民的发展提供金融产品和金融服务。党的十九大报告提出的乡村振兴战略是对于中国农村发展具有划时代意义的重大战略部署，既是新时代解决“三农”问题的行动指南，也是新时代商业银行服务“三农”的重要方向。

从服务对象来看，乡村振兴过程中农业产业链不断延伸，农业“一二三”产业融合发展，参与主体越来越多元化，包括传统农户、专业大户、家庭农场、农民专业合作社、农业产业化龙头企业等各类新型农业经营主体。

从服务领域来看，粮食安全、乡村产业、乡村建设等都是乡村振兴的重点服务领域。乡村产业涉及“一二三”产业，包括农副产品的加工和流通、农机农资的生产和销售、乡村旅游、农业科技的研发和推广等各个方面，以及县域商业体系建设、农业农村绿色发展等领域；乡村建设涉及乡村公共基础设施建设、农村人居环境整治、农村基本公共服务、农村消费和县域内城乡融合发展等领域；粮食安全涉及高标准农田建设、种业提升、粮食产业链、农机农技、耕地保护等领域；乡村治理包括农村基层组织建设、农村精神文明建设、平安法治乡村建设等领域。

从服务内容来看，面对乡村振兴多元化的主体，商业银行对“三农”的服务不只是简单的存贷汇服务，还包括贴现、理财、投资、期货、证券、保险、租赁业务等领域，同时商业银行还利用自身科技力量，为“三农”客户提供线上信贷、现金管理、场景服务等。

（三）商业银行服务“三农”体制机制

在探索大型商业银行服务“三农”体制机制方面，农业银行通过实施“三农”金融事业部制管理改革，有效地提升了服务“三农”的能力，为银行同业成立“三农”金融事业部、普惠金融事业部提供了参考和模板。

1. 中国农业银行持续深化“三农”金融事业部改革

股改初期，农业银行启动“三农”金融事业部改革，提出通过实施“三农”金融事业部制改革，在行内一级法人架构下构建起一种特殊的体制机制，确保有专门的机构、专门的人员、专门的政策、专门的产品和专门的资源，长期、稳定、可持续地开展“三农”金融服务工作①。

一方面建立管理体制，农业银行在总分行成立了“三农”金融事业部，以地域为界，将所有县域机构的业务纳入“三农”金融事业部管理和核算边界，同时综合考虑客户属性，明确了“县域+涉农”的职能边界。搭

---

① 赵忠世．寻找结合点——破解商业金融服务“三农”世界性难题的农行方案［M］．北京：中国金融出版社，2019.

建“三部八中心”[①] 组织架构，建立“双委员会制+双线报告考核制”治理机制。另一方面构建运行机制，通过单独的资本管理、单独的信贷管理、单独的会计核算、单独的风险拨备与核销、单独的资金平衡与运营、单独的考评激励约束的“六单管理”运行机制，有效地激发了农业银行服务“三农”的内生动力[②]。

2021 年，农业银行进一步完善“三农”金融事业部组织架构和治理体系，优化董事会、高管层“三农”金融服务治理机制，依托“三农”金融事业部，在各级行设立乡村振兴金融部，健全专业化服务“三农”组织体系。经过多年改革，农业银行“三农”服务水平大大提高，实践证明，构建“三农”金融事业部对商业化服务“三农”提供了有力支撑。

2. 中国邮政储蓄银行深化“三农”金融事业部改革

2016 年以来，邮储银行在总分行成立“三农”金融事业部及“三农”金融服务管理委员会，县支行设置营业部，建立“三部六中心”[③] 的运行机制，推动“三农”金融工作有效开展。邮储银行在经营绩效考核中加大“三农”金融考核力度；在资源保障上设置涉农专项信贷额度，保障“三农”金融业务发展；在风险管理上适度提高涉农贷款不良容忍度；在合规管理上出台涉农贷款尽职免责实施细则，制定乡村振兴专项授信政策指引，给予审查审批“绿色通道”数量倾斜，营造信贷人员“敢贷、愿贷、能贷”的良好环境[④]。

2021 年邮储银行在原有组织架构的基础上，调整优化全行服务乡村振兴机构设置，总分行“三农”金融服务管理委员会调整为乡村振兴及普惠金融管理委员会，总分行在原有“三农”金融事业部基础上调整设立“三农”金融事业部（乡村振兴金融部），形成了支持乡村振兴领导小组、乡村振兴及普惠金融管理委员会、“三农”金融事业部（乡村振兴金融部）的专

---

① 农业银行“三部”即乡村振兴金融部、“三农”对公业务部、农户金融部；“八中心”即“三农”及普惠金融人力资源管理中心、“三农”及普惠金融核算与考评中心、“三农”及普惠金融资本与资金中心、“三农”及普惠金融信用管理中心、“三农”及普惠金融信用审批中心、“三农”及普惠金融风险管理中心、“三农”及普惠金融渠道管理中心、“三农”及普惠互联网金融管理中心。

② 中国人民银行农村金融服务研究小组．中国农村金融服务报告 2020［M］．北京：中国金融出版社，2021.

③ 邮储银行“三农”金融事业部“三部”指政策与创新部、经营发展部、业务管理部，“六中心”指“三农”风险管理中心、“三农”资产负债管理中心、“三农”财务管理中心、“三农”人力资源管理中心、“三农”公司业务中心、“三农”授信管理中心。

④ 中国人民银行农村金融服务研究小组．中国农村金融服务报告 2020［M］．北京：中国金融出版社，2021.

业化为农服务组织架构，服务乡村振兴体制机制进一步优化创新[①]。

3. 其他商业银行“三农”普惠金融机构建设

除中国农业银行和中国邮政储蓄银行之外，其他商业银行也持续加强“三农”普惠金融机构体系建设，不断完善金融服务、统计核算、资源配置、风险管理、考核评价等体制机制。

2021 年，中国工商银行（以下简称工商银行）成立由董事长任组长的“金融服务乡村振兴工作领导小组”，由行长任主任的“金融服务乡村振兴工作推进委员会”，实施城乡联动发展战略；将“普惠金融业务推进委员会”调整为“普惠金融与乡村振兴业务推进委员会”，设立统筹协调金融服务乡村振兴的专门机构“乡村振兴办公室”，组建工商银行乡村振兴金融服务专业条线，构建全面覆盖农业、农村、农民的乡村金融服务体系，完善体制机制全心全意服务“三农”[②]。

中国银行优化普惠金融业务职能架构，实施对公对私普惠金融职能整合，将“普惠金融事业部”调整为“普惠金融事业部”（乡村振兴金融部），持续提升金融服务实体经济质效[③]。

中国建设银行（以下简称建设银行）深入推进普惠金融战略，助力民营小微企业发展，落实国家乡村振兴战略，在总行层面设立一级部门普惠金融事业部和乡村振兴金融部。

交通银行将“普惠金融事业部”调整为“普惠金融事业部”（乡村振兴金融部），建立专门的统计核算体系，快速统计涉农数据，同时对普惠型小微、普惠型涉农等业务实施差异化风险容忍度。

截至 2020 年末，全国 12 家股份制银行均已设立普惠金融事业部或专司普惠金融的业务部门。全国 133 家城商行中，有 45 家设立了普惠金融事业部，聚焦小微企业、“三农”、创业创新群体和脱贫攻坚等服务领域；4 家设立了“三农”金融事业部，专门聚焦“三农”金融服务[④]。

---

① 本部分内容主要参考了中国邮政储蓄银行股份有限公司 2021 年年度报告，https：//www.psbc.com/cn/gyyc/tzzgx/gsgg/aggg/index_23.html。

② 本部分内容主要参考了中国工商银行股份有限公司 2021 年度报告，http：//www.icbc-ltd.com/column/1438058343653851147.html。

③ 本部分内容主要参考了中国银行股份有限公司 2021 年年度报告，https：//www.bankofchina.com/investor/ir3/。

④ 中国人民银行农村金融服务研究小组．中国农村金融服务报告 2020［M］．北京：中国金融出版社，2021.

二、商业银行推动乡村振兴的金融服务创新

近两年来，在国家各部门和金融机构的共同努力下，“三农”信贷投入持续快速增长，有力地支持了乡村振兴。截至2021年末，银行业金融机构[①]涉农贷款余额达到43.21万亿元，较年初增长11.83%[②]。中国大型商业银行[③]也在服务“三农”领域持续加大投入，涉农贷款余额合计达到13.89万亿元，占金融机构涉农贷款的近1/3。其中，农业银行涉农贷款余额达4.76万亿元，约为2012年的2.5倍，另外县域金融贷款6.2万亿元，占全行贷款比重达36.21%，无论贷款增量、增速、余额占比均创近十年来新高；工商银行涉农贷款余额2.66万亿元，增幅为17.9%；建设银行涉农贷款余额2.47万亿元，增幅为18.05%；中国银行涉农贷款余额1.74万亿元，增幅为15.08%；邮储银行涉农贷款余额1.61万亿元，增幅为13.9%；交通银行涉农贷款余额6544.61亿元，增幅为14.13%。

（一）加强金融基础服务

1. 不断拓展农村基础金融服务覆盖面

农村基础金融服务环境建设是金融服务“三农”的重要环节，各商业银行不断拓展农村基础金融服务覆盖面，实现金融服务达到农村的“最后一公里”。一方面账户普及率大幅提高，截至2021年末，农村地区个人银行账户和银行卡分别为48.7亿个、39.2亿张，实现了人人有户、人人持卡。另一方面支付清算网络四通八达，大部分农村银行网点均接入人民银行的支付系统，非现金支付方式发展显著，2021年，银行业金融机构共处理农村地区移动支付业务173.7亿笔，同比增长22.2%。

农业银行聚焦广大农民多样化、差异化金融需求，构建“人工网点+自助银行+惠农通服务点+互联网线上渠道+远程银行+流动服务”六位一体服务渠道体系，优先在县域乡镇增设或迁建网点，2021年末农业银行县域网点达1.26万个，是全国唯一一家在全部县域都有网点的商业银行。深入实施“惠农通”工程，在农村商店、农资店等设立服务点，在偏远地区和网点空白乡镇，推广汽车银行、背包银行，为广大农民群众提供便捷的查询、

---

① 金融机构包括各商业银行、政策性银行、信用社及财务公司。

② 中国银行业协会．2021年中国银行业社会责任报告［R］．2022-09.

③ 大型商业银行包括中国工商银行、中国农业银行、中国银行、中国建设银行、交通银行、中国邮政储蓄银行6家银行。

转账、消费、取现等基础金融服务。设立“三农”远程银行中心，推出手机银行乡村版，县域个人手机银行注册客户达 1.86 亿户。

中国银行依托其综合化经营优势，搭建了“一体多元”的乡村金融服务体系。其中，中银富登秉承“扎根县域、支农支小”的发展理念，已在全国设立 126 家村镇银行，下设 189 家支行，覆盖 22 个省（市）县域农村，是国内机构数量最多、业务规模最大的村镇银行集团。截至 2021 年末，中银富登贷款余额达 709 亿元，户均贷款 16 万元。

建设银行努力拓展金融服务可得性，积极探索新型金融服务渠道，推出“建行到家”金融服务，聚焦于非接触式服务模式的搭建，充分联动现有线上、线下渠道，协调行内配送能力及第三方物流公司，延伸网点服务，将涉及实物交付的产品或服务直接送达客户家，实现客户足不出户即可享受金融服务的品质体验。截至 2021 年末，“建行到家”共上线 46 项产品，服务用户数超过 475 万人，累计服务突破 1800 万笔。

邮储银行依托扎根农村的服务网络优势，积极布放自助设备，建立助农服务点，打通金融服务“最后一公里”，使农民“足不出村”就可以享受存取款、转账等基础金融服务。在农村地区大力推广手机银行，发展便捷支付和线上贷款，通过让数据多跑路、用户少跑腿，为广大农村地区提供更加便捷高效的金融服务。截至 2021 年末，拥有近 4 万个网点，其中约 70%分布在县及县以下地区，县域布放自助设备近 10 万台；全行县域手机银行客户约 2 亿户，占全行手机银行客户数量的比例超过 60%。

2. 保护金融消费者权益

近年来，中国城乡居民存款持续增长，从 2002 年的 8.7 万亿元增加到 2021 年末的 103 万亿元。民众日常生活日益“金融化”，金融消费者权益保护在维护国家金融稳定过程中起到重要作用。商业银行在服务乡村振兴战略进程中，更需要建立有效的农村金融消费者权益保护机制，加强农村金融消费者权益保护，实现可持续发展。

工商银行董事会、监事会、高管层加强对消保工作的指导协调，将消保风险纳入全面风险管理体系，完善重点专业和产品消保规章制度，持续组织全行深入开展消费者权益保护“春训行动”系列培训，增强各部门和人员的消保水平。同时设置消保“三道防线”发挥治理合力，“一道防线”是持续加强产品创新、流程设计、系统研发、信息披露等各环节消保审查，有效采取消保前置措施；“二道防线”是发挥统筹督导作用，将各项管理要求落实到各层级机构岗位管理、考核评价等方面；“三道防线”是定期开展消保专项审计，发挥独立监督作用。通过开展“‘3·15’消费者权益保护教育宣传周”“普及金融知识万里行”“普及金融知识守住‘钱袋子’”等宣教活动，加强非法集资、电信网络诈骗、个人信息保护等重点内容和老年人、青少年、农村居民等重点群体宣教力度，持续提升广大人民群众金融素养和风险防范能力。

交通银行将消费者权益保护纳入公司治理和发展战略，从顶层设计入手，建立健全消费者权益保护机制，多措并举保护消费者权益，加强个人信息隐私安全保护。交通银行健全消保制度体系，在高管层设立消费者权益保护工作委员会和服务提升领导小组，负责全行消费者权益保护和服务提升工作，制定消费者权益保护管理办法和应急预案，每季度召开消费者权益保护会议。通过电话、营业现场、移动应用程序、电子邮件等多种渠道受理投诉，出台管理办法和实施细则等加强投诉全流程管理，完善纠纷调解机制流程，保护客户隐私信息和数据安全。

（二）保障国家粮食安全

保障粮食安全是实现国家安全的重要基础，商业银行强化责任担当，通过创新金融产品、出台专项方案等方式，将金融服务引入粮食生产、收购、加工、仓储、流通等各环节，积极助推粮食增产、农业增效和农民增收，为国家粮食安全提供强有力的金融保障。

农业银行把服务粮食安全作为“国之大者”，发挥客户覆盖面广、服务手段丰富、产业链服务介入程度深等大型商业银行优势，瞄准“种子”和“耕地”两个关键，加大粮食全产业链支持。一方面大力推进粮食安全金融服务。出台金融服务国家粮食安全行动方案，明确目标任务和支持重点，配套农机购置、秋粮收购等环节支持政策，对粮食安全金融服务进行全面部署。创新“农业生产托管贷”“黑土粮仓贷”“新粮通”等全行或区域性产品，着力支持种植农户、家庭农场、农垦企业、农业产业化龙头企业、农业社会化服务组织等主体发展。另一方面突出支持种业振兴行动。出台支持种业振兴行动金融服务方案、支持种业振兴信贷政策，围绕扶持种业企业做优做强、支持种业基地发展、服务种质资源保护和种业创新攻关等重点领域，提出“一揽子”支持政策，助力打好种业翻身仗。在吉林、湖南、新疆、甘肃等地积极探索创新“农担+风险补偿基金”、供应链融资、植物新品种权质押、“一产业、一方案”等模式，支持种业企业和种业基地发展。截至2021年末，农业银行支持粮食安全重点领域贷款余额1926亿元，种业领域贷款余额155亿元。

建设银行将粮食安全、种业振兴等重点领域作为金融服务工作的重中之重，在客户准入、信贷资源、担保方式、审批权限等方面配套一系列差别化支持政策，围绕农作物、畜禽、水产等重点领域，有力支持一批国家种业阵型企业、种子协会优质企业、农业产业化龙头企业做大做强。截至2022年7月末，建设银行粮食领域贷款余额超800亿元，粮食领域贷款增速及种业领域贷款增速均超全行各项贷款增速。建设银行北京市分行与世界三大蛋鸡育种公司，北京市华都峪口禽业有限责任公司签署战略合作协议，围绕企业蛋鸡、肉鸡种源“卡脖子”痛点，为该企业提供高效稳定融资支持，保障企业技术攻关；同时注重全产业链金融服务，依托“e信通”等供应链金融产品，帮助企业打通“智慧蛋鸡”平台资金流，有效解决链条企业融资难问题。

（三）支持乡村产业

习近平总书记指出“产业是发展的根基，产业兴旺，乡亲们收入才能稳定增长”，乡村振兴需要拓展农业多种功能，促进农村“一二三”产业融合发展，加快构建现代乡村产业体系，实现产业兴旺，助推生活富裕。

农业银行围绕乡村产业发展重点区域、重点链条、重点主体，加强产品模式创新，持续提升乡村产业金融服务水平，助力农民就业增收和农村经济发展，支持乡村产业振兴。截至2021年末，农业银行乡村产业贷款余额5851亿元，比年初增加958亿元，增速19.57%。在新型农业经营主体方面，制定加强新型农业经营主体金融服务15条支持政策，从调整贷款准入门槛、优化信用贷款条件、扩大农业企业授信额度、拓宽农村抵质押物范围等方面，加大对农业产业化龙头企业、家庭农场和农民专业合作社等新型农业经营主体的支持力度。截至2021年末，支持农业产业化龙头企业贷款余额1864亿元。在休闲旅游方面，农业银行与农业农村部联合，“十四五”期间提供人民币1000亿元意向性信用额度，积极利用“景区开发贷”“景区收益权贷”“惠农e贷”“农家乐贷”等特色产品和区域性金融产品或服务方案，加大对乡村休闲旅游业重点领域信贷支持力度。

邮储银行贵州省分行立足地方特色产业，持续加大对省内20个国家级重点帮扶县、30个省级重点帮扶县的金融支持力度，为脱贫地区、脱贫人口引入金融“活水”。围绕省内茶、食用菌、蔬菜、刺梨、中药材、辣椒、水果、生态渔业、生态家禽、生猪、牛羊、特色林业12大特色产业，分行深度拓展“银政、银担、银保”三大合作平台，以“线上+线下”农户信用贷款、小企业涉农贷款等为重要支撑，推出“核桃贷”“黔猪贷”“贵椒贷”等特色产品，缓解特色涉农产业融资困境。在重点帮扶县毕节市赫章县，为核桃种植、加工、销售等环节提供超过2000万元“核桃贷”信贷支持；在黔东南州从江县，对蛋鸡养殖产业龙头企业进行信贷支持，带动超1万人就业。

（四）支持乡村建设

乡村建设是国家现代化建设的重要内容，商业银行按照党中央、国务院部署，深入落实《乡村建设行动实施方案》，坚持不懈推进乡村建设，努力让广大农村居民也能过上现代文明生活。

农业银行加强顶层设计，制订出台金融服务乡村建设行动专项服务方案，提出发展乡村建设业务的总体要求和目标，围绕乡村公共基础设施建设、农村人居环境整治、农村基本公共服务、农村消费、县域内城乡融合发展等乡村建设重点领域，加大信贷投放特别是中长期信贷支持，助力推动美丽乡村宜居宜业。截至2021年末，乡村建设相关领域贷款余额1.28万亿元，比年初增加1652亿元，增速14.82%。

交通银行海南分行积极对接美丽海南百镇千村建设，金融资源重点投向乡镇污水处理一体化等基础设施建设，为改善乡村生活和人居环境提供资金支持。交通银行海南分行对农村基础设施项目建立名单制，加大对农业农村基础设施投融资的中长期信贷支持，同时主动对接民生重点领域项目融资需求，并开通绿色授信审批通道，为项目建设提供充裕的资金保障，有力地支持了企业在疫情期间开展复工复产。

（五）支持农业农村绿色发展

习近平总书记指出，新时代抓发展，必须更加突出发展理念，坚定不移贯彻创新、协调、绿色、开放、共享的新发展理念。在农业农村发展过程中，更要注重绿色发展理念，做好“绿水青山就是金山银山”的转化，以生态资源为依托促进乡村振兴发展。

农业银行围绕“三农”和县域绿色发展重点领域，对接绿色有机、低碳循环农业企业，围绕各地绿色发展需求，创新优化产品和政策，农业银行推出湖北“碳汇林业贷”、福建“林业碳票”质押担保贷款等区域特色产品，助力守好绿水青山。截至2021年末，农业银行“三农”绿色信贷余额

6962亿元，比年初增加1526亿元，增速27.97%①。同时，农业银行聚焦国家重大战略，立足黄河流域生态环境保护、黄河安澜工程、绿色生态走廊建设等重点工程，持续加大绿色信贷投放。截至2021年末，在黄河流域329个县（旗、市）的绿色贷款余额593亿元。农业银行山东分行编制《金融服务黄河流域生态保护和高质量发展生态图谱》，梳理全省黄河流域9市25县资源禀赋、产业结构，研究确定重点支持的84个生态保护项目、39个高质量发展项目，创新推出“金穗齐鲁·黄河系列贷”，推动山东黄河流域可持续发展。截至2021年末，该行在沿黄9市绿色贷款增加86.83亿元，增速达61.17%。

工商银行从政策制度、产品服务、风险管理、前沿研究等方面守正创新，不断健全完善绿色金融发展体系，积极推动绿色信贷、绿色债券、绿色基金、绿色理财、绿色投资、绿色租赁等各项绿色金融业务发展。截至2021年末，工银理财通过债券、权益、非标等多种方式共同发力，投资各类绿色资产余额近6300亿元，覆盖风力发电、光伏设备、生态环保、农林水利、高标准农田建设等众多绿色金融相关子行业和细分领域。工商银行福建三明分行致力于当地省级绿色金改区改革探索，开展绿色金融创新，为福建某林业股份有限公司“6万亩国家储备林基地建设项目”量身定制融资方案，授信金额1.5亿元。该项目建成后，可提高涵养水源量1576万立方米、固土7万吨、固碳1.6万吨、释氧量60万吨、滞尘14万吨，对调节气候、涵养水源、保育土壤、固碳释氧、净化空气等具有促进作用，能够更好地保护生物多样性。

（六）支持县域经济发展

商业银行大力推进农村普惠金融服务不断拓展服务广度深度，落实中央“把普惠金融发展重点放在乡村”的要求，进一步下沉服务重心，增加农村普惠金融服务供给，推动普惠金融服务惠及农民群众。

农业银行不断创新产品和服务模式，满足“三农”客户多样化金融需求。一方面持续深化“三农”产品创新。着力构建“年度+行业+区域+专项”的“三农”信贷政策体系，建立健全“总行统筹+分行为主+基地先行”的产品创新机制②。截至2021年末，农业银行已形成乡村振兴千亿级

① 中国农业银行．金融助力乡村振兴　耕耘美丽中国［N］．人民日报，2022-03-09（07）．

② 中国农业银行．坚守服务“三农”职责使命　为农业农村发展贡献金融力量［N］．人民日报，2022-09-23（12）．

产品 10 个、百亿级产品 13 个。同时加大农户金融支持力度，做好种养大户、家庭农场、农民专业合作社等新型农业经营主体信贷服务，为农民增收致富提供全面金融支持。截至 2021 年末，农业银行农户贷款余额超过 2 万亿元，增速接近 13%。家庭农场贷款余额超过 1700 亿元，支持家庭农场超过 130 万户，贷款服务覆盖全国家庭农场总量的 1/3 以上。农业银行宁波分行携手宁波市妇女联合会共同推出“巾帼农创贷”，专门针对农村创业女性提供“服务优质、贷款优先、利率优惠”的“三优”信贷服务，为符合条件的女性创业者提供单笔不超过 100 万元的纯信用线上贷款；在抵押担保、政府增信情况下，提供不超过 1000 万元的个人经营贷款；为拥有县级以上各类荣誉的农村创业女性提供支持。截至 2021 年末，共发放“巾帼农创贷”233 笔、1. 26 亿元。

建设银行重庆市分行以“裕农通”服务点为主要抓手，不断将金融活水引入田间阡陌，探索出了一条金融助力“解民忧”“纾民困”“察民情”“暖民心”的乡村治理新路径。通过创新残疾证预审核项目，将年审申请、政府审核、残疾人领证等全流程迁移至“裕农通”线上系统，原本平均耗时 20 天的残疾证年审压缩至半小时，截至 2021 年末，已服务 1. 4 万残疾人群众；通过创新“裕农通+社保待遇资格认证”功能，实现“裕农通”与社保局系统对接，让“裕农通”业主成为社保认证“探头”，在便利村民认证的同时，有效地防止了“骗领、冒领”问题，截至 2021 年末，已服务 8. 06 万乡村群众；通过创新开发“裕农通+返乡人员登记”功能，实现务工人员基础信息、就业情况、收入状况、往返轨迹等完整线上记录，有效满足各地政府加强务工人员管理、常态化开展疫情防控等需求。春节期间，该系统在重庆市 19 个区县上线运行，服务外出务工人员登记 16 万人次。

（七）以数字化转型提升服务质量和效能

在科技引领创新的新时代，商业银行均强化金融科技赋能，提升金融服务的可得性及服务效能，让农村居民享受更加高效便捷的现代金融服务。

农业银行主动服务国家数字乡村发展战略，启动实施数字乡村金融服务工程，运用金融科技手段，为乡村振兴金融服务插上科技的“翅膀”。一方面创新开展线上融资服务，大力发展“惠农 e 贷”，积极开展农户信息建档，推动农户贷款全线上化运作。截至 2021 年末，“惠农 e 贷”余额 5447 亿元，比年初增加 1913 亿元，增速 54. 12%，服务覆盖农户 368 万户；加快县域小微线上融资产品创新，打造小微客户专属线上融资品牌“小微 e

贷”，推出“微捷贷”“链捷贷”“抵押 e 贷”等多种线上信贷产品，截至2021 年末，县域“小微 e 贷”余额近 2000 亿元。另一方面加快场景创新，全面推广农村集体资金、资产、资源“三资”管理平台，助力乡村治理，与全国 1200 多个县签署合作建设“三资”平台协议，已在 900 多个县正式上线，覆盖 12.3 万个行政村。加快创新县域特色金融场景，推进县域智慧政务、智慧农业、智慧医疗、智慧教育、智慧旅游、智慧生活等场景金融建设，特色场景总数达 1.1 万个。

建设银行为解决乡村地区金融产品服务供给不充分等痛点，以互联网思维、轻资产新模式快速延伸县域乡村地区服务触角，搭建县域普惠金融共享服务平台“裕农通”，同时坚持开放共享平台属性，以开放银行方式与合作方平台灵活交互，与外部 B 端和 G 端优质平台共享协作、合作赋能。江西省分行依托“裕农通”App，创新搭建裕农通“橙心橙意”综合服务平台，推出“赣南脐橙贷”线上全流程贷款产品，有效解决当地脐橙农户融资问题。通过“我要贷款”“品质溯源”“我要卖橙”“我要买橙”四个功能板块，实现了“赣南脐橙全流程管理、全方位服务”。“橙心橙意”平台和“赣南脐橙贷”将金融服务精准送到田间地头，让手机成为橙农新农具。

工商银行打造金融服务乡村振兴新模式，创新推出“数字乡村”综合服务平台，以“农村集体三资监管”为核心，以“普惠金融服务”与“智慧乡村治理”为两翼，融合了大数据、区块链等先进技术，实现“省、市、县、乡、村、组”六级“穿透式监管”模式，为农业农村主管部门、村委会、村集体、村民等客群，提供涵盖党务、政务、村务、财务、金融服务的“五位一体式”服务，截至 2021 年末，服务覆盖全国 31 个省级、260 个地市，与 770 家区县级农业农村部门达成信息化合作。

三、商业银行“三农”金融服务中面临的问题

（一）农业农村现有产权制度不够完善

缺乏有效抵押物，一直是制约涉农信贷业务发展的关键问题。激活农村的土地以及其他资源，让各种因素可以抵押、交易、流转、变现的前提是重建农民资产清晰转让权。虽然这些年的产权制度改革取得了一系列令人瞩目的成绩，但是因为农业农村产权制度改革涉及历史、经济和法律等多方面，目前农业农村产权制度还有待进一步加强。一方面，农民手中的

隐形资产没有清晰明确的产权制度支撑，难以通过交易或者资产重组实现资产的增值；另一方面，成员对集体资产的占有、使用、收益、继承、担保抵押的权利还没有具体体现，资产向资本的属性转换还缺少制度基础，商业银行难以利用农民拥有的土地等资产向银行申请贷款等。

（二）涉农产品创新不足，产品同质化严重

近30年来，中国商业银行发展迅猛，提供的涉农金融产品种类繁多，但是各银行产品间的服务对象、产品功能、服务内容等同质化现象严重，这在一定程度上易引发恶性竞争，不利于农村金融的整体发展。虽然中国存在多元化的商业银行体系，如国有商业银行、股份制商业银行、城市商业银行和农村信用合作社，但是随着乡村振兴战略的提出，不同市场定位的商业银行都在布局农村和县域，而且产品之间互相模仿，缺乏差异性。一是服务对象都集中在农业产业化龙头企业和部分高端涉农客户，对于风险较高的涉农中小企业和农户的信贷支持不够。二是业务结构过度依赖传统信贷业务，中间业务领域创新不足，降低了资源配置效率。商业银行需要进一步深入挖掘“三农”领域金融的特点和需求，创新符合农村经济发展形势的金融产品，进一步完善农村金融产品服务体系。

（三）农村保险市场支持力薄弱

农业保险作为一种风险补偿，在全面推进乡村振兴，加快农业农村现代化进程中被赋予重要使命，在乡村振兴金融服务中，农业保险也是重要组成，但目前农业保险发展也存在挑战，一方面需求不旺，部分农户参与意愿不强，存在靠天吃饭、依赖政府的传统思想，不愿意在本身收入就不多的情况下负担高费率的保费；另一方面供给不足，保险公司出于自身利益，不愿意开展农业保险这种高风险、高成本、高赔付率的业务，积极性不高。商业银行在农户保险中参与也不深，保费来源多基于政府主导，农业保险尚未建立起可持续发展的商业运行模式。

（四）“三农”人才队伍素质亟待提升

目前银行业县域及以下的业务人员存在老龄化、知识结构单一的问题，一方面，随着“三农”领域金融业务的不断发展，服务“三农”的理念和方式都在不断创新，传统业务人员需要转变思想，认识并运用互联网金融等的新发展理念；另一方面，意愿致力于农村金融服务的年轻人员日

趋减少，年轻员工虽然接受新事物的能力较快，但对“三农”领域的特殊发展情况了解不深，对“三农”业务不清，涉农信贷业务不熟等。在新时代背景下，面对“三农”领域多元化、复合型的金融需求，商业银行缺少既懂“三农”又懂互联网金融的复合型人才，“三农”人才队伍的素质仍需提升。

四、新常态下商业银行金融服务“三农”的路径和举措

（一）突出服务重点领域和关键环节

1. 加大对重点帮扶县的金融资源供给

支持重点帮扶县产业发展是金融服务重点帮扶县巩固拓展脱贫攻坚成果、全面推进乡村振兴的重要抓手。商业银行在实施业务发展策略时，应当践行“人民金融”的理念，倾力支持乡村振兴重点帮扶县发展。160个国家乡村振兴重点帮扶县目前金融服务渠道仍单一，各银行今后新建和迁址分支机构、物理网点等应优先考虑重点帮扶县的中心乡镇、人口大镇和易地帮扶搬迁安置点，努力向重点帮扶县倾斜配置政策资源。围绕重点帮扶县优势特色产业资源和当地政府产业发展规划，按照变小产品为大产业、变“绿水青山为金山银山”、变“输血式”援建为“造血式”帮扶和改善产业发展基础设施环境等主要支持路径，深化金融服务，因地制宜加大对重点帮扶县的金融资源供给，扩大金融服务覆盖面，精准支持重点帮扶县产业发展，全力支持重点帮扶县巩固拓展脱贫攻坚成果同乡村振兴有效衔接。

2. 培育地方优势特色产业发展

乡村振兴，产业兴旺是重点。目前，商业银行均把支持乡村产业发展作为服务乡村振兴的重要着力点。通过对接国家乡村产业发展部署安排，围绕粮食安全、“一二三”产业融合发展、绿色农业等乡村振兴重点领域，以农业产业化龙头企业、家庭农场、合作社等新主体，休闲农业、农村电商等新业态，农业产业园、科技园、创新园等新载体为重点，加大贷款投放力度，积极满足乡村特色产业、农产品加工、农业现代化示范区建设等的多样化金融需求。聚焦乡村全产业链重点链、典型县，为担任“链主”的核心企业和上下游主体提供订单融资、应收账款质押融资服务，积极参与产业链“人地钱物”要素直通车服务，大力支持乡村产业链上下游各类经营主体。围绕国家和地方现代农业产业园、农产品加工园、农村产

业融合发展示范园等建设，加强与园区管理机构合作，全方位做好综合金融服务。围绕300个休闲农业重点县和1500个美丽休闲农村，大力支持乡村旅游产业发展，创新支持农家乐、民宿等乡村旅游业态。积极创新金融产品和信贷政策，服务好乡村能人、返乡入乡公职人员、农村“双创”群体等，支持各类带头人发展生产经营，带动农民增收致富。

3. 助力补齐农业农村基础设施“短板”

乡村建设是实施乡村振兴战略的重要任务，也是国家现代化建设的重要内容。各银行在以农村公路、农村防汛抗旱和供水保障、人居环境改造、农房质量安全、农产品仓储保鲜冷链物流等领域为重点，强化乡村建设中长期信贷投入的同时，应适应新农村建设的规律，把支持乡村产业、乡村建设与传承保护乡村特色风貌、优秀乡土文化结合起来。重点支持农村厕所革命、农村生活污水治理、农村生活垃圾处理以及村容村貌提升等项目。突出做好国家乡村振兴重点帮扶县、全国农村改革试验区等重点区域的农村人居环境整治提升金融服务。目前，已有部分银行探索建立债贷联动支持乡村建设机制，积极参与投资各地乡村振兴基金，承销政府专项债、乡村建设主题债券等债务融资工具，通过金融租赁、产业基金、资管计划等多种方式支持乡村建设，尝试构建乡村建设领域多元化融资模式。

4. 增加对农业农村绿色发展的金融投入

推进农业农村绿色发展，实现减排固碳增绿，既是国家生态文明建设的重要内容，也是实现“碳达峰、碳中和”的重要手段。“十四五”时期全国农业绿色发展规划已于2021年印发，各银行可以依据规划，围绕农业面源污染综合治理、畜禽粪污资源化利用、农业绿色发展先行区建设等重点领域，加大信贷支持力度，争创绿色金融服务品牌。对于农村生态系统保护修复重点领域，突出支持农地整治修复、耕地休耕轮作、生态循环农业发展和国土绿化项目。积极开展排污权、用能权、用水权、碳排放权等专项信贷产品创新，择优支持一批农田土壤固碳、农村可再生能源替代、绿色低碳科技创新、县域节能环保产业等项目。助力绿色清洁能源发展，为整县推进屋顶分布式光伏试点项目提供金融服务。探索发行专项绿色金融债券，创新推出更多绿色债券承销品种，推进县域绿色金融改革创新。

（二）提高金融供给水平和增强服务能力

1. 创新小微企业融资增信机制

为进一步解决涉农小微企业业务规模较小、可抵押资产少、信用记录不足、信息不对称等问题，各行积极探索融资增信方式，增强涉农小微企业金融供给。目前，各行都在积极创新拓展抵押物种类，探索开展大型农机具、温室大棚等抵押贷款试点，拓宽农业客户增信方式。一些国有大型商业银行还依托自身科技资源，探索运用大数据分析、人工智能等手段为小微企业融资增信。通过与政府、征信机构、行业协会等合作获取相关企业数据作为信贷业务的参考依据，或者基于区块链技术研发推出应收账款平台，利用分布式记账、智能合约和不可篡改的特性，将核心企业上下游的应收账款转化为在线支付结算和融资工具，增强小微企业融资便利性和可获得性。

2. 推动集群化、链条化整体金融服务

为提升农业产业链长尾客户的金融服务，各商业银行需要树立全产业链和产业集群思维，以农业产业链条为轴，通过与重点产业、重点农业龙头企业开展合作，整合物流、信息流、资金流，为农业产业链条上下游企业提供全面的金融服务。以农业银行为例，农业银行打造了线上化、数字化的供应链金融服务平台，围绕农业产业化龙头企业、农产品交易市场、乡村建设项目等重点领域，针对农业生产资料供应、农产品销售、畜禽养殖、农产品集中交易、乡村建设、农民工工资代发等场景，创造推出了6种农业供应链金融服务模式，积极为农业产业链现代化贡献金融力量。

3. 拓宽多元化融资渠道

为适应市场多元化融资需要，商业银行可通过物理网点以及互联网金融延伸金融服务功能、为客户提供包括信贷、投资、基金、保险、租赁、托管等在内的“一揽子”综合金融服务，提高客户满意度和市场竞争力。一方面探索运用债券承销、PPP和政府购买服务等多元化融资方式，创新运用如以股权投资或投贷联动的方式、运用金融租赁、资产证券化、集合票据等新型金融工具，提高金融服务供给能力。另一方面可以加强与国开行、农发行等专业银行以及证券公司、保险公司、基金公司、租赁公司、信托公司等金融同业的合作，通过银团贷款、产业基金、投贷联动等方式，为市场提供综合多元的金融工具和服务渠道，综合提升服务乡村振兴的金融服务能力和水平。

4. 强化提升风险防范能力

涉农客户易受疫情、极端气候、自然灾害及市场波动的影响，为强化风险监控，工行、农行、中行、建行等大型商业银行都建立了数字化风险预警处置机制，积极采取措施保持涉农信贷资产质量稳定可控，确保服务乡村振兴实现商业可持续。对出现暂时性困难的涉农信贷企业，银行需合理分析行业发展趋势和企业经营现状，不盲目抽贷、断贷、压贷，处理好防范化解金融风险与服务乡村振兴两方面关系。同时，加强金融知识的传播，积极开展“送金融知识下乡”等宣传活动，利用科技手段进行金融消费者权益保护知识的定向推送，帮助镇村客户增强风险防范意识和提升识别新型骗局的能力。

（三）加快数字化转型和线上经营

1. 搭建县域农村特色场景

数字金融是发展农村地区普惠金融的有力工具，场景化思维有利于提升供需双方的匹配度，与县域地区客户的实际生产生活联系在一起。随着数字乡村建设的深入推进，广大农村地区在特色产业、政务治理、生产生活、公共服务等领域的数字化需求日益旺盛。目前，一些自身有科技优势的大型商业银行已开始布局，如工行的数字乡村综合服务平台、农行的智慧乡村综合服务平台、建行的“裕农通”平台等，积极搭建种村务、养殖、园区、景区、医疗、教育等丰富多元的涉农数字化场景，为县域客户提供更多综合化、数字化的整体方案，让金融服务与农村生产生活深入融合，让县域地区客户享受便捷的线上综合服务。

2. 推广“三农”线上融资服务

近年来，随着数字化转型步伐的加快，各商业银行抢抓机遇，积极创新，线上贷款业务实现了快速有效发展。为满足农户、家庭农场、个体工商户、涉农小微企业的个性化金融需要，据不完全统计，各商业银行创新推出了网捷贷、“纳税 e 贷”、经营快贷等 50 余种信贷产品。其中，农行的“惠农 e 贷”“助业快 e 贷”“纳税 e 贷”等产品通过数据挖掘分析建立客户信用画像，设计授信模型，以重信用、轻担保、无抵押的模式解决“三农”客户融资难题，客户申贷用信均可以通过线上完成，进一步提升了融资服务的效率和可触性。新冠肺炎疫情催化了新型经济模式的快速发展，直播电商等农产品销售新模式对商业银行线上信贷业务提出了更高的要求，市场亟须适应经济新业态、新主体发展需要的融资产品。

3. 推进县域乡村治理数字化

习近平总书记在主持召开中央全面深化改革委员会第二十五次会议时强调，要全面贯彻网络强国战略，把数字技术广泛应用于政府管理服务，推动政府数字化、智能化运行，为推进国家治理体系和治理能力现代化提供有力支撑。乡村治理是国家治理的基石，推进乡村治理体系和治理能力现代化，同样离不开数字技术的支撑作用。商业银行可以与政府部门开展合作，积极运用数字技术打造智慧化乡村治理体系，通过打造在线服务平台等方式，不断创新乡村治理方式，提升乡村治理效能。

4. 优化县域农村线上服务渠道

农村地域广、各地差异大，为畅通金融服务“最后一公里”，商业银行可以从以下两方面入手，优化服务渠道。一方面，优化县域农村网点布局，加快网点智慧化转型，提升网点服务能力和辐射范围，在无网点乡镇，要设立离行式自助银行、智能终端、移动服务站、惠农服务点等，提供便捷小额取现、转账汇款、生活缴费等金融服务，弥补物理网点的不足；另一方面，大力布放电子机具，优化手机银行服务，充分运用数字化手段，拓展涉农场景、简化服务流程、提升客户体验，实现将银行开到田间地头、让金融进村入户。

第四章　农业保险的创新发展*

农业保险作为分散农业生产经营风险的重要手段，对推进现代农业发展、促进乡村产业振兴、改进农村社会治理、保障农民收益等具有重要作用。自 1982 年恢复试办以来，中国农业保险曾一度萎缩、停滞。2004 年保监会启动了农业保险试点，2007 年中国逐步加大对农业保险的财政支持力度，农业保险逐渐步入正轨。特别是党的十八大以来，党中央、国务院对农业保险发展高度重视，“十四五”规划纲要明确提出“发展农业保险”，历年中央一号文件也都对农业保险发展做出明确指示，农业保险得以迅速发展。农业保险灾后损失补偿作用得到充分体现，有效地提高了农业生产对自然灾害风险的抵御能力，切实保障了广大农户收益，助力了现代农业发展。

一、中国农业保险发展的背景和意义

（一）农业保险发展的背景

农业农村农民问题是关系国计民生的根本问题，解决好“三农”问题始终是全党工作的重中之重。党中央历来高度重视“三农”问题。1982—1986 年，中央连续 5 年发布以“三农”为主题的中央一号文件，对农村改革和农业发展做出具体部署。进入 21 世纪以后，自 2004 年起，中央连续 19 年发布指导“三农”工作的中央一号文件。

然而，农业作为“三农”问题的重要组成部分，却是天然的弱势产业。作为自然再生产和经济再生产的统一体，农业经常受自然风险和经济风险的双重阻碍，不仅面临较大的市场风险，还经常遭受严重自然灾害的挑战。中国是世界上遭受自然灾难最为频繁的国家之一，因地理位置和区域结构的差异，遭受灾难的种类、周期、频率均难以确定，以超小规模的农户分

---

* 本章作者为夏文，中华全国供销合作总社金融服务部综合处处长；滑凌啸，中华全国供销合作总社金融服务部发展处干部。

散生产经营结构，难以抵御自然灾害的冲击。

作为传统的农业大国，在国家统筹支持下，提高自然灾害风险抵御能力、保障广大农户收益、提高农业生产积极性是发展现代农业的内在需求。农业保险作为农业发展的重要保障，是应对农业灾害的有效工具。同时，作为风险管理的重要手段，农业保险既是世界各国普遍采用的转移和分散农业风险以及降低农业生产不确定性的重要保障措施，也是 WTO“绿箱政策”允许的农业支持和保护工具，在促进现代农业发展、保障国家粮食安全、增加农民收入和提高国际农业市场竞争力等方面，发挥着重要的作用。

（二）农业保险发展的意义

尽管中国已经连续两年成为全球农业保险保费收入第一大国，但与农户风险保障需求相比，与国际先进水平相比，中国农业保险仍有很大的发展空间，大力推动农业保险高质量发展，具有重大意义。

首先，农业保险作为党中央、国务院部署的一项重要的强农惠农政策，旨在分散化解农业生产经营风险，减轻农业灾害损失，转移分散农业风险，保护和提高农业生产能力，促进农民增收农业增效，推动农业可持续发展。对保障农产品生产、保证社会生产资料和生活资料的充足供应，进而实现稳定物价、保基本民生具有重要作用。

其次，乡村振兴战略的实施离不开农业保险护航。面对国内外环境条件的深刻变化和剧烈冲击，特别是在中国农业现代化发展和乡村振兴的新时点，大力发展农业保险，有灾保成本，无灾保收益，可以更好地巩固拓展脱贫攻坚成果，促进乡村全面振兴。

最后，农业保险有望成为保险业务新的增长引擎之一。《科技助力农业保险高质量发展白皮书（2022）》分析认为，在国家政策支持和需求升级共同推动下，中国农业保险将持续扩面、增品、提标，发展的潜力和空间巨大。以国际经验法测算，农业保险保费规模于 2025 年将超过 1600 亿元，2035 年达到 6000 亿~10000 亿元。同时，随着农业保险在财产险业务中占比逐步提高，2025 年将成为财产险公司第二大非车险险种。未来，随着监管制度的不断完善、供给侧结构性改革的持续推进以及数字经济的赋能，农业保险将迎来高质量的发展，并为中国财产险业务贡献新的增长动能。

二、中国农业保险的主要类型

根据《农业保险条例》的有关规定，农业保险是指保险机构根据农业保险合同，对被保险人在种植业、林业、畜牧业和渔业生产中因保险标的遭受约定的自然灾害、意外事故、疫病、疾病等保险事故所造成的财产损失，承担赔偿保险金责任的保险活动。参照关于农业保险的定义及特征，农业保险可按照农业种类、性质类型、责任类型以及保险方式等进行分类。

（一）按农业种类划分

按照农业种类划分，农业保险可分为种植业保险和养殖业保险。

种植业保险主要是以种植生长出来的农产品为标的的保险，可分为粮食作物保险、林木保险等。粮食作物保险根据农作物不同的生长阶段可以分为农作物保险和收获期农作物保险；林木保险根据林木不同属性又可以分为森林保险和经济林、园林苗圃保险。

养殖业保险主要是以养殖出来的农产品为标的的保险。养殖业保险主要根据承保养殖农产品类型进行划分，可以分为牲畜保险、家畜保险、家禽保险、水产养殖保险和其他养殖保险等。

（二）按性质类型划分

按照保险性质类型划分，农业保险可分为政策性农业保险、商业性农业保险和农业互助保险。

政策性农业保险区别于纯市场化运营的商业性农业保险，是指依靠保险公司市场化手段运营的、由政府提供资金政策扶持支持的、对被保险人在种植业、养殖业等活动中因保险标的遭受约定损失，而给予保险责任范围内的经济补偿的一种保险，是政府为支持农业发展而做出的制度安排。

商业性农业保险，顾名思义，就是指保险机构以盈利为目的、按照市场化手段运营的农业保险。不同于政策性农业保险的政府引导，商业性农业保险一般是自愿参保的。

农业互助保险不同于政策性农业保险和商业性农业保险，是指具有同质农业风险保障需求的单位或个人，通过订立合同成为会员，并缴纳保费形成农业互助基金，由该基金对合同约定的事故发生所造成的损失承担赔偿责任，或者当被保险人死亡、伤残、疾病或者达到合同约定的年龄、期限等条件时承担给付保险金责任的农业保险活动。

（三）按责任类型划分

按保险责任范围不同，农业保险基本分为三类，可分为单一风险保险、多风险保险和一切险保险。

单一风险保险是指只以一种责任为标的的保险，如玉米雹灾险、林木火灾险等；多风险保险责任范围较单一风险保险更广泛，是指以一种以上责任为标的的保险，如水果保险可以承保风灾、冻害等；一切险保险，顾名思义，就是指除了保险公司不能保的标的外，其他风险都予以承保的保险。

（四）按保险方式划分

按照保险方式进行划分，农业保险可以分为成本保险、产量或产值保险、收入保险以及指数保险。

成本保险是指以生产投入作为确定保障程度的基础，根据生产成本确定保险金额的保险；产量或产值保险是指根据产品产出确定保险金额的保险，以实物量计算称为产量保险，以价值计算称为产值保险；收入保险是指为了保障农户投保农作物或者饲养动物的收入稳定，根据未来收获期的预期收入确定保险金额的保险；指数保险是指对被保险人在种植业、养殖业生产中因保险标的遭受约定的实际价格低于目标价格或者实际气象条件高于或低于约定气象条件时所造成的财产损失，承担赔偿保险金责任的保险。

三、国际农业保险的典型发展模式

农业生产周期长，在灾害发生后如无法及时增加农产品供给，将会对社会发展及稳定产生重要影响，这就决定了农业生产具有正外部性，其社会效益比经济效益更为明显，稳定农业生产也就成了各国政府的重要选择。尽管世界上第一个雹灾保险机构 1791 年就在德国诞生了，但农业保险的真正发展是 20 世纪 40 年代以来的事。在其发展历史上，由于各国的社会和经济背景的差异便形成了各具特点的农业保险发展模式。

（一）美国、加拿大模式——政府主导参与的商业化运作

美国和加拿大农业保险都属于政府主导参与型，采取的是政府支

持，商业化运作模式。

美国农业保险运营主要分为三个层次，联邦农作物保险公司、商业农业保险公司和保险代理人、农业保险核保员。农户通过代理人向商业保险公司投保，商业保险公司向联邦农作物保险公司和再保险公司购买再保险；政府向联邦农作物保险公司、再保险公司和商业保险公司补贴经营管理费用，并向农户提供保险补贴。

加拿大农业保险运营由联邦政府和省政府共同管理，各省农业保险业务由各省皇家农业保险公司垄断经营。对于农户在保险公司的投保，联邦政府和省政府按比例对保险公司进行补贴，同时分别设立联邦和省再保基金，由保险公司在盈利的时候提取盈余公积存入再保基金，灾年保险公司资金不足时提取用于超额赔偿。

以美国、加拿大为代表的政府主导参与型模式的主要特点是以国家专门保险机构为主经营政策性农业保险。政府主要负责农业风险管理的政策制定、监督管理和组织实施，提供保费补贴等，农业保险的运营由专门的保险公司负责，政府一般不直接干预保险公司日常经营。这种经营是政策性的，农民自愿投保，仅支付纯保费的一部分，其余部分由政府补贴。同时，政府也为农业保险项目提供再保险，免除保险公司经营后顾之忧。另外，美国和加拿大都采取包括提高保险水平、提高保费补贴水平和增加保险产品供给等措施，吸引农户参加农业保险①。

（二）日本模式——政府支持下的社会互助

日本农业保险属于政府支持下的社会互助型，呈现明显的社会互助特点。

日本农业保险运营体系分为三个层次：一是中央层面的顶层食品稳定供应特别账户，主要负责农业共济组合联合会的再保险业务；二是都道府县层面的农业共济组合联合会，主要开展农业保险工作；三是基层层面的农业共济组合，属于民间非营利团体，从事当地农业保险工作，如宣传、代收保费、签订合同、协助勘查定损、代发补偿款等。具体运营上，农户向基层农业共济组合缴纳共济保费，基层农业共济组合在汇集保费后，按照一定比例向都道府县农业共济联合会缴纳保险费，联合会则向顶层食品稳定供应特别账户支付再保险费。出险后，顶层食品稳定供应特别账户对

---

① 张玉环．美国、日本和加拿大农业保险项目比较分析［J］．中国农村经济，2016（11）：9.

联合会负担的保险责任进行再保险赔付，由农业共济联合会向基层农业共济组合进行保险金的拨付，最后由基层农业共济组合向受灾农户支付共济金①。

这种模式的特点是经营农业保险的不是政府保险机构，也不是商业性保险公司，而是民间的、不以营利为目的的保险互助组织。政府的主要职责是对农业保险进行监督和指导、提供再保险、提供保费补贴和管理费补贴等。

（三）西欧模式——政府资助的商业化运营

西欧发达国家如德国、法国、西班牙和荷兰等采用政府资助的商业保险模式，政府不直接参与农业保险经营，但对农业保险给予税收等政策优惠，并通过互助保险社和商业性保险公司承办农业保险。

以法国为例，法国的农业保险是农民以互助共济为原则，在自愿的基础上组织起来的农业保险合作组织，具有互助救济、金融和生活福利 3 种功能。国家对农民购买农业保险所交保险费，以财政支出补贴其中的 50%～80%。法国农业保险运营体系由农业互助保险集团、地区农业互助保险公司和农业保险互助社 3 个层次构成，农业互助保险集团负责制定农业互助保险经营方针，并为地区农业互助保险公司提供再保险业务，地区农业互助保险公司独立开展经营活动，并对基层的农业保险互助社提供再保险，农业保险互助社直接面向农户提供各类保险服务②。

西欧模式的主要特点是没有全国统一的农业保险体系，政府一般不经营农业保险，农业保险主要由私营公司或部分保险互助组织经营，投保自愿，为减轻参加农业保险农民的保费负担，政府给予一定比例保费补贴。

（四）发展中国家模式——政府重点选择性扶植

政府重点选择性扶植模式以一些发展中国家为代表，如泰国、印度、巴西等国，农业保险由政府设立的农业保险机构或保险公司提供，具有一定的强制性和重点选择性。

选择这种模式的国家开展农业保险业务的时间相对较短。如印度从 1961 年开展农作物保险试点，泰国从 1977 年开展小范围的棉花保险，1980 年开展奶牛保险，1982 年开展玉米保险试点，菲律宾 1980 年成立农业保险

---

① 肖帆，张雨辰，向伟．日本农业保险发展研究［J］．特区经济，2021（11）：4.

② 李越，张峭，王克．农业互助合作保险的国际经验与借鉴［J］．农业经济与管理，2016（2）：7.

有限公司，巴基斯坦1981年由农作物保险委员会的主要成员——农业发展银行试办水稻、小麦保险①。

这种模式的主要特点是：一是大多数国家的农业保险主要由政府专门农业保险机构或国家综合保险公司提供；二是保险险种相对较少、保障程度整体较低、保障范围相对有限，主要承保粮棉等主要农作物，一般不承担“一切险”；三是参加农业保险一般都是强制性的，并且这种强制一般与农业生产的贷款相联系。

通过对以上几种国际农业保险典型发展模式的比较分析，不难发现，虽然在农业保险模式选择、业务经营和开展方式等方面不同国家或地区有所不同，但依然存在明显的共同特征。一是大部分国家都将农业保险作为政策性保险来经营，政府提供一系列资金和政策支持，主要有保费补贴、运营管理费用补贴和提供再保险等；二是在政府支持下，由专门的农业保险公司或农业保险组织来负责农业保险具体运营，以保证农业保险实施的效果；三是农业保险普遍采取自愿参保的模式，但也存在强制保险的模式，且一般对关系国计民生的粮棉作物等实行强制保险。

四、中国农业保险的创新发展

（一）中国农业保险发展历程

中国农业保险发端早，但历程艰难。在新中国成立之前，农业保险只是在局部地区进行了零星的试点，没有形成大的规模。中国正式的农业保险应该是从新中国成立后开始的，中国人民保险公司于1949年10月20日成立。1950年，在山东商河、重庆北碚以及北京远郊试办牲畜保险，在江苏南通、陕西咸阳和北京远郊试办棉花保险。1951年在个别地区试办了油菜和水稻保险。1952年牲畜、棉花等农业保险基本覆盖了全国各地。随后农业保险经历了起起伏伏，到20世纪50年代末陷入停滞，一直到1982年恢复发展。

1982—1992年，中国农业保险实现了快速发展，保费收入从23万元增加到8亿多元，但农业的弱质性和高风险性导致赔付率一直处于高位，除1984年外，每年都超过80%。1996年，中国人民保险实行财产险、人寿险、

① 孙蓉，朱梁．世界各国农业保险发展模式的比较及启示［J］．财经科学，2004（5）：108-111.

再保险的分业经营，但没有成立专门的农业保险公司，原有的农业保险业务名义上由中保财产保险公司承担，但农业保险的非营利性与商业保险的营利追求冲突，中保财产保险公司大面积停办了农业保险业务。从1996—2004年，农业保险保费收入一直萎缩徘徊在5亿元左右。

2004年，中央一号文件明确要求加快建立政策性农业保险制度。自此，中国农业保险发展进入新阶段。2004年，原保监会在黑龙江、吉林等9省开展农业保险改革试点；2005年，安华农业保险、安信农业保险、阳光农业相互保险成立；2007年，国元农业保险成立，中国人民财产保险也恢复设立农业保险管理部门；同样在2007年，国家财政设立专项资金在四川等地开展农业保险保费补贴试点。之后，试点范围不断扩大，投入持续增加。在政府的大力支持和政策引领下，2020年中国农业保险保费规模达到815亿元，超越美国成为全球农业保险保费收入第一大国。2021年，中国农业保险保费规模为976亿元，同比增长近20%，继续保持全球农业保险保费收入第一大国的地位。

（二）中国农业保险的特点

首先，中国农业保险发展潜力巨大。银保监会数据显示，近年来，中国农业保险保费增速保持在20%左右，与健康险、责任险等非车险业务都保持着高速增长的态势。2021年，全国农业保险实现保费收入976亿元。另据《科技助力农业保险高质量发展白皮书（2022）》预测，在国家政策支持和需求升级共同推动下，中国农业保险保费规模于2025年将超过1600亿元，2035年可达6000亿~10000亿元。同时，随着农业保险在财产险业务中占比逐步提高，2025年将成为财产险公司第二大非车险险种。

其次，中国农业保险具有高度的政策性。中国农业保险的发展历程显示，农业保险天然具有政策性，难以完全通过市场化方式运营。2016年至2020年，中国农业保险赔付率基本在70%左右，其中2020年高达72.7%，而同期财产险赔付率约为50%。从保费金额来看，近年中国农业保险保费中，各级财政补贴不低于60%（东部省份种植业财政补贴至少60%，中西部和东北地区的种植业保险保费补贴比例至少70%），依此推算，农业保险农户实付赔付率将在150%~200%，基本不具备市场化的可行性。

最后，中国农业保险的投资主体主要是地方政府。目前，从事农业保险的机构中，除人保财险、中华财产保险、平安保险、太平洋保险等从事财险的综合性机构外，业务主要集中在国元农业保险、安华农业保险、阳光农业相互保险、中原农业保险、安信农业保险五家机构。这五家机构大多与地方财政有着千丝万缕的联系，如国元保险股东主要是安徽省政府、中原保险股东主要是河南省财政、安信保险股东主要是上海市农委，应该说农业保险的主导者还是地方政府和财政部门。

（三）中国农业保险发展的典型模式

1. 政府支持下的商业保险公司经营模式

这种模式是指由政府统一对农业保险进行监督和指导、提供保费补贴等资金、政策等支持，商业性保险公司具体负责农业保险运营管理，是中国目前较为常见的农业保险发展模式。这种模式有助于发挥政府的监管和商业性保险公司经营管理优势，推动农业保险发展。

以农产品“保险+期货”为例，这就是一种典型的政府支持下的商业保险公司运营的模式。通过发挥保险专业作用和期货价格发现、风险分散功能，将农产品价格波动风险通过期货市场进行分散进而达到保障农户权益的目的。在国家相关政策支持下，近几年“保险+期货”发展迅速。2016 年“十三五”规划提出“稳步扩大‘保险+期货’试点”，此后连续 7 年将“保险+期货”写进中央一号文件。2022 年中央一号文件明确提出“优化完善‘保险+期货’模式”，2022 年 6 月财政部、农业农村部联合发布“2022 年重点强农惠农政策”，指出“继续开展‘保险+期货’试点”。

目前“保险+期货”已经覆盖了玉米、大豆、花生、鸡蛋、苹果、棉花、生猪等重要农产品，截至 2021 年 12 月 31 日，期货经营机构农产品“保险+期货”承保货值已达 314 亿元。如生猪市场，2021 年“大商所农民收入保障计划”立项生猪“保险+期货”项目 131 个，覆盖全国 31 个省份，最高赔付率达 405%。截至 2021 年 9 月底，期货行业共开展生猪“保险+期货”项目 175 个，保障生猪 3.9 万吨，对应货值 10.2 亿元。同时，“保险+期货”已经从单一服务模式走向“保险+期货+订单农业”“保险+期货+银行”“保险+期货+融资租赁”等多种服务模式，在提升农业经营主体风险应对能力、推动农民增产增收、助力全面乡村振兴中发挥越来越重要的作用。

2. 政府支持下的相互保险公司经营模式

这种模式的特点是发起成立农业相互保险公司，并在总公司之下，设立各级分公司和其他分支机构。这种模式既可以有效发挥法人治理结构优势，保证资源优化配置，也可以利用相互保险公司的优势解决展业难、承保难、理赔难等难题。

以阳光农业相互保险公司为例，2005年，依托黑龙江农垦系统，中国第一家相互制农业保险公司——阳光农业相互保险公司正式成立。这是一家参保人为自己办理保险而合作成立的保险公司，公司会员是保险人和被保险人的统一体。公司以员工为主要服务对象，提供农业保险、涉农保险和防灾减灾等会员便利服务。目前，公司开办的农业保险包括成本保险、价格保险、收入保险和气象指数保险在内的种植业保险，牲畜养殖、家禽养殖、水产养殖在内的养殖业保险，大棚保险、农机保险等涉农保险。

2021年公司实现保险业务收入41.84亿元。其中，种植业保险业务收入为31.53亿元，同比增长3.34%；养殖业保险业务收入为2.79亿元，同比增长50.81%。种植险和养殖险占比超过82%。

3. 政府支持下的行业互保经营模式

这种模式是指由政府帮助组织和建立以被保险农民为主体的民间农业保险合作组织或农业保险相互会社，加入组织的社员在自愿互利的基础上自主建立的自负盈亏、风险共担、利益共享的农业保险组织。这种模式经营灵活，可因地制宜设立险种，在保险费收取、防灾防损、灾后理赔等方面具有明显的优势。

以供销合作社系统安全统筹为例，早在20世纪80年代末，为了提高自身财产的安全性，部分供销合作社在本地区和系统内，按照“集中使用、分级管理、比例上缴、统一赔付”的原则，探索开展了带有财产保险性质的财产安全统筹业务。1999年，国务院开始整顿保险业市场，把中石化安保基金、供销合作社安全统筹、农业部渔船船东互保协会明确为行业自保。按照国家有关行业自保的政策法规，供销合作社继续开展系统安全统筹工作，探索“自保+再保”业务，分散风险。目前，在有效规避业务风险的基础上，河北、山东、河南等省供销合作社，继续在系统内开展财产安全统筹等行业自保业务，有的地方还以此为依托，介入种养业保险领域。山东省供销合作社积极争取财政、农业农村等部门支持，开发小麦、玉米目标收入保险，推动山东省三大主粮完全成本保险和收入保险政策在全国率先出台。

4. 纯粹商业化运营的农业保险模式

目前，国内一些地方也在探索推行纯粹商业化运营的农业保险模式。在产品选择上，因特色产业农产品保险区域性特点明显，一旦发生自然灾害，整个区域产业受到影响，因此商业化保险较少触及。推进纯粹商业化农业保险的目标对象更多的是定位于规模化种植的新型农业经营主体，背后的商业逻辑是中国目前土地流转加快，这些家庭农场、种植大户因生产规模的扩大规避风险的意识更强，承担更多成本参加商业性保险的积极性比分散农户更高，因此具备推广的基础和条件。

从实践来看，如山东省供销合作社依托大田作物托管服务，与人保财险联合推广补充性商业保险业务，即在原有政策性保险覆盖的基础上再补充一份商业保险，成为规避土地流转及全托管所产生风险的重要保障。

当然，从目前情况来看，各个保险公司开展的农业商业保险仍处于先行先试、积极探索阶段。

（四）中国农业保险发展成效

农业保险作为推进乡村振兴战略制度保障中重要的强农惠农政策工具和风险管理手段，近年来在保障农业产业安全、稳定农民收入、巩固拓展脱贫攻坚成果、助力全面乡村振兴中发挥了重要作用，也取得了显著的发展成效。《科技助力农业保险高质量发展白皮书（2022）》显示，中央和地方农业保险财政补贴从 2007 年的 40. 6 亿元增加至 2021 年的 746. 4 亿元。近年来各级财政补贴约占农业保险保费收入的 75%，有力地支撑了农业保险发展。

一是农业保险体制机制日趋完善。自 2007 年起，财政部等从财政政策、税收政策、财务会计政策等方面出台一系列制度，并指导地方相关部门制定相应的实施细则。2019 年 5 月 29 日，中央全面深化改革委员会第八次会议审议通过了《关于加快农业保险高质量发展的指导意见》，明确由财政部会同中央农办、农业农村部、银保监会、林草局等部门统筹规划、协同推进农业保险工作，标志着中国农业保险工作进入高质量发展阶段，为今后一段时期发展农业保险提供了根本遵循。

二是保险保费规模快速增长。2007 年，中央财政开始实施农业保险保费补贴政策，当年农业保险保费收入仅有 53. 3 亿元。2020 年，中国农业保险保费收入达 815 亿元，同比增长 21. 32%，超越美国成为全球农业保险保费收入第一大国。2021 年，中国农业保险实现保费收入 965. 18 亿元，同比增长 18. 4%，较 2007 年年均增速近 25%，在继续保持全球第一的同时，为农业生产提供风险保障 4. 78 万亿元。

三是农业保险的保障能力进一步增强。风险保障是农业保险的核心功能，是农业保险效果的集中体现。2007 年以来，中国农业保险风险保障能力不断提升，尤其是党的十八大以来，中国农业保险保障功能进一步彰显。保障金额从2012年的9006亿元提高到2021年的4.78万亿元，农业保险赔款也从2012年的148.2亿元增加到2021年的720.19亿元，农业保险损失补偿和恢复生产的作用进一步得到发挥。

四是惠及农户作用不断发挥。财政部自2019年起试点实施地方优势特色农产品保险奖补政策，并于2020年进一步扩面增品，各试点地区反响很好。如广东荔枝、湖南柑橘、湖北小龙虾、宁夏枸杞、内蒙古肉牛、陕西苹果、西藏藏鸡等地方特色农产品保险都获得了中央财政奖补政策支持。同时，在非洲猪瘟、南方“寒露风”、河南特大暴雨、江浙沪台风“烟花”等突发自然灾害后，投保农户都得到了及时赔付，农业保险灾后损失补偿作用得到了充分体现。

五是农业保险科技水平不断提升。近年来，保险机构大幅增加了在地理信息、遥感和空间定位等方面投资。各地政府也纷纷建立农业保险综合服务平台，保险机构农业保险经营的电子化、线上化、智能化程度大幅提升，农业保险在科技推动下不断拓展防灾减损、农业贷款、智慧养殖等相关服务。如在粮食作物种植成长过程中，农业保险机构利用农业保险GIS系统及卫星遥感、无人机等技术，及时准确掌握粮食作物的种植面积、长势进度及受灾情况等，会同气象部门做好自然灾害的事前预警，切实做好粮食作物的过程监测。

（五）中国农业保险发展存在的问题

就整体而言，中国农业保险发展取得了明显成效，财政补贴不断增加，市场规模增长较快，保险范围持续扩大，保障水平稳步提高，农业保险在支持农业农村发展中发挥着越来越重要的作用，但由于中国农业保险规范化建设起步较晚，农业保险发展仍面临一些困难和问题，与服务“三农”的实际需求相比仍有一定差距。

一是农业保险相关法律法规有待进一步完善。目前中国农业保险依据的规范主要是《农业保险条例》和《关于加快农业保险高质量发展的指导意见》（财金〔2019〕102号）等有关部门出台的相关规章制度及政策安排，尚无专门的立法规范；二是农业保险保障水平仍不高，仍主要以保障农业生产物化成本为主，对人工和土地等成本保障有限，补偿水平有待提高；三是农业保险覆盖范围有待进一步扩大，中国农业保险补贴范围仍以主粮、主要畜牧为主，特色种养殖业等虽逐年增加，但相对而言补贴较少，农业保险种类和方式有待完善；四是农业保险的复杂性对农业保险经营管理人才提出了更高的要求，但中国农业保险相关专业人才尤其是管理人才稀缺，严重制约了农业保险的发展；五是巨灾风险和再保险体系仍不完善。多元化的巨灾保险机制还有待完善，巨灾保险仍处于发展初级阶段，参保渗透率较低，同时面临供给严重不足问题。另外，农业再保险制度尚不完善，农业再保险经营管理还面临一些挑战。

农业保险发展出现问题的成因是复杂的、多方面的。一方面，是由农业本身的弱质性导致的。农业生产的高风险与低收益、农业风险的相关性和灾难性以及中国“大国小农”的特征等对农业保险的供给和需求产生一定的影响。另一方面，农业保险的发展是一个逐步完善的过程。中国农业保险起步晚，中间历经波折，直到 2007 年中央财政加大补贴力度以后才进入快速发展阶段。农业保险发展虽然经过几年探索，积累了一些经验，但较各方利益主体对于农业保险的期待还有一定的差距。

五、推动中国农业保险高质量发展的对策建议

（一）加强农业保险的政策支持

政策支持在农业保险发展中发挥着至关重要的作用，要继续加强农业保险相关政策支持力度。一是要继续优化财政补贴政策。基于农业发展的需要进一步丰富保费补贴品种，扩大保险覆盖面；结合农业区域、产业等特点进一步完善差异化补贴政策，推动农业保险公共服务均等化；合理确定各级财政补贴比例，尤其是充分考虑西部偏远等地区财政情况，推动实现农业保险公共服务的纵向公平。二是进一步完善农业保险税收优惠、财政补贴和再保险等政策，加强农业保险与相关支持政策的统筹衔接，促进农业保险发展。三是完善大灾风险分散机制。加快建立财政支持的多方参与、风险共担、多层分散的农业保险大灾风险分散机制；落实农业保险大灾风险准备金制度，加大政策扶持力度，增强保险机构应对农业大灾风险能力；增加农业再保险供给，扩大农业再保险承保能力，完善再保险体系和分保机制，有效分散风险。

（二）完善农业保险的相关立法

农业保险的高质量发展需要法律保驾护航，要积极借鉴农业保险体系成熟国家的优秀经验，在现行《农业保险条例》及相关政策制度安排基础

上，逐步完善农业保险相关法律法规，进一步明确农业保险经营管理、灾害风险分散等方面责任及行为界限，确立法律和政策依据，推动农业保险的健康发展。

（三）创新农业保险的种类和方式

持续加大创新力度，丰富农业保险种类和方式，推动农业保险“扩面、增品、提标”。鼓励推动保险机构创新特色农产品险种，构建多层次农业保险产品体系；进一步发挥奖补政策作用，建立特色险种储备机制，适应农业产业发展实际需求；探索开展“农业保险+”，推进农业保险与信贷、担保、期货（权）等金融工具联动；积极示范推广“保险+期货”等模式，探索扩大险种范围，推动实现“保险+期货+订单农业”“保险+期货+银行”“保险+期货+融资租赁”等服务模式。

（四）提高农业保险的覆盖面

立足农业产业发展实际，加大力度提高农业保险覆盖面，为农业发展提供更多保险保障。结合实施重要农产品保障战略，稳步扩大关系国计民生和国家粮食安全的大宗农产品保险覆盖面；推动适合各地产业发展的特色农产品保险，规范产品设计、扩大分布区域、提高保险规模、提升保障水平；持续推进提标降费，进一步推动农业保险险种提高保额、降低费率，确保应保尽保、愿保尽保；不断做细做优理赔服务，鼓励推动农业保险承保机构做好承保理赔服务，打通服务“最后一公里”，确保应赔尽赔、应赔快赔；推动保险产品创新和服务领域拓展，探索构建涵盖财政补贴基本险、商业险和附加险等的农业保险产品体系，满足多元化风险保障需求。

（五）培育农业保险的专业人才

农业保险的高质量发展离不开高质量的人才支撑。要培养具有专业知识和开拓精神的农业保险人才，提高农业保险机构的管理水平和市场的多层次需求；要重视和开展农业保险人才的培训，通过保险基础理论知识巩固、保险专业知识提升、农业保险业务实操等方式，培养农业保险业务骨干。同时，加大人才引入力度，通过提高待遇、优化薪酬、给予自主权等方式吸引保险行业优秀人才加入农业保险领域，推动农业保险高质量发展。

第五章　农产品期货的实践探索*

农产品期货市场是现代金融基础设施的重要组成部分，作为农产品现货市场的“晴雨表”，其价格发现功能和套期保值功能能够前瞻性地预测农产品价格未来波动，并提供风险转移的工具，对农产品生产者合理规划生产、加工者和贸易商规避经营风险具有重要的意义。30 多年来，我国农产品期货市场不断创新探索，通过发挥其价格发现、风险规避等功能，在完善农业生产经营模式、保障农业生产者利益、提高我国农产品国际影响力和定价权上发挥着重要的作用。

一、农产品期货的内涵与作用

（一）农产品期货的定义、品种及与现货市场的关系

农产品期货是农业种养殖业产品期货的总称，主要包括谷物、肉类和热带作物三大类初级产品期货合约。农产品期货同其他期货合约一样，是一种标准化合约，对买卖双方将来必须履行的权利和义务做出了明确规定，例如交易双方必须按预先给定的交割日期、产品质量标准、数量和交货地点进行农产品实货的交割。目前，国际上市交易的农产品期货主要包括以下几个大类：谷物类，主要包括玉米、大豆、小麦、啤酒大麦、红小豆、油菜籽等。肉类，主要包括生猪、冷冻猪肉、活牛、小牛等。热带作物类，主要包括可可、咖啡、糖、棉花、橙汁、天然橡胶等。

农产品期货价格和现货价格之间具有一定的必然联系，现货价格受到期货价格的引导作用影响，是现货价格在远期的表现形式，两者之间长期来看具有趋同性，当农产品期货市场和现货市场上存在基差时，理性的投资者进行套利交易，而这种套利行为反馈到期货市场和现货市场中，会使两者价格逐渐靠拢、趋于一致，从而形成长期均衡的关系。

---

* 本章作者为喻琼琳，中华全国供销合作总社金融服务部发展处主任科员。

（二）期货交易的功能

期货市场是现代市场经济的重要组成部分之一，是市场经济发展到一定阶段的必然产物，在现代经济中起着重要的作用。期货交易有两大重要功能：一是价格发现。由于期货交易是公开进行的对远期交割商品的一种合约交易，在这个市场中集中了大量的市场供求信息，不同的人从不同的地点，对各种信息的不同理解，通过公开竞价形式产生对远期价格的不同看法。期货交易过程实际上就是综合反映供求双方对未来某个时间供求关系变化和价格走势的预期。这种价格信息具有连续性、公开性和预期性的特点，有利于增加市场透明度，提高资源配置效率。二是风险规避。期货交易的产生，为现货市场提供了一个回避价格风险的场所和手段，其主要原理是利用期现货两个市场进行套期保值交易。在实际生产经营过程中，为避免商品价格的波动导致成本上升或利润下降，可利用期货交易进行套期保值，即在期货市场上买进或卖出与现货市场上数量相等或相当但交易方向相反的期货合约，使期现货市场交易的损益相互抵补。锁定企业的生产成本或商品销售价格，保住既定利润，回避价格风险。①

（三）农产品期货市场的作用

农产品期货市场的发展，对新型农业经营主体和小农户、农贸企业、政府有着重要的意义。一是为新型农业经营主体和小农户的生产经营提供指导。随着国家对农业生产的大力扶持和农业保险的逐步实施，对新型农业经营主体和小农户来说，他们面对的最大风险不再是自然风险，而是价格风险。农产品期货价格以其透明性、权威性、连续性、前瞻性成为现货企业生产、贸易的指导价格，新型农业经营主体和小农户可以根据这个预期的价格规划生产经营计划。二是为企业提供规避风险的工具。农产品期货价格以其独有的对冲机制和保证金机制使现货贸易企业规避了风险，锁定了成本和利润。当现货价格出现剧烈波动时，农产品期货价格能较好地发挥风险转移功能，因此农产品期货降低了现货贸易企业的经营风险，可以指导企业生产与经营，帮助企业实现稳健经营。三是为政府宏观政策调控管理提供参考。农产品期货的价格信号反映农产品的未来市场预期，为国家宏观调控提供了科学的参考信号，增强了宏观调控的预见性和针对性。

---

① 王曙光．农村金融学［M］．北京：北京大学出版社，2015：260-261.

另外，农产品期货价格的信号传导效率很高，对现货市场影响很大，国家宏观调控信息可以通过农产品期货市场进行传递，从而减少信息传导的时滞，提高政策实施的效率，增强调控效果。

二、中国农产品期货市场的发展历程

从期货市场监管政策、期货市场品种发展演变以及农产品期货交易所数量变化等角度来看，我国农产品期货市场发展可分为三个阶段。

（一）创始探索阶段（1990—2000 年）

1990 年 10 月 12 日，中国郑州粮食批发市场正式开业，标志着我国商品期货市场的正式诞生。在现货交易成功运行两年后，1993 年 3 月，中国郑州粮食批发市场成立郑州商品交易所，并于 5 月 28 日正式推出期货交易，形成了期现协调发展的“郑州模式”。这一时期，各地纷纷成立期货交易所，截至 1993 年 12 月 31 日，各地政府设立的期货交易所达 38 家，其中涉农交易所 14 家。1993 年 4 月国家颁布《期货经纪公司登记管理暂行办法》后，期货经纪公司大量涌现，全国期货经纪公司达 300 余家，期货兼营机构达 2000 余家。到 1995 年，中国期货市场总成交额突破 10 万亿元，成交达到 6.36 亿手，期货市场规模急剧扩大。受利益驱使，加上市场制度和监管规范的不完善，早期我国期货市场发展陷入混乱，大户垄断、操纵市场、联手交易、违约、逼仓、欺诈等问题时常发生，严重扭曲了期货价格，阻碍了市场的正常运营和发展。

为遏制期货市场出现的乱象，国家提出“先试点后推广、宁肯慢务求好”的宗旨，对期货市场实行治理整顿。1993 年 11 月 4 日，国务院下发《国务院关于坚决制止期货市场盲目发展的通知》，开始了第一轮清理整顿工作。为贯彻文件精神，1994 年 3 月 30 日，国务院办公厅下发了《国务院办公厅转发国务院证券委员会关于坚决制止期货市场盲目发展若干意见请示的通知》，要求建立统一的期货监管机构，将期货交易所数量由 50 余家缩减为 15 家，暂停审批注册新的期货交易和经纪机构，重新从严审批现有交易机构等。自 1995 年起，治理整顿工作侧重于整顿交易秩序、规范交易行为、控制市场风险，政府有关部门出台了一系列文件，对交易所制度建设、交易规则、交易主体身份和打击不正当交易等进行了完善。

1998 年，国务院发布的《国务院关于进一步整顿和规范期货市场的通知》，开始了第二轮整顿，期货交易所从 15 家进一步缩减为 3 家，将原有

35个上市交易品种缩减为12个，并决定进一步清理整顿期货经纪机构，最终期货经纪公司被裁减至约180家。经过两轮整顿，内地期货交易所精简为上海期货交易所、郑州商品交易所和大连商品交易所，1999年成交额为2.23万亿元，已经只剩1995年高峰期的两成。

（二）规范发展阶段（2001—2013年）

随着监管制度的逐步完善，2001年3月，国家“十五”规划首次提出要“稳步发展期货市场”，标志着我国期货市场由整顿走向规范发展阶段。这一阶段出台了重要的三项基本制度：一是2006年，中国期货保证金监控中心设立，建立了期货市场保证金安全存管制度，解决了期货公司挪用客户保证金的问题，保障资金安全；二是实施了以净资本为核心的风险监管指标体系，将期货公司的经营规模与资本金挂钩；三是建立了期货投资者保障基金。一系列政策的推出，为我国期货市场的规范发展奠定了基础。伴随规范发展时期的到来，我国农产品期货市场在上市品种、成交量、交易方式以及产品多样性方面均取得进展。从上市品种来看，棉花、玉米、白糖、豆油、菜籽油、棕榈油等农产品期货品种先后上市，截至2013年底，新上市的农产品期货品种达到11个，覆盖了粮食类、油料类、禽蛋类、纺织类、糖料类等多个产业类别。从成交量看，2001年全年国内农产品期货的总成交量为1.09亿手，到2013年全年国内农产品期货的总成交量已升至7.25亿手，12年间上涨了近6倍。从成交额看，2001年全年国内农产品期货成交额为2.15万亿元人民币，2013年全年该数据上升至31.52万亿元人民币，增幅达近14倍①。这一阶段，我国农产品期货市场的品种进一步丰富，交易规模快速扩大，整体管理运营趋向规范成熟。

（三）创新发展阶段（2014年至今）

2014年，国务院发布《关于进一步促进资本市场健康发展的若干意见》，提出“发展商品期权、商品指数、碳排放权等交易工具”“放宽业务准入”“促进中介机构创新发展”。自此，创新化、多元化发展成为我国期货市场的发展主题。这一时期我国农产品期货市场呈现出创新、快速发展的态势，期货品种类别日益丰富，功能发挥更加高效，市场组成逐渐多元

---

① 郭卫东，程安，李国景．我国农产品期货市场的发展回顾及未来展望［J］．金融理论与实践，2021（7）：4-5.

化，监管体系日趋完善，机构运营积极性不断提高。

2015 年，我国农产品期货市场服务“三农”新模式——“保险+期货”试点正式拉开帷幕。2016—2022 年，中央一号文件连续七年提到“保险+期货”相关内容，如发挥“保险+期货”在服务乡村产业发展中的作用、优化完善“保险+期货”模式等。据中国期货业协会统计，截至 2022 年 6 月 30 日，我国共 127 家期货经营机构通过“保险+期货”模式为脱贫地区提供了价格保障，覆盖天然橡胶、玉米、大豆、鸡蛋、苹果、棉花、白糖等品种，承保货值约 547.60 亿元；为脱贫地区实体机构或个人提供合作套保、点价、场外期权等风险管理服务方案 206 个，名义本金约 39.99 亿元①。

三、中国农产品期货的创新实践

近年来，农业领域相关各方主体充分利用农产品期货市场的价格发现和规避风险功能，不断拓展期货市场服务实体经济的广度和深度，开展了大量有益的实践探索，为保障我国农业生产、助力农民稳产增收提供新的金融工具。

（一）河南省花生“保险+期货”试点

花生是河南省继小麦、玉米之后的第三大面积超千万亩农作物，也是第一大油料作物，种植面积稳定在 1800 万亩以上，产量稳定在 500 万吨以上，分别占全国的 1/4 和 1/3。2016 年以来，河南省提出“四优四化”战略举措，把发展优质花生作为农业供给侧结构性改革的一项重点工作，出台了一系列支持政策，全省花生产量、质量、竞争力明显提高。

近两年来，花生价格波动较大，期货价格最高达到 11300 元/吨，最低至 7794 元/吨。在市场因素导致价格风险增加的背景下，提供有效的风险保障是促进农业生产供给、稳定农产品物价的有效手段之一。为探索出一条具有河南特色的农业保险发展路子，河南省财政厅和郑商所不断进行模式和产品创新。2021 年，省财政厅和郑商所在 3 个县开展花生“保险+期货”试点，项目覆盖主产区面积近 20 万亩，每亩保险金额近 2000 元，保障水平较物化成本保险提升了 322%，为种植户提供风险保障 3.7 亿元，近 2 万户参保种植户全部获得赔偿，户均赔款近 800 元。

---

① 杨美，张海强．“数”说期市这十年“保险+期货”星星之火渐成燎原之势，上市公司越发重视避险［N］. 期货日报，2022-10-12.

花生价格保险保费由农户自缴 10%（试点地区每亩花生只需 10 元保费），在郑商所预算范围内给予补贴后，其余保费资金按照省财政 60%、市财政 15%、县财政 25%的比例共同负担。河南省花生“保险+期货”项目不仅帮助农户有效规避因销售价格下跌造成的收入损失，也实现了保险与期货的优势互补，是金融业协同服务实体经济、服务“三农”的有益尝试，保障了农户的种植收益，为助力乡村振兴贡献一分力量。

（二）大商所“农民收入保障计划”

2018 年，大连商品交易所推出涵盖“保险+期货”、场外期权、基差收购等多种形式，期货公司、保险公司、银行等多类型金融机构共同参与的综合性“农民收入保障计划”，探索建立期货市场服务农民收入保障的整体框架。2019 年，大商所对在黑龙江、吉林、辽宁、内蒙古、山东 5 个省份开展的 12 个县域覆盖试点给予立项资格，投保面积覆盖所在县域相应品种种植面积的 60%以上，分别由 8 家期货公司牵头、10 家期货公司参与，并联合 6 家保险公司共同开展。全年开展 7 个县域覆盖玉米收入险试点和 5 个县域覆盖大豆收入险试点，投保土地 649. 4 万亩，总保费共计约 3. 64 亿元，其中各级政府补贴保费共计约 1. 5 亿元，涉及玉米现货量 209. 7 万吨、大豆现货量 31. 9 万吨。

2019 年，黑龙江、山东等种植大省遭受恶劣天气影响受灾减产严重，导致农民收入减少。在此情况下，试点项目发挥了重要作用，较好地保障了农民的合理收入。黑龙江地区九三管局、桦川县玉米及海伦市、赵光农场大豆受“利马奇”台风影响减产严重，4 个项目赔付总额约 2. 3 亿元，赔付率约为 160%；吉林省双阳区、东辽市、铁东区玉米普遍增产，但玉米价格受市场供需情况影响大幅下跌，3 个项目赔付总额约 3828 万元，赔付率为 49%；山东省陵城区、嘉祥县大豆受灾减产严重，部分地块出现绝产绝收，最终 2 个项目实现赔付总额 1148 万元，赔付率为 153%。大商所的“农民收入保障计划”融合了期货、保险、银行、实体企业等多方市场资源，在各级政府的支持和推动下，在保障广大农业生产者利益和扶贫工作方面取得了显著成果。

（三）龙头企业“保险+期货”产业扶贫

莱州天赐宝物产有限公司是山东省莱州市一家年销售额超过 2 亿元的果蔬产业龙头企业，该公司在当地政府的支持下，创新开展了“龙头企业订单+银行+保险+期货”的农业产业化扶贫新模式，通过产销一体化经营，持续带动产业和自身发展。该模式从产业规划到宗旨、再到加工销售，把金融要素嵌入农业全产业链，以支持龙头企业为核心，以明确的利益连接机制保障农户收入，通过匹配金融产品全面服务农户、龙头企业及其上下游客户，打造服务“三农”生态圈，实现农业现代化、产业化发展。

首先，莱州政府部门指定的果农贫困户购买安华农业保险公司的价格保险，然后由保险公司向中国建设银行购买苹果场外期权，中国建设银行委托建信期货进行期权管理。赔付价格以期货价格为依据测算，一旦约定赔付的价格低于投保价格，由保险公司进行赔付。莱州天赐宝物产公司为贫困户支付保费，约定赔付价格 8300 元，中国建设银行为企业提供两项扶持：一是发放贷款时，享受标准之内的低利息；二是利用善融商务平台，协助其进行全国范围的苹果销售。该模式不仅让更多的果农体验到了“期货+保险”模式的实际用途，进一步强化了企业与果农、合作社的联系，也拓展了企业采购、销售渠道，降低了融资成本，提升了金融服务实体经济的能力。

四、中国农产品期货市场发展的不足与对策建议

（一）中国农产品期货发展的不足

1. 我国期货市场的行政干预较多，限制创新发展

我国农产品期货市场新品种的上市仍然需要行政审批，缺乏与证券市场一样明确的审核标准和程序，现有农产品期货品种不多，和欧美发达国家存在较大差距。严格的行政干预使期货交易所处于封闭的环境之中，缺乏竞争动力，不能充分吸收国外成熟期货市场的先进运营管理经验，限制了我国期货市场的创新发展，从而导致国内期货市场在一定程度上成了国外期货市场的“影子市场”。这也是我国期货交易量和交易额排名靠前，却形成不了大宗商品的定价权的原因之一。

2. 农产品期货交易品种少，农业生产者参与度低

相较于国际上成熟的农产品期货市场，我国农产品期货市场仅有十几种交易品种，有限的交易品种难以做到对大部分农产品进行覆盖，风险保障能力不足，这也阻碍了我国农产品期货市场的发展成熟，削弱了我国农产品期货的国际市场竞争力。此外，我国农产品期货市场发展首先面临的一个问题就是农业生产者参与程度较低。“大国小农”是我国的基本国

情，小农经济制约着农业生产的现代化，也导致农户的农产品难以进行规模化生产，从而无法有效利用农产品期货市场。农产品的期货交易除了需要有一定农业生产规模之外，还需要参与交易者具有一定的期货专业知识，但对于大部分的农业生产者而言，由于自身局限，对期货信息的掌握不完全、对专业知识不够了解，难以融入农产品期货交易市场。

3. 农产品期货上市品种结构仍不完善

一些重要的农产品期货品种缺失使部分市场参与者缺少必要的投资、避险标的，降低了我国农产品期货市场对市场参与者的吸引力。目前已上市的农产品期货品种主要是小麦、玉米、大豆等粮食品种，畜产品、水产品等其他农产品期货品种则缺失明显。此外，与国际对比，我国期货市场仍缺乏规避自然灾害风险的品种，而天气、温度、降雨量等自然风险因素是农业生产面临的主要风险因素之一，天气期货等品种的缺失，意味着农业生产者缺少规避自然风险的工具。

4. 期货衍生品市场尚待完善

从国际成熟期货市场来看，期货场内场外衍生品在金融交易中占比很大，且规模在不断扩大，更好地为投资参与者提供了灵活的、个性化的风险规避的工具，也降低了套期保值的成本。但我国场内场外衍生品业务发展仍处于早期阶段，农产品期权品种仍有限，难以形成对现货市场品种的广泛覆盖，不能满足投资参与者多样化和个性化的避险需求，不利于农产品期货市场价格发现机制的形成。

5. 农产品期货市场与农业保险市场的协同性不足

虽然国家高度重视“保险+期货”分担农业生产经营的风险效用，希望通过两者之间的协同来管理农业生产经营风险。但是，农产品期货市场和农业保险市场相互之间的协同效益不明显，不能充分发挥补充促进作用，“保险+期货”的发展还主要依靠政府推动，市场化机制尚未形成，风险分担功能还未充分发挥。

（二）促进中国农产品期货市场创新发展的对策与建议

1. 加强期货交易所自身的体制机制的完善

我国期货交易所既扮演“经营者”，同时又担当“监管者”，这在一定程度上使期货交易所丧失了创新化发展的动力。在建立国内国际双循环新发展格局的今天，这显然已经无法适应新时代我国期货市场创新发展的内在要求。建议进一步推进期货交易所公司制改革，释放交易所的活力。同时，改革新品种上市的机制，简化程序，提升审批效率。

2. 积极推进我国农产品期货市场的国际定价中心建设

我国农产品期货市场经过多年的发展，一些品种如棉花、白糖、豆油等已经相对成熟，产业的经营者和机构投资者的参与程度较高、市场交易活跃，已经具备一定的国际影响力，应该积极推进我国农产品期货市场的国际定价中心建设，从而进一步提升期货的价格发现效率，更合理地配置资源，并拓展自身影响力，增强市场话语权。

3. 进一步加强我国期货市场开放程度

关起门来建立不了国际定价中心，也就拿不到大宗农产品的市场话语权，需要进一步加强期货市场的开放程度，做好“引进来”和“走出去”。“引进来”就是要引入境外投资者，丰富国内期货市场的投资者结构，带动国内投资者在知识结构与理念上的更新，提高国内市场参与者的整体水平，提升期货市场的运行质量和稳定性。“走出去”就是要鼓励优秀的期货公司、资产管理公司、现货企业以多种方式参与国际市场，熟悉国际规则，提升竞争力。

4. 完善农产品期货的品种结构和基础设施

农产品期货市场的健康发展离不开品种结构的完善，要不断加快新品种的上市，推动畜牧产品、农资、林产品、自然气候等相关期货品种的上市，增加农产品期货的覆盖面，满足市场参与主体的多样化需求，促进农产品期货市场的成熟。此外，还要加强期货交易的基础服务设施建设，建立先进、统一、规范的农产品现货市场，加强农产品质量标准体系建设，完善现代物流基础设施，从而实现了与农产品期货市场的无缝对接。

5. 强化新型农业经营主体的风险管理能力

发展新型农业经营主体已经成为破解我国农业生产碎片化的重要手段，随着政府“有形的手”和市场“无形的手”共同推动，新型农业经营主体已经逐渐成为我国现代农业生产的主力军。新型农业经营主体相对小农户的生产规模更大、资金实力更强，但仍缺少风险管理知识和意识，缺乏风险管理工具的使用经验。因此，需要通过宣传培训等方式加强新型农业经营主体的风险管理意识的培养，提升其风险管理工具使用能力，并引导其通过期货市场来管理生产经营风险。

6. 继续做好“保险+期货”等模式的创新发展

近年来，我国大力推广“保险+期货”模式试点，这种模式简化了农业生产者风险管理的参与流程，降低了期货市场的专业性门槛，可以将农产品价格保险与农产品期货有效对接，这样既能弥补农产品价格保险的短板，又有助于期货市场风险转移功能的发挥，也促使广大农业生产者积极参与期货市场。下一步，应该继续探索完善“保险+期货”模式，加大推广力度，从而更好地服务我国农业的发展。

第六章　农村直接股权融资*

一、股权融资的内涵

1. 股权融资的定义及特点

股权融资是指企业的股东愿意让出部分企业所有权，通过增资的方式引进新的股东，同时总股本增加。股权融资有以下特点：无利息负担。股权资金不用像债务资金一样需要到期支付固定本息，根据企业经营情况决定是否分配股息红利。

资金永久性。股权资金是永久性资本，一般不需要退给投资人。这样能够满足中小企业生产经营最基本的资金需求，保障企业的长期稳定发展。

不可逆性。股权资金不需要还本，投资者只能通过买卖股权或股票的方式实现资金退出。

低风险性。股权融资不会因为无法偿还债务利息导致企业破产。同时，战略投资者的进入还会产生协同效应，帮助企业不断发展壮大。

2. 股权融资与债权融资的区别

债权融资是企业直接到市场上融资，与资方建立借贷关系，根据合约履行还本付息。二者之间的区别有以下几点：

一是风险不同。对企业而言，股权融资风险通常较小，股息分配主要看企业经营情况，债权融资则是到期还本付息。

投资风险不同。对投资者而言，债权投资损失的上限是本金加利息；股权投资是股东以出资额为上限承担有限责任，个别情况会对公司债务承担无限连带责任。

二是成本不同。股权融资成本通常较高。从投资者的角度看，投资于普通股的风险较高，要求的投资报酬率也会较高①。同时，股利不能够抵扣税款，股权发行费用也较高，而利息则可以税前列支进行抵税。

---

* 本章作者为张舒建，江苏新供销基金管理有限公司总经理。

① 金蓓妍．中小企业融资方式探讨［J］．中国乡镇企业会计，2014-04-15.

同时，债权融资有利息支出会增加财务费用，从而影响公司净利润，股权融资则不会。

三是性质不同。股权融资是以稀释股份为代价，具有权益属性，投资人享有股东权利；债权融资则具有借贷属性，投资人是企业的债权人，企业到期还本付息。

债权融资不影响股东对企业的控制。股权融资则由于新股东的进入，会对原股东的企业控制力造成影响。

四是目的不同。股权投资追求的是公司股权价值的提升，可以参与公司经营；债权投资人主要是为赚取利息。

二、中国农村直接股权融资现状

（一）中国农村股权融资的主要来源

产业投资基金是指通过向投资者发行基金份额设立基金产品，由基金管理人管理基金资产，基金托管人托管基金资产，从事创业投资、产业投资、企业重组投资和基础设施投资等实业投资。产业投资基金对撬动我国乡村地区发展、盘活优质资源的作用非常明显。

乡村振兴产业投资基金作为一种新的产融结合方式，正在成为农村股权融资的主要来源，可以有效破解农村地区农业产业化进程中的资金短缺问题。

随着初期四川、江苏、广东、浙江等地纷纷发起设立乡村振兴产业投资基金[①]，目前在基金业协会备案可查的产品数量越来越多。截至 2022 年上半年，在基金业协会备案的基金产品数量达到近 200 只，管理规模 1500 多亿元。

乡村振兴产业投资基金可以有效地帮助政府放大财政资金杠杆，带动当地经济发展。乡村振兴产业投资基金的发展主要存在以下特征：

一是产品发行数量少，发行地区集中。乡村振兴产业投资基金目前发行数量较少，但从趋势上呈增长态势。综合来看，乡村振兴产业投资基金的发行地以发达地区为主。东部沿海地区政府财政资金相对雄厚，农村地区基础设施建设较为齐全，经济发展迅速，这些地区更有能力及动力探索设立乡村振兴产业投资基金。

二是产品投资人单一，政府投资为主。目前我国乡村振兴产业投资基

---

① 焦宏，高飞．乡村振兴产业基金为何异军突起［N］．农民日报，2022-06-22.

金设立主体仍以政府为主，也有个别企业龙头作为设立主体，但其发行数量少、发行规模小、社会影响程度低。

三是产品投资方向不清晰，推行缓慢。国家鼓励设立乡村振兴基金的初衷是推动农业产业整合和转型升级，以产业兴旺带动乡村振兴。目前，最大的痛点是缺乏优质项目，由于农业农村项目普遍具有投资收益低、期限长、资金回收慢等特点，无法有效吸引社会资本，导致基金的后续募资进展不及预期，项目落地较慢。

比较有代表性的乡村振兴产业基金如下：

国投创益产业投资基金。2013 年底，贫困地区产业发展基金和中央企业贫困地区产业投资基金成立，2021 年年中后者改名为中央企业乡村产业投资基金，均由其运营管理。国投创益坚持服务国家战略，集中优势资源，聚焦粮食安全、能源安全、科技安全的投资策略。截至 2021 年底，国投创益已投资项目 200 余个。

浙江省古村落（传统村落）保护利用基金。浙江省旅游投资集团联合浙江省乡村振兴投资基金及其余 10 家机构共同组建全国首只专注于古村落活态保护利用、乡村振兴的基金，初期总规模为 20 亿元。基金主要投向浙江省内具备景区化潜力的古村落稀缺资源及乡村休闲相关业态运营企业。

基金以投资文旅投资项目为主，包含多个网红特色文旅项目，比如：余姚中村树蛙部落、金华老石桥北山三十六院溪、浙江浙旅乡伴“理想村”、德清田博园、丽水下南山古村落、俞源星象村项目等。通过景区及乡村休闲生活综合体的打造与运营，使其资源价值得到快速提升，并在资本市场获得资产溢价退出。

广州增城乡村振兴产业基金于 2018 年成立，总规模 50 亿元。政府出资 40%作为第一大股东，丰乐集团、太阳城集团等九大社会资本方跟投。基金运行以来，累计撬动了几十亿元社会资本参与乡村振兴事业，充分发挥了混合所有制基金中政府资金的引导撬动作用以及民营企业的市场化能力。在“基金+园区”模式下，基金打造了以“源头种业+数字农业”为核心的“莲花出水农科小镇”和以“乡愁”为核心的农文旅项目“云水间人文小镇”。

（二）中国农村股权融资的主要对象和领域

1. 农村主要经济体形式

中国农村生产经营主体种类较多，包括农户、村民小组、专业合作社、集体经济组织、农业企业、供销合作社等，有的经营主体甚至不具有法律主体地位。

（1）农户

农村社会的基本单位就是农户。农户是由农民组成的家庭，享有土地承包权，承包并经营农村土地，也可将农村土地经营权进行流转。

（2）村民小组

村民小组一般是由自然村内相邻的农民组成的自治互助组织，不具有法律主体资格，在某些区域具有经济职能。村民小组对集体财产的处置权（所有权除外）由村民小组集体决定。

（3）农民专业合作社

农民专业合作社是指在农村家庭承包经营基础上，农产品生产经营者或者农业生产经营服务的提供者、利用者，自愿联合、民主管理的互助性经济组织①，是农户为主的农民经济互助法人组织，一般具有法人资格。

（4）农村集体经济组织

农村集体经济组织存在了 60 多年，在基本法基础上大多由省级人民政府自行制定农村集体经济组织法律规章。集体经济组织类型分为人民公社集体，村庄自治集体，股份合作制集体和社区合作制集体。农村集体经济组织，与村民小组和村民委员会的职能范围存在一定重合。

（5）供销合作社

供销合作社是党领导下的为农服务的综合性合作经济组织，在联结城乡、联系工农、沟通政府与农民等方面发挥着重要作用。目前，供销合作社定位于服务“三农”，先后经历了三次与国营商业合并、分立，在农村区域拥有密集的销售网络，经营网点渗透到了广袤的农村。

（6）农业企业

农业企业是指按照现代企业的生产经营方式从事商品性农业生产以及与农产品生产经营直接相关的经济组织，它包括种植、养殖、加工、流通、间接与农业相关的企业、农业中介、农业信息和农业科技等企业。

2. 股权融资涉及行业领域

我国农村股权融资业务主要涉及以下领域：现代种养业、现代种业、农产品加工流通业、乡村新型服务业、农业农村绿色发展、农业科技创新、

---

① 孔祥智，毛飞．农业现代化的内涵、主体及推进策略分析［J］．农业经济与管理，2013-04-05.

数字乡村和智慧农业建设等重点产业和领域。

（三）中国农村股权融资的主要方式

1. 股权质押融资

股权质押融资，是指出质人以其拥有的股权作为质押标的物，为自己或他人的债务提供担保进而获得外部融资的行为。股权质押以后，除了财产相关权利以外，出质股东仍然行使其余权利。

2. 股权的私募融资

股权的私募融资是专指投资于非上市公司股权的一种投资方式，通过增资扩股或者股权转让的方式进行投资者的定向引入。企业通过对获取的资金进行有效的运作，可以不断扩大生产规模，开展新型生产技术的研发，增加企业获利能力，扩宽企业融资渠道，帮助企业快速成长，提高企业内在价值。股权的私募融资有以下优点：

（1）手续较为简便，企业能快速获得所需资金，一般不需要抵押和担保。

（2）可以提升企业的经营管理水平，提供经营、融资、人力等方面的咨询与支持，提供前瞻性的战略指导，帮助企业更快的成长。

（四）中国农村股权融资退出的路径

1. 发展多层次资本市场

资本市场是进行中长期（一年以上）资金借贷或融通活动的市场①，是现代市场经济发展的产物。多层次资本市场主要由主板、创业板、科创板、北交所及新三板、区域股权市场等构成。目前，我国多层次资本市场体系结构在不断完整，产品不断丰富，融资规模在逐年扩大，为企业提供多元化融资渠道的同时，也为股权投资提供了多种退出的渠道。

除此之外，区域股权交易中心作为我国多层次资本市场体系的重要组成部分，是区域中小企业直接融资的重要场所。随着未来多层次资本市场的发展，上市的公司更为早期，上市的流程和股权的流转更为简单便捷，股权投资可以更加方便地退出。

2. 股权退出的几种路径

股权投资的退出是指股权投资机构或个人将其所持有的公司股份出售

---

① 钱伯海．国民经济学［M］．北京：中国经济出版社，1996.

给公众或其他投资者的行为。股权投资的退出渠道大致有以下几种：

（1）企业公开上市

公开上市是股份公司发展壮大到一定程度之后，按监管机构要求的程序在某一个证券市场上向公众发行普通股票的一种行为。IPO是指股权投资的公司首次公开发行上市，上市后可以将拥有的私人权益转换成为公共股权以便实现股份的流转。

（2）兼并收购

兼并收购通常是指一家股权投资机构或外部企业，按协商的价格收购或兼并对方股份的一种退出渠道。按照出售的对象来分，兼并收购可以分为两种：一种是由一家实力比较强的公司进行整体收购，称为一般收购；另一种是把拥有的股份卖给另一家实力比较雄厚的投资机构，由他们接手管理，称为二期收购。

（3）企业回购

企业回购是指被投资企业的管理层、创业者或员工将股权投资机构所持有的股份重新购回的行为。按照回购实施的主体来分，企业回购可以分为原股东或创业者回购、管理层收购和员工持股基金回购。通过企业回购，一方面可以锁定股权投资机构的风险，另一方面被投企业管理层可以拥有更大的控制权，并且费用低，时间短，便于操作。有一种回购情形经常发生在被投资企业无法实现合约所约定的特定条款时。

（4）破产清算

破产清算是指被投资企业已经没有发展潜力，经营陷入困境，可预见的期限内无法实现盈利，股权投资机构无法实现股权的转让售卖，为了尽快退出投资款项，按照有关法律规定，组织股东、有关专业人员和单位成立清算组，对被投企业进行破产清算。

（五）中国农村股权融资的效果

1. 股权融资成为重要资金来源

近些年，我国股权投资呈现快速增长的发展趋势。随着我国金融市场的不断完善，特别是《合伙企业法》及股权投资系列规章制度的推出，对股权融资体系各个方面进行了规范和明确的规定，促进了我国农村地区股权投资的显著发展。

2. 促进农村经济体快速发展

股权投资促进了农业机械化、技术现代化、管理现代化水平的不断提高，农业生产、经营和服务水平全方位提升。农产品在标准化、绿色化和质量化生产方面全面提升，农业科技水平不断进步，促进农村经济主体快速发展。

在优势特色农业产业带动下，依托股权融资工具农产品生产、仓储、物流、加工等形成了紧密的利益联结机制，农业全产业链逐渐形成。依托农村地区的优势资源，凭借股权融资手段特色化的产业链条逐渐形成。

通过股权融资促进农村经济组织形式的多元化创新，建立起新的激励机制和动力机制，充分发挥市场配置资源的决定性作用，充分尊重和维护农民根本利益和合法权益，激发行为人参与经济活动，对于延伸农业产业链，完善农产品供给结构，促进农村经济主体快速发展具有重要作用。

3. 促进农村资源有效配置和产业结构调整

依托股权融资在产业链各个环节对小农生产经营进行改造，推动乡村绿色发展和第一、第二、第三产业融合，提升产业发展质量，促进农村资源的合理流动，从而引导资源的有效配置。

凭借股权融资改造传统的农村产业，实现原有产业转型，重构和优化农村产业体系；同时，可以改造农村传统产业链，提高其内涵，优化其产业结构，实现产业升级。

（六）中国农村股权融资存在的问题

1. 直接股权融资比重低规模小

农村金融体系薄弱，“融资难、融资贵”的现象由来已久，这些是由农村经济发展阶段、我国金融融资环境、政策法律法规等多因素造成的。同时，农村地区的融资结构失衡，股权融资占比很低。

目前，我国资本市场体系仍需要比较高的上市门槛。拟上市公司需要具备较完善的治理结构和满足一定的财务指标要求，由于大多数农村企业达不到资本市场的准入条件，也难以满足资本市场对信息披露、内部控制等方面的要求，所以无法进行直接股权融资。同时，资本市场区域发展不平衡，各级资本市场融资功能也参差不齐。各地区域股权交易中心，虽然有些地方挂牌企业数量很多，但是企业股权流动性低交易量小，无法满足农村企业直接融资的需求以及股权投资的退出。

虽然我国资本市场经过30多年的发展实践，多层次资本市场体系初步达成，但相关法律法规仍需补充完善，资本市场运行基础还需加强，相关制度亟待补充修订，企业融资渠道多元化程度仍待拓展，还没有形成针对农村的长期资本市场，导致我国乃至农村地区直接股权融资规模和比例总体处于低位。

2. 资本市场理念滞后

政府治理观念滞后主要表现在：一是部分基层政府机构对资本市场的认识不足，相关政府职能部门之间协调不顺畅，导致企业融资和上市进程中的效率低下。二是政府部门利用资本市场的外部环境不利，资本市场人才不足，支持企业上市融资的措施相对薄弱，宣传引导行为不够积极有效，导致企业缺乏寻求上市的动力和缺乏通过资本市场进行竞争的信心。三是政府部门对当地股权交易市场或者产权交易市场重视不够，导致其发展相对滞后，无法有效促进农村地区的资本流动。

企业理念不足主要表现在：农村企业利用资本手段的思路没打开，缺乏融资知识，对直接融资认识不到位，对资本市场和上市挂牌的运作程序了解不多，对股权融资和资本市场的认识有待深化。

3. 股权融资主体数量、质量须提高

农村地区微观经济主体总体基础薄弱，高质量项目相对较少。农村地区大部分是传统产业，发展层次低，传统高耗能，缺乏竞争能力突出、市场影响力较大的优势企业，企业总体数量和质量不高。

农村微观经济主体以中小企业为主，一方面，中小企业自有资本和规模都很小，自主开发创新能力不强，管理效率低下缺乏抗风险能力，企业未来发展的不确定性较大。另一方面，许多企业主要管理人员多是家族成员，企业内部决策效率偏低，对未来的发展战略缺乏长远规划①。从资本市场上市条件来看，主板、创业板、科创板、新三板等对公司治理体系和财务数据有较高的要求，农村企业在企业治理和财务指标方面与上市条件存在一定差距。

4. 股权融资外部环境不利

金融服务的基础环境不利，金融资源配置不理想。农村金融中介机构的服务体系不健全，服务网点少，缺少专业人才，沟通渠道不畅，大部分中小企业难以通过资本市场获得有效融资。

涉农产品和绿色通道的规范度不强。股权绿色通道机制不健全，存在职权滥用、不达标企业占用资源以及资金脱实向虚的风险，相关通道的规

① 刘佳伟，秦尧，胡辉．中小企业股权融资现状分析——基于初步形成的多层次资本市场[J]．商场现代化，2022-03-30.

范性和监管性仍需进一步加强。

三、中国农村股权融资的发展趋势与前瞻

（一）发展趋势

1. 股权融资指导思想更明确

根据我国的发展实践情况，农村股权融资发展形成良好局面，各方对股权融资的指导思想更为明确。首先，股权融资可以促进资源的有效配置，带动农村相关产业结构调整。同时，农村经济因其自身特点和城乡二元结构的存在，更需要来自股权融资方面的支持。目前，股权融资的发展面临着政府的鼓励、企业的积极参与和股权投资机构蓬勃发展等多重有利因素，有着良好的社会基础和外部环境。因此，农村经济发展越来越需要股权融资方面的支持，不断加快上市公司的发展，加强上市后备队伍建设，促进农村经济的快速、稳健发展。

2. 股权融资进程更系统

第一，提升利用股权融资的理念，规划提高股权的融资规模。企业通过以会代训、外出学习、交流座谈等多种形式，参加上市挂牌辅导培训，树立资本市场运作观念和上市的信心，激发上市挂牌的热情，提高融资运作能力、水平和效率。同时，政府因地制宜，根据农村不同地区发展情况，制定相应股权融资的相关指标，稳步提高股权融资规模。

第二，积极培育上市后备企业。建立农村企业上市后备库，按照“储备一批、培育一批、改制一批、辅导一批、上市一批”的思路①，对后备库企业进行一对一辅导培育，帮助重点培育企业解决上市过程中的困难和问题，改善企业资本结构，推进股权融资进程。

第三，增强农村上市公司的产业带动力。对进入上市辅导的重点企业，协助解决短期资金流动性短缺的问题，积极利用股权投资的方式助推上市工作，通过产业基金参股方式，扶持重点企业做大做强，提升企业经营能力和行业地位。并且，通过企业上市，促进上下游产业链的发展，提升品牌的影响力，增强产业带动力。

第四，设立农村产权或区域股权交易市场，促进农村企业股权投融资活动。设立符合农村企业特点的产权或区域股权交易场所，促进农村企业

---

① 张朝元．境外上市实务［M］．北京：中国金融出版社，2011.

股权融资业务顺利进行，既能促进股权合理充分流转，为农村企业提供发展资金，又能拓宽企业股权的融资和退出渠道。

（二）中国农村股权融资未来发展建议

1. 完善多层次资本市场体系

经过30多年的发展，我国多层次资本市场体系逐渐形成，需要进一步完善。非上市企业的股权托管市场需要逐步健全，只有股权交易的规范性和活跃性得以提升，股权定价机制逐渐形成，非上市公司融资渠道才能得到拓展，最终促进社会资本的有序流动。

多层次资本市场体系具有凝聚力和创新性，在农村股权融资方面具有更大的发展空间，将为农村经济发展提供大量长期稳定的资金。同时，资本市场的创新性能够提供更好的服务，实现风险的有效管理。农业企业可以通过资本市场促进农村产业结构升级，提升公司规模和竞争力。

2. 积极推动注册制全面实行

随着改革实践的不断进行，中国资本市场注册制改革全面铺开，进入全新的发展阶段。

注册制使公司上市时间大幅缩短，并且具有高效、透明度高、市场选择自由的特点，因此资本市场融资效率大幅提高。

注册制的实施，提高了新股发行效率。

全面注册制改革的路径正在引导中国股权改革的顺利进行，注册制的全面铺开使得我国资本市场的优势得以最大限度的发挥，在这样的大背景下，我国中小企业不仅加快了上市速度，节约了企业的融资成本，而且促进了资本市场的合理有效运行。

3. 进一步完善各项法律法规制度

关于股权融资的法律法规不系统不完善，尤其指导性的文件及相关制度规定缺失，需要加强实践层面的指导、补充和完善。

股权法制建设尚不健全。一方面，《公司法》《信托法》等为股权的发展奠定了法律基础，《合伙企业法》为股权明确了法律规范，《公司法》的修改为创新提供了广阔的空间，但是仍然缺乏一些详细的实施细则，法律可操作性不强①。同时，《证券投资基金法》《私募投资基金监督管理暂行规

---

① 栗雪涛．中小企业融资问题及公司治理的探讨——基于私募股权角度［N］．运城学院学报，2020（1）：79-82.

定》等法律针对性较弱，《私募基金管理条例》还未出台，增加了监管的难度。

在不断完善各种法律法规的基础上，要充分发挥私募基金业协会行业组织在监管中的作用，有效协助政府相关部门对私募股权行业进行全面高效监管。

建立健全各项法律法规，保障区域股权托管市场统一、规范、有序的运行。要健全相关法律法规引领市场的有序建立，结合各地的经济发展情况进行科学规范管理，促进区域股权市场的稳定发展。

4. 健全相关政策支持体系

完善资本市场服务机构体系，构建资本市场生态圈。除经济较发达的东部沿海地区外，其余欠发达地区也要鼓励发展股权投资基金，积极引导各类民间资本机构对股权投资的支持。

继续完善和更新资本市场监管体系，疏通农村地区资本市场融资路径和机制，优化绿色通道机制，加强监管，防止其他企业占用绿色通道、占用资源。

政府应当加强政策引导，帮助农村企业提升自身实力，储备一批优质上市在辅企业，给予优惠扶持政策，给予成功上市的企业以资金奖励。

培育成熟的机构投资者。应该完善投资环境，使养老基金、保险公司和商业银行等机构尽快加入股权投资队伍。同时，加快我国信用体系建设，强化社会信用体系。

更好地推进乡村振兴产业投资基金发展，强化科学规划和顶层设计，完善政策支持，提高政策针对性；建立农村产业大数据信息服务平台，提供经验分享，破除区域限制，鼓励有经验的基金机构进入中西部地区设立乡村振兴投资基金；充分发挥基金的桥梁与纽带作用，多渠道整合资源和资金，挖掘社会资本投资空间；明确投资方向，确保乡村振兴产业投资基金落在实处；挖掘好优质项目，争取发展一批、储备一批优质农业农村项目。同时，强化基金的绩效管理，加大专业人才的引进和培养，进一步提升基金管理水平。

关于政府引导的乡村产业振兴基金，在实际操作中，对于一些适合社会资本主导运作的优质子基金，政府可适当降低出资比例，或者本金退出让利的机制，鼓励社会资本主导基金，充分发挥社会资本的专业化能力，增强基金的市场化运作。

建议成立国家级乡村振兴母基金，调配中央财政资金以产业投资的方式投向更多地区，形成“中央—省—市县”三级乡村振兴产业基金体系，更好地培育优质乡村产业项目，在保证基金有一定收益的同时，逐步增强基金的产业属性和产业孵化属性。

健全促进城乡资本下乡的激励约束机制。发挥政府基金先导作用，激活农业资本市场，彻底破除城市资本下乡的一切障碍，积极引导城市各类资本尤其民间资本参与乡村振兴，政府给予政策和资金支持。

健全农业农村优先保障的财政政策。鼓励各级财政支持城乡融合发展及相关平台和载体建设，发挥财政资金“四两拨千斤”的作用，撬动更多社会资本投入。

构建促进农村产业兴旺的政策体系。大力开发农业多种功能，延长产业链、提升价值链、完善利益链，培育多元化、灵活的产业体系，努力提升农村微观主体的质量和数量。

第七章　新型农村合作金融的实践探索*

一、新型农村合作金融发展的背景

（一）分散的小农户具有互助合作的内在需要

中国改革开放后家庭联产承包责任制的推行，一方面，极大地调动了农民的生产积极性，解放了农业生产力；另一方面，也导致农业生产集中化程度较低，家庭经营成为农业生产的主要组成部分。截至 2021 年 6 月，小农户经营占全国农业经营主体总数的 98.1%，分散的农户依然是农业生产的主体。

在分散农户与市场对接的过程中，农户之间从生产、销售等环节的互助合作很自然地发展为资金、信用的互助合作。农村合作金融将分散资金集中使用，成本较低，运转效率较高，可以更好地适应农村融资需要。

（二）农村金融服务供给长期匮乏

长期以来，农村金融供给缺乏，农村金融需求得不到有效满足。农村信用合作社在改革发展过程中逐步“去合作”向商业银行转型，离合作金融的本质越来越远。商业银行在放款过程中，强调抵押担保与放贷相结合，但缺乏有效抵押物是中国农村普遍存在的问题，导致农民贷款难贷款贵现象长期存在并成为难以突破的“瓶颈”，这在一定程度上推动了不同目的不同形式的农村金融创新大量涌现。在上述背景下，中国农村地区出现了大量形式多样、名称不同、体现合作金融原则的资金互助或信用互助组织。

（三）党和政府支持新型农村合作金融发展

党中央、国务院对农村合作金融发展始终予以高度重视。2005 年 4

* 本章作者为邹春艳，中华全国供销合作总社金融服务部管理处副处长。

月，国务院出台《关于2005年深化经济体制改革的意见》提出“探索发展新的农村合作金融组织”。2008年，党的十七届三中全会首次明确，“允许有条件的农民专业合作社开展信用合作。”2014年中央一号文件第一次提出“发展新型农村合作金融组织”。2015年中央一号文件要求“积极探索新型农村合作金融发展的有效途径，稳妥开展农民合作社内部资金互助试点。”2017年中央一号文件指出“规范发展农村资金互助组织”，“开展农民合作社内部信用合作试点”。

按照党中央、国务院有关部署要求，国家监管部门积极出台相关政策推动农村合作金融发展。2006年，银监会出台的《关于调整放宽农村地区银行业金融机构准入政策，更好支持社会主义新农村建设的若干意见》，放宽了农村银行业金融机构准入门槛。2007年3月，中国第一家农村资金互助社——吉林省梨树县闫家村百信农村资金互助社正式成立，标志着中国农村合作金融迈入多种组织形式共同发展的新型农村合作金融阶段。此后，中国政府出台一系列政策对农村合作金融组织进行引导和规范。2014年，银监会、农业部与全国供销总社联合印发了《关于引导规范开展农村信用合作的通知》，从加强监管引导、督促合规经营、分类开展清理规范等方面引导合作金融规范有序发展。2017年，银监会、公安部、农业部、人民银行联合印发的《关于部分农村资金互助合作组织违规经营风险提示的通知》，对农村信用合作领域的主要风险进行提示，进一步强调加强监管协调、打击非法金融活动，促进信用合作规范发展。2019年，中国人民银行等五部委联合印发《关于金融服务乡村振兴的指导意见》，再次提出“探索新型农村合作金融发展的有效途径，稳妥开展农民合作社内部信用合作试点”。

在农民内在需要和中央政府的支持下，中国新型农村合作金融快速发展起来。不断探索完善新型农村合作金融的组织运行机制，对于深化中国农村金融的供给侧结构性改革、实现农业现代化具有深远的现实意义，有利于把更多的金融资源配置到农村重点领域和薄弱环节，更好地满足乡村振兴多样化、多层次的金融需求。

二、新型农村合作金融的优势与基本特点

（一）新型农村合作金融的优势

新型农村合作金融组织的出现，实际上是在中国特殊的国情农情

下，满足农村金融需求，解决农村地区融资难题的必然选择。新型农村合作金融组织的优势在于：一是对社员资金要求不高，经营比较灵活，可以有效解决农村资金需求短期、小额、分散、高频的特点；二是内生于农村地区农户之间，建立在亲缘、地缘基础上，可以全面了解和掌握农户真实情况和资金真实用途，避免信息不对称引起的道德风险；三是社员之间彼此熟悉，有着感情基础，可以进行一些互惠交易和帮扶，有利于帮助生产生活困难的社员获得资金进行生产。

（二）新型农村合作金融的基本特点

解决"三农"问题，推动农业农村现代化，离不开资金的支持。新型农村合作金融组织作为弥补商业银行在农村金融服务失灵的重要形式，在支持当地农村经济发展中起着重要作用。新型农村合作金融组织区别于农村信用合作社等传统合作金融组织，以成员信用为基础、成员自愿入股、自我管理、自我服务、不以营利为目的，是在农民专业合作社或社区互助基础上进行信用合作，目的是推动生产、供销、信用的结合。

新型农村合作金融组织的特点主要包括三点：一是民主性，合作金融坚持合作制的大方向，决策机制主要按"一人一票"来执行；二是社员制，通过合作社内部成员之间的互动，实现资金聚零为整、调剂使用，社员制的关键是特定群体利益诉求的一致性，这种一致性主要是建立在产业经营的基础上，也有小部分是基于空间距离或相互之间的血缘亲情而产生；三是封闭性，一般限于乡村基层社区，成员之间生活在相同的区域内，经过长期交往而彼此熟知，有共同的社会价值观并遵从乡规民约，从而形成一个相对排外的环境圈，也正是由于这种封闭的环境，才可以考虑打破传统商业金融服务的部分必要环节，实现融资时间缩短、放贷流程简化的效果；四是非营利性，单个农民在不同时期既可能是借款主体，也可能是贷款主体，贷款人和借款人外延完全重合，人们获取资金的低成本补偿了存放资金的低收益，从而促使所有参与者把关注点始终放在发展农业生产上，而不是舍本逐末，追求资金的高额增值。

三、新型农村合作金融组织的分类及主要运营模式

根据发起主体的不同，现阶段新型农村合作金融组织主要包括以下五

种类型[1]。

（一）由银监部门批设的农村资金互助社

农村资金互助社有金融业务许可证，属于正规金融机构。2006 年 12 月，银监会颁布的《关于调整放宽农村地区银行业金融机构准入政策　更好支持社会主义新农村建设的若干意见》，允许农村地区的农民和中小企业发起设立实行民主管理的社区性合作金融组织。随后 2007 年 1 月，银监会出台了《农村资金互助社管理暂行规定》《农村资金互助社示范章程》，对农村资金互助社的组建和审批进行规范管理。

2012 年银监会停止审批设立新的农村资金互助社，全国共有获批农村资金互助社 49 家，主要是立足于农村社区性服务，在限定的地域范围内进行吸储放贷，与特定的涉农产业结合度不高，社区综合金融服务的功能比较强。农村资金互助社有比较典型的合作金融制度安排，其组织架构包括社员（代表）大会、理事会、监事会，金融服务对象仅限社员，资金主要来源于社员股金、社员存款和银行金融机构融资等方面。目前，银监部门批设的农村资金互助社基本处于停滞状态。截至 2021 年底，全国农村资金互助社只剩 39 家，416 名员工。

（二）由农业部门推动并依托农民专业合作社开展的内部信用合作

2008 年 10 月，党的十七届三中全会审议通过的《中共中央关于推进农村改革发展若干重大问题的决定》，首次明确提出“允许有条件的农民专业合作社开展信用合作”。2009 年中央一号文件进一步要求抓紧出台农民专业合作社开展信用合作试点的具体办法。2014 年，经国务院同意，银监会批准在山东全省范围内开展农民合作社内部信用合作试点，之后相继批准河北省玉田县、安徽省金寨县和湖南省沅陵县开展农民合作社信用合作试点，形成“一省三县”试点格局。

农民专业合作社内部信用合作是由农民专业合作社内部全体或部分社员参与，以合作社原有的产业链为依托，在生产合作等基础上为社员提供互助资金借款的新型农村合作金融形式。

（三）由供销合作社创办或领办的农民资金互助社

2014 年，国务院办公厅出台的《关于金融服务“三农”发展的若干意

---

① 汪小亚．新型农村合作金融组织案例研究［M］．北京：中国金融出版社，2016.

见》要求，要在管理民主、运行规范、带动力强的农民专业合作社和供销合作社基础上，培育发展农村合作金融。2015 年 4 月，国务院出台了《关于深化供销合作社综合改革的决定》，要求有条件的供销合作社要按照社员制、封闭性原则，在不对外吸储放贷、不支付固定回报的前提下，发展农村资金互助合作。截至 2021 年 9 月 30 日，供销合作社系统资金互助组织共计 565 个，互助金规模为 161.47 亿元，经营地域主要为乡镇和村。

（四）由国务院扶贫办和财政部开展的贫困村互助资金试点

贫困村互助资金试点主要是为解决贫困村、贫困户发展生产和自主创业等资金短缺问题。2006 年 5 月，国务院扶贫办、财政部联合发布《关于开展建立贫困村村级发展互助资金试点工作的通知》，选择 14 个试点地区，每个试点省（自治区、直辖市）在国家确定的 1～2 个重点县中选择 10 个贫困村作为试点村，开展贫困村互助资金试点。

贫困村互助组织既可以是独立的组织载体，也可以依托社区组织或农民专业合作社搭建。试点在政府财政资金、扶贫资金注入的前提下，鼓励贫困村农户以自有资金入股，或者以赠股的方式确认社员个人股份，按照“民用、民管、民借、民还，持续使用滚动发展”的原则运营发展。试点开展以来，对带动试点地区贫困村产业发展和农民脱贫增收发挥了积极作用。

（五）自发形成的农村合作金融组织

这部分形式多样，比较复杂，主要是一些地区的农民和农村小企业自发组织、自主兴办的农民资金互助社、扶贫资金互助社、社员股金服务社、城乡消费合作社等各类合作金融组织。通过开展信用合作，在一定程度上满足了当地农村的资金需求，缓解了农民和农村小企业的资金困境。但此类组织属于非正规的农村合作金融机构，法律地位并不明确，难以进行登记注册，缺乏政府部门有效监管，而且自身治理结构也不完善，导致处于缓慢无序的自发发展状态，风险隐患较大。

以上主要是根据发起主体不同进行的分类，如果根据经营模式的差异进行分类，大致可以分为两类：一是成立资金互助组织，为成员提供资金调节服务，主要依靠成员之间相互认识和信任，没有产业支撑；二是合作社内部信用合作，以合作社生产经营为基础，在生产合作的上下游产业形成熟人社会，发展出信用合作关系，为社员办理资金互助业务，资金主要用于农业生产经营。相较而言，第二类合作社内部信用合作，社员之间有密切的生产合作关系，信用基础更为牢固。

四、新型农村合作金融试点情况

2014年，国务院安排山东进行新型合作金融组织试点工作，主要是在农民专业合作社内部开展信用互助业务。之后，在农村改革试验区框架下，银监会与农业部共同指导河北省玉田县、安徽省金寨县和湖南省沅陵县开展有关试点，试点合作社按照“社员制、封闭性、民主管理”等原则开展信用互助试点，形成“一省三县”试点格局。

（一）试点的主要内容

1. 山东农民专业合作社内部信用合作

2015年山东省启动农村合作金融试点，为确保试点工作顺利开展，成立联席会议，联席会议办公室设在省农业厅和省供销社，负责日常具体工作。山东省作为国家唯一全省开展新型农村合作金融改革试点的地区，全面开展了农民专业合作社信用互助业务试点工作。

农民专业合作社信用互助业务试点基本原则是：坚持服务“三农”本质要求，着力解决农民生产经营活动中“小额、分散”资金需求；坚持社员制、封闭性原则，不吸储放贷，不支付固定回报，不对外投资，不以营利为目的；坚持社员自愿，互助合作，风险自担；坚持立足农村社区，社员管理，民主决策，公开透明；坚持独立核算，规范运营。

试点具体内容包括：一是严格试点准入。申请试点的农民专业合作社应已注册登记，原则上存续期2年以上，运营规范，守法经营，且有稳定的经营收入，产业基础扎实；申请试点的农民专业合作社理事长，应符合农民专业合作社社员资格1年以上，诚实守信；具有规范的章程和必要的试点管理制度、业务操作流程。

二是完善治理结构。参与试点的农民专业合作社社员应具有所依托农民专业合作社社员资格1年以上，且居住地和注册地在农民专业合作社所在行政村或乡镇；但各社员存放资金额不得超过同期互助资金总额的10%；自然人社员存放资金额原则上不超过所在地区上一年度农民人均纯收入的3倍；每个社员设立社员账户，社员账户定期公示，允许社员查阅。

三是规范运营规则。业务试点原则上以行政村为经营地域范围，互助资金总额原则上不超过500万元，确有需要时可扩大地域范围和资本规模，但不得超出注册地所在乡镇，规模不得超过1000万元；主要用于支持农民专业合作社生产经营的流动性资金需求，期限以半年以下为主，一般不超过1年，单一社员发放互助金额不得超过总额的5%；由农民专业合作社管理人员和社员代表组成资金使用评议小组，每年根据社员出资情况、信用状况、资金需求和使用成本进行公开评议确定授信额度；业务试点独立核算、自负盈亏，在农民专业合作社内部设立信用互助业务部，实行专门账户管理，分配盈余按交易额返还为主的原则进行分配；选择1家银行，作为业务试点账户开立和资金存放、支付及结算的唯一合作托管银行。合作托管银行为业务试点提供业务指导、风险预警、财务辅导等服务以及必要的流动性支持，满足其季节性临时资金需求。

四是健全风险防控机制。坚持属地管理原则，各县（市、区）政府是本辖区信用互助业务试点监督管理和风险处置的第一责任人，负责及时识别、预警和化解风险，地方金融监管局负责辖区信用互助业务试点的具体监督管理工作；业务试点实行资格认定，农民专业合作社向地方金融监管局提出书面申请，取得“农民专业合作社信用互助业务试点资格认定书”，办理变更登记后，才可开展试点业务；建立现场和非现场监督相结合的制度、信息披露和社会监督制度、风险事项报告及应急处置制度，规范的市场退出程序。

2. 河北省玉田县农民专业合作社内部信用合作

2011年12月被批复为农村改革试验区后，河北省玉田县结合县域农业农村发展实际，采取一系列措施探索破解现代农业融资难问题。按照“强化监管、稳健发展”的思路，先后组建了福泰、集强、农福缘、金福村4家农民专业合作社开展信用合作试点。

玉田县农民合作社信用合作试点的基本原则是：坚持社员制，必须在合作社社员内部开展信用合作；坚持为农性，资金投放必须用于支持现代农业发展、农民微型创业和农民生活急需；坚持合作性，社员入社自愿、退社自由，在盈余分配上实行盈余惠顾返还；坚持互助性，社员存入信用合作资金不得支付固定报酬，年终由社员大会民主决策盈余分配方案；区域性，实行区域内封闭运行，不得超出信用合作范围开展业务，不得对城市居民和单位开展业务。

为保证试点的规范运行，玉田县采取了一系列措施，主要是为农民合作社信用合作试点安装了办公系统及会计核算软件，开设县域系统局域网，对业务进行全程监管；在指定银行开设专门的信用合作资金账户、统一监制并使用相关票据；下发一系列管理制度；统一投放资金费用标准，将资金及时存入合作金融机构等。同时，加强风险防范，严格控制持股比例，单个社员持股比例不超过股金总额的20%；严格控制资金额度，合作社运营时间1年内，资金总量不超过1000万元，3年内不超过5000万元，单个社员借款余额不超过10万元；严格实行全面监管，县试点领导小组办公室协调县金融办、银行、农牧局等单位组织专门力量，按月对试点社员入社审批程序、担保抵押方式、资金吸纳和费用投放等进行规范性检查，每季度对试点经营情况进行审计检查，同时通过随时监控、月报表、年终专项考核、不定期走访社员等方式，加强督导检查，确保规范运行。

3. 安徽省金寨县农民专业合作社内部信用合作

2015年，安徽省金寨县被确定为农村改革试验区，探索开展农民专业合作社内部信用合作试点。

在开展新型农村合作金融组织建设试点工作中，专门成立金寨县农村改革试验工作领导小组，安徽省出台了《金寨县发展新型农村合作金融组织管理办法》，从准入条件、股权管理、资金用途、贷款管理、财务管理、监督管理和风险防控等多个方面明确规定了农民合作社内部信用合作的指导原则、运作模式、操作规范和监督管理等内容。同时，该管理办法明确农民合作社开展内部信用合作遵循“依托‘三农’、划定区域、吸股不吸储、对内不对外”的总体要求，其基本原则是：为农性原则，以谋求社员共同利益为宗旨，为“三农”服务，着力解决社员生产经营活动中“小额、流动、分散”的资金要求，用于支持农业产业发展；封闭性原则，仅限于入社并入股的农民合作社内部社员，不得对城镇居民和农民合作社社员以外人员（企业）开展业务；自治性原则，实行“民办、民管、民受益”，加入自愿、退出自由，政府不搞强迫命令、不直接参与经营，坚持民主管理、加强资金管理，信用合作资金单独开设专户、建立专账，独立核算；可控制原则，发挥政府在政策引导、业务指导、监督管理职能作用，规范成员筹集和借贷资金程序和手续，建立风险可控机制，有效规避运行风险。

金寨县农民专业合作社试点主要有两种业务模式①，一是采用“股金+合作资金”模式，资金来源以社员入股资金为主、零散存放合作资金为辅；二是采用“股金+银行资金”模式，与当地村镇银行合作，开展“银行+合

---

① 王辉，何频．对安徽农民资金互助发展现状的思考——以安徽金寨为例［N］．安徽行政学院学报，2017-05.

作社”农户小额贷款实践模式，向社员提供“普惠通”金融产品，解决入社社员生产经营中的资金需求。

4. 湖南省沅陵县农民专业合作社内部信用合作

2011年底，沅陵县成为全国农村改革试验区，2014年开始探索在农民专业合作社内部开展信用合作，成立农民创业资金互助试点。

沅陵县试点基本原则是：坚持为农性，成员以农民为主体，以服务成员、促进农业增效、农民增收和农村发展为宗旨。坚持合作制性质，实行民办、民营、民受益、民担风险；坚持入社自愿、退社自由；坚持民主管理且成员地位平等。坚持区域性，互助社发展社员和资金融通严格限制在几个村，最多不得超过所在乡镇范围，不得跨区域开展业务，不得对城市居民及单位开展业务，同一区域不得重复设立分社或分部。坚持社员制，吸纳社员股金和发放融通资金，必须严格限制在本社社员内进行，禁止向不特定对象吸纳和投放资金。坚持风险可控，建立健全风险预警和防范机制，使风险处于可控范围内，确保稳健运行。坚持规模适度，根据实际提出年度吸纳股金和投放股金的规模额度，报县金融改革办备案。坚持盈余返还，部分盈余按照一定比例和章程规定的方式进行返还。

沅陵县从发起人数量、基础股金、工作人员任职资格、基础设施、组织机构和管理制度等多个方面严格规定设立试点的条件，并要求审慎控制试点数量。符合条件的单位通过发起人向所在乡镇人民政府提出筹建申请，乡镇人民政府接到申请后组织进行调查核实，并就试点工作落实监管部门、监管人员、监管措施和必要的工作经费，在此基础上向县农村金融服务体系改革试验区办公室申报，并就风险控制和处置做出书面承诺。之后，由县农村金融服务体系改革试验区办公室组织调查、专题研究，根据调查和研究情况审批同意后予以批设，到县民政局登记为民办非企业法人。

（二）试点的成效

新型农村合作金融业务试点主要是通过一定的制度设计引导农民专业合作社信用合作规范有序发展，取利去弊，使其更好地发挥作用，服务合作社生产流通，为“三农”提供最直接和最基础的金融服务。同时，探索建立新型农村合作金融制度，进一步完善农村金融体系，为全国提供可推广、可复制的经验。

新型农村合作金融试点对盘活农村闲散资金、促进农业生产发展、满足农民小额融资需求起到了一定的积极作用，主要有以下几个方面成效。

1. 满足了农村资金需求

试点面向小农户和农村小微企业，为其提供小额、短期借款，用于购买生产资料和扩大生产规模，增加经营收入，在一定程度上满足了农村弱势群体的资金需求。

2. 优化了农村金融生态

试点在为农村弱势群体提供资金需求的同时，也培育了农户的信用意识，促进农业生产和信用合作共同发展，提升社员融资能力和创新扶贫资金支农模式，在满足内部社员资金需求的同时，也较好地缓解了信息不对称问题，信贷风险得到有效控制，优化了农村金融生态。

3. 促进了农村生产发展

小农户和农村小微企业联合起来，通过新型农村合作金融组织试点，互助互济共同发展农业生产，把金融资源留在农村经济发展的重点领域和薄弱环节，为农业农村经济社会发展提供资金支持，促进农业生产的发展。

从实践来看，新型农村合作金融业务试点整体运作比较规范，但在运行中也存在制度设计与具体实施存在差异、基本原则执行难度较大等问题，运行效果不尽如人意，规模较小未实现预期目标。以山东省试点情况为例，2015 年全省有 500 多家农民专业合作社参与相关试点，截至目前，仅有不到 200 家仍在存续经营，呈逐步萎缩态势。

（三）新型农村合作金融组织的发展困境

从全国各地新型农村合作金融试点以及其他农民自发的资金互助情况来看，新型农村合作金融的发展也面临一些困难。

1. 缺乏法律支持

良好的法律和政策环境是经济平稳运行的保障。目前，中国没有建立合作金融方面的法律法规体系。现有规章主要以规范性文件为主，缺乏法律效力，严重地影响了农村合作金融组织的健康发展。同时，法律属性不明，导致大量农村合作金融组织无法登记，只有少量农村合作金融组织在市场监督管理部门或者民政部门登记，还有一些借用农民专业合作社或个人名义登记。

2. 监管政策不明确

除银监会批设的农村资金互助社外，其他类型农村合作金融组织大多无明确的监管部门。在实际运行中，合作金融组织外部监管按照“谁批准，谁监管”的原则进行，于是出现银监会、地方金融监管局、涉农主管部门等多头监管或无监管等问题。外部监管的缺失，严重地影响了新型农村合作金融组织的健康发展。

3. 基本原则在实践中较难把握

“社员制、封闭性、不吸储、不放贷”的原则和要求在实践中面临困境。同一地域的合作社生产经营具有同质性和同步性，在农业生产关键时期，每个社员都需要资金，合作金融组织难以满足所有社员的集中需求；而在生产经营淡季，可能会出现大量资金闲置，难以跨季节、跨区域调剂，增加了业务开展难度，资金使用效率不高。在实践中，社员出资才能获得信用互助资格的要求，与有闲置资金的社员不需要资金，而需要资金的社员没有出资实力的现实相悖，这些都限制了信用互助作用的有效发挥。

4. 经营管理不规范

在业务运作上，大多缺乏规范的操作流程。在经营管理机制上，大部分合作金融业务缺乏科学经营管理规则，存在未设定单户使用资金的集中度限制、未设定入股比例限制等问题。

五、推动新型农村合作金融健康发展的对策建议

新型农村合作金融组织的发展在一定程度上满足了农村地区的资金需求，对当地农村经济发展起到重要推动作用，但发展中也存在一些突出问题亟须解决。同时，当前中国农村社会主要矛盾变化、金融科技快速发展、数字普惠金融体系全面建设的新时代背景，也对新型农村合作金融下一步发展提出了相应的要求。

（一）建立外部监管制度

缺乏法理基础和有效监管是制约农村合作金融发展最主要的外部因素。政府有关部门应适应农民生产生活资金需求，遵循合作金融发展原则，加强外部监管，帮助农村合作金融组织解决发展中的困难，营造良好环境，引导健康发展。

1. 适时推进合作金融立法

当前，中国新型农村合作金融组织已经有十余年的探索经验，也具备一些包括中央文件、部委规章和各级地方政府法规、细则在内的合作金融法制基础。建议在评估各地新型农村合作金融组织实践效果的基础上，适时出台完整的合作金融相关法律，对合作金融组织的法律地位、产权性质

等予以明确，为开展业务、建立风险机制提供依据和保障。

2. 明确监管主体

明确中央和地方金融监管部门的监管职责，形成中央和地方金融监管的合理有效分工。健全完善地方金融监管体制，充实地方金融监管力量，提高监管能力和水平，从市场准入、业务范围、市场退出等方面明确对农村金融组织监管规则，监督引导合作金融组织合规经营。

3. 转变监管方式

现阶段，监管方式建议以非审慎监管为主，允许农村合作金融组织在坚持合作金融基本原则的基础上，自主经营、自主发展，实行差别化监管。可以由地方监督管理部门根据检查情况对合作金融组织进行分级管理，针对不同级别设定不同监管强度，给予合作金融组织规范成长和优胜劣汰的发展空间。

（二）规范内部治理机制

农村合作金融组织存在的很多问题都与合作金融组织发展偏离合作制基本原则，内部管理制度缺失等息息相关。为引导新型农村合作金融组织健康有序发展，必须坚持合作金融基本原则，建立规范的治理结构并加强内部风险防范。

1. 坚持农村合作金融基本原则

中国的农村合作金融尚处于发展初期，必须坚持自愿互助的原则，遵从农民意愿，不以营利最大化为目的，通过内部互助满足农民资金需求。必须坚持服务“三农”原则，适应农村经济社会和农业生产发展需要，提供小额、短期、低利率的资金支持。必须坚持社员制和封闭运行原则，资金的吸收和投放严格限制在社员之间。

2. 建立健全内部治理机制

一方面，合作金融组织应加强管理制度建设，健全内部治理结构。合理设置权力机构（社员代表大会）、执行机构（理事会）、监督机构（监事会）和经营团队，明确职责分工，确立制约和协调关系。另一方面，合作金融组织应加强社员监督和信息披露，防止内部人控制。定期将互助资金使用情况向社员公布，对社员账户以及年度盈余分配方案、亏损处理方案、财务会计报告都进行内部公示，允许社员查阅。

3. 规范业务流程加强风险防范

农村合作金融组织业务风险主要产生于资金来源和运用两个方面。在资金来源上，注意防范变相吸储；在资金运用上，要严格规范业务操作流程，防范资金投向非社员、非农民，跨区域投放、大规模放贷、投向高风险行业以及国家法律法规限制的行业等。

（三）创新农村合作金融服务模式

全面建成小康社会后，中国农村进入了新的发展阶段，在国内国际“双循环”背景下，作为国内大循环的一个重要部分，乡村振兴成为中国现代化发展的关键一环。在新时期，乡村振兴开始转入全面推进、全面实施的战略阶段，农村市场各种要素的资源流动配置都对农村合作金融发展提出了新要求，农村合作金融也要立足农村发展阶段和现实需求，积极创新服务模式，深度融入乡村振兴。

1. 依托产业开展合作金融

在乡村振兴战略背景下，乡村产业发展更多的是以各种产业联合体方式推进，适度规模化、专业化、合作化特征明显，新型农业经营主体成为乡村金融需求主体。结合当前的产业环境，创新合作金融产品和服务，围绕新型农业经营主体和现代农业生产新的组织形式所衍生的金融需求，着力探索发展供应链金融、数字金融等合作金融新形态。

2. 与商业银行合作开展合作金融

与商业银行合作，以商业银行的资金补充合作金融组织的供给不足，在生产高峰期满足社员的资金需求，进行季节性、周期性调节，也可以将闲置资金存放、托管于合作商业银行，实现互助资金的保值增值。通过与商业银行合作，商业银行可以完成参与乡村振兴、助力“三农”发展的目标任务，合作金融组织可以解决生产高峰期资金供给不足和资金闲置期效率低下的问题，实现“双赢”。

3. 探索内部担保业务模式

可以考虑在合作金融组织内部采取联保方式，建立以县乡领导班子、合作社管理人、乡贤、农户为核心的联保体系，发挥成员监督管理作用。同时，合作金融组织在内部可以设立担保资金，为组织成员提供业务支持，以资金池作为缓冲器，在乡村受到外部自然灾害、经济危机等因素冲击时，减少农民经济损失，缓释对农村经济的影响，稳定农村发展。

4. 搭建综合合作金融服务平台

以合作金融组织为依托，探索扩大农村土地经营权、农村宅基地使用权、农村住房财产权、农业生产设施、林权等抵质押贷款，通过合作金融组织集体增信，提高信用等级，向有合作关系的外部金融机构抵押贷款，最大可能引进外部资金，培育农村产业，实现农村产业和合作金融组织相互促进、融合发展。

（四）完善保障体系

在营造有利外部制度环境、规范内部治理机制，创新合作金融服务模式的同时，也应完善保障体系，有效保障农村合作金融组织更好地发挥作用。

1. 加大政策扶持力度

农村合作金融组织主要是为农村经济弱势群体提供资金服务，具有一定公益性质。可以借鉴发达国家合作金融发展经验，从税收优惠、资金扶持、人员培训、业务指导等方面加大扶持力度，提高其经营实力，实现长期可持续发展。

2. 加强金融科技应用

目前农村合作金融组织主要在乡镇运行，工作人员文化程度普遍不高，缺乏高效的技术手段，在一定程度上制约了合作金融组织的发展。可以探索借助金融科技力量，加强金融科技和数字化技术的应用，将交易过程简单化、自动化，提高农村合作金融组织运营效率和经营水平；同时，通过大数据技术精准分析客户行为特性等对风险进行科学评估，可以降低合作金融组织风险管理成本，提高可持续发展能力。

3. 健全农业保险体系

农业生产受自然天气和灾害影响很大，具有投入多、收益慢、效益不确定等弱势特质，为了防范风险、降低损失，应尽快健全农业保险体系，丰富农业保险产品和服务，切实降低农业风险，助力中国农业合作金融组织健康发展。

第八章　地方金融组织支农服务的创新发展*

一、地方金融组织的历史溯源

（一）定义及范围

关于地方金融组织，目前没有正式公布的、权威统一的明确定义，尚没有一个正规的法律概念，在实际工作中的称谓也较多，如准金融机构、类金融机构、持牌机构等，处于一个有待于进一步明确界定的状态。这一方面是因为中国的金融市场和金融业态发展较快，中国的法律体系沿袭了大陆法系的列举式定义，对新兴的金融业态未能完全涵盖；另一方面，许多关于金融业态、金融机构如何监管的问题仍在激烈争论之中，尚未形成统一定论。

在阐述“地方金融组织”定义及范围之前，首先需要明晰什么是“金融机构”。目前，对“金融机构”的定义主要依据是中国人民银行发布的《金融机构编码规范》。2009 年 11 月 30 日，中国人民银行关于印发《金融机构编码规范》的通知（银发〔2009〕363 号）正式公布，“从宏观层面统一了我国金融机构分类标准，首次明确了我国金融机构涵盖范围，界定了各类金融机构具体组成，规范了金融机构统计编码方式与方法”。

2014 年 9 月 19 日，《金融机构编码规范》（JR/T 0124—2014）金融行业标准正式发布。按照《金融机构编码规范》，中央银行规定的 32 种金融机构可以分为以下 9 大类：一是货币当局；二是监管当局；三是银行业存款类，包括银行、城信社、农信社、农村合作银行、农村商业银行、村镇银行、农村资金互助社、财务公司；四是银行业非存款类，包括信托公司、金融资产管理公司、金融租赁公司、汽车金融公司、贷款公司、货币经济公司；五是证券业，包括证券公司、证券投资基金管理公司、期货公司、投资咨询公司；六是保险业，包括财产保险公司、人身保险公司、再保险

---

* 本章作者为王美超，南京中合融惠信息科技有限公司董事长。

公司、保险资产管理公司、保险经纪公司、保险代理公司、保险公估公司、企业年金；七是交易及结算类，包括交易所、登记结算类机构；八是金融控股类，包括金融控股公司；九是其他，包括小额贷款公司。

那么，对于没有“金融机构”法律地位，而实际从事金融交易的非金融机构应该如何定义？在2017年第五次全国金融工作会议后，中共中央、国务院印发了《关于服务实体经济防控金融风险深化金融改革的若干意见》（中发〔2017〕23号），首次明确地方金融监管的对象是“7+4”类机构，其中，“7”是指小额贷款公司、融资担保公司、区域性股权市场、典当行、融资租赁公司、商业保理公司、地方资产管理公司，“4”是指区域性投资公司、开展信用互助的农民专业合作社、社会众筹机构和地方各类交易所，并要求对“7+4”类机构坚持中央统一规则，压实地方监管责任。

2021年12月31日，中国人民银行发布关于《地方金融监督管理条例（草案征求意见稿）》（以下简称《条例》）公开征求意见的通知，拟按照“中央统一规则、地方实施监管”“谁审批，谁监管，谁担责”的原则，将地方各类金融业态纳入统一监管框架。本次《条例》明确了地方金融组织的定义。“地方金融组织是指依法设立的小额贷款公司、融资担保公司、区域性股权市场、典当行、融资租赁公司、商业保理公司、地方资产管理公司以及法律、行政法规和国务院授权省级人民政府监督管理的从事地方金融业务的其他机构”。《条例》强调地方金融组织持牌经营，设立区域性股权市场应当经省级人民政府公示，并报国务院证券监督管理机构备案，设立其他地方金融组织应经省级地方金融监督管理部门批准并颁发经营许可证。

在此，我们将《条例》明确的地方金融组织作为本书主要研究和阐述的对象。

（二）发展历程

1. 典当行

典当历史悠久，最早可以追溯到南北朝时期，是中国最早的金融业态之一。在新中国成立之初，随着国家对资本主义工商业社会主义改造的逐步兴起，典当行逐渐衰退。1956年后，各地典当行陆续被改造为人民银行领导的“小额质押贷款处”。1966年，随着“小额质押贷款处”被撤销，也意味着典当行的消亡。直到1987年，随着成都市华茂典当服务商行的成立，标志着典当行业开始复苏。1996年4月，中国人民银行颁发《典当行管理暂行办法》，明确了典当是非银行金融机构。但在随后的十几年里，典当行业监管经历了多个部门，从国家经济贸易委员会转到商务部，再于2018年划入银保监会，身份也在“特殊的工商企业”与“非银行金融机构”之间经历了多次反复。

2. 融资租赁公司

现代融资租赁业起源于美国，在改革开放后传入中国。从1981年中国第一家融资租赁公司——中国东方租赁有限公司成立开始，中国融资租赁市场的发展主要经历了迅速发展、问题暴露、恢复调整及发展完善四个阶段。早期根据监管主体的不同，融资租赁业主要分为两类三种机构：一类是经原银监会审批设立的金融租赁公司，属于非银行金融机构。另一类是融资租赁公司，其中又进一步分为外资融资租赁公司和内资试点融资租赁公司。融资租赁公司属于一般工商企业，由商务部和国家税务总局及其授权机构审批设立。① 自2018年4月20日起，商务部将制定融资租赁公司业务经营和监管规则职责划给银保监会。至此，对内资试点、外资租赁、金融租赁实现了统一监管。

3. 融资担保公司

1993年，中国首家全国性信用担保机构——中国经济技术投资担保有限公司成立，标志着担保业在中国的兴起。在随后的20年里，随着中国经济的快速发展，大量中小企业如雨后春笋般出现的同时，“融资难、融资贵”问题也日益显现，这为融资担保行业提供了快速发展的机遇。但在融资担保行业快速发展的过程中，也伴随出现了一些问题，针对行业的法律法规相继制定与实施。2017年8月，国务院发布《融资担保公司监督管理条例》，2018年，银保监会等七部委又联合印发了《关于印发〈融资担保公司监督管理条例〉四项配套制度的通知》（银保监发〔2018〕1号），发布《融资担保业务经营许可证管理办法》《融资担保责任余额计量办法》《融资担保公司资产比例管理办法》《银行业金融机构与融资担保公司业务合作指引》四项配套制度。至此，融资担保行业建立起了“1+4”的监管体系。

4. 小额贷款公司

小额贷款最早起源于孟加拉国。1993年，中国社会科学院农村发展研究所引入尤努斯创立的孟加拉乡村银行小额信贷模式，在河北易县建立扶

① 田新元．类金融机构迈入混业监管时代［N］．中国改革报，2018-05-18.

贫经济合作社，成为国内最早的小额信贷扶贫模式。[①] 2005年底，中国人民银行批准成立“只贷不存”的商业性小额贷款公司试点，山西省平遥县日升隆、晋源泰成为首批小额贷款试点。随后，在山西、四川、贵州、陕西和内蒙古五省（自治区）扩大了试点范围，建立了共7家“只贷不存”的小额贷款公司。2008年5月，银监会、人民银行联合发布了《关于小额贷款公司试点的指导意见》（银监发〔2008〕23号）。至此，在全国范围内小额贷款公司开启了快速发展的历程。

5. 区域性股权市场

中国的区域性股权交易市场脱胎于地方产权交易市场和技术产权交易市场。1988年5月，全国第一家产权交易市场——武汉企业兼并市场事务所在武汉市成立，标志着我国产权交易市场正式诞生。发展伊始，产权交易机构在实践中存在冒进、不规范现象，随着《国务院办公厅转发证监会关于清理整顿场外非法股票交易方案的通知》（国办发〔1998〕10号）出台，开始在全国范围内对交易场所进行清理。2012年9月，证监会印发的《关于规范证券公司参与区域性股权交易市场的指导意见（试行）》提出“区域性股权交易市场”，这是监管部门较早正式肯定区域性股权交易市场的存在及作用。[②] 2017年1月，国务院办公厅发布《关于规范发展区域性股权交易市场的通知》，明确区域性股权市场是主要服务于所在省级行政区域内中小微企业的私募股权市场，是多层次资本市场体系的重要组成部分，是地方人民政府扶持中小微企业政策措施的综合运用平台。2020年3月1日，新证券法实施，首次赋予了区域性股权市场为非公开发行证券的发行、转让提供场所和设施的法定功能及地位，为区域性股权市场发展奠定了法治基础。[③]

6. 地方资产管理公司

资产管理公司最早出现于1997年亚洲金融危机时，是为化解部分国有商业银行的风险，专门设立的不良资产处置机构。2008年以前，仅在上海、重庆等6省市成立了国有独资的地方资产管理公司。2012年1月，财政部联合银监会下发了《财政部　银监会关于印发〈金融企业不良资产批量转让管理办法〉的通知》（财金〔2012〕6号），成为地方资产管理公司设立

---

① 杜晓山，刘文璞，孙同全，等．从小额信贷到普惠金融：中国小额信贷发展二十五周年回顾与展望纪念文集［M］．北京：中国社会科学院出版社，2018.

② 周琳．区域性股权市场发展脉络［N］．经济日报，2017-01-05.

③ 周琳．区域性股权市场发展脉络［N］．经济日报，2017-01-05.

的政策依据。该办法第三条规定，“各省级人民政府原则上只可设立或授权一家资产管理或经营公司。”2013 年 11 月，银监会发布《中国银监会关于地方资产管理公司开展金融企业不良资产批量收购处置业务资质认可条件等有关问题的通知》（银监发〔2013〕45 号），对地方资产管理公司准入门槛及运作方式做了明确规定，鼓励民间资本入股。2016 年 10 月，银监会向省级政府下发了《关于适当调整地方资产管理公司有关政策的函》（银监办便函〔2016〕1738 号），“放宽《金融企业不良资产批量转让管理办法》（财金〔2012〕6 号）第三条第二款关于各省级人民政府原则上可设立一家地方资产管理公司的限制，允许确有意愿的省级人民政府增设一家地方资产管理公司”。至此，不良资产管理行业由“4+1”格局变为“4+2”格局。2019 年 7 月，银保监会发布了《关于加强地方资产管理公司监督管理工作的通知》（银保监办发〔2019〕153 号），进一步从五个方面明确了加强地方资产管理公司监督管理、促进地方资产管理公司稳健经营和健康发展的要求。

7. 商业保理公司

中国商业保理业务起步相对较晚，早期主要为银行从事单一银行保理业务。中国真正意义上的第一家商业保理公司——天津瀛寰东润国际保理有限公司成立于 2005 年，自此开启了我国商业保理发展之路。2012 年 6 月 27 日，商务部发布《关于商业保理试点有关工作的通知》（商资函〔2012〕419 号），同意在天津滨海新区、上海浦东新区开展商业保理试点。此后，商业保理试点在全国范围内逐渐铺开，逐步改变了银行保理一枝独秀的局面。2018 年 5 月，商务部发布了《关于融资租赁公司、商业保理公司和典当行管理职责调整有关事宜的通知》，明确商业保理公司监管职责划归银保监会。2019 年 10 月，银保监会发布《关于加强商业保理企业监督管理的通知》，“银保监会负责制定商业保理企业业务经营和监管规则。各省（区、市）人民政府负责对辖内商业保理企业实施监督管理。各金融监管局具体负责统一归口监管。”2020 年以后，随着各地清理规范工作的深入推进和名单制的实施，商业保理行业进入了规范发展阶段。同时伴随《民法典》生效，首次从法律层面对保理合同进行了规定，保理合同从无名合同进入有名合同的行列，保理业务也结束了长期以来无法可依的局面。

（三）地方金融组织快速发展的成因

改革开放以来经济快速增长的经验告诉我们，要善于运用金融杠杆，运用得好可以有效地推动经济增长。事实上，金融的本质就是杠杆，就是运用杠杆推动实体经济的发展。但由于中国金融实行的是管制金融（金融抑制或金融垄断），并且中国金融业态开始是由银行类金融机构占绝对主导地位的单一金融业态，出于对利润和风险的考量，大量以银行为主体的信贷资源向大城市、热门行业或产业中的少部分大企业集中，主要投向了国有独资、国有控股、大企业、跨国公司、上市公司等，并且贷款集中的程度日趋明显。

随着市场经济的发展，中小微企业的数量不断增长，也源源不断地催生了这部分群体对金融的固有需求。但由于这部分群体通常缺乏银行贷款所需的抵质押物、财务信息不公开透明、经营管理偏弱等一系列因素，银行为了降低信贷资金风险，获得更多的利润，往往收紧了对中小企业的贷款。金融供给严重不足成为中小微企业，尤其农村地区市场主体面临融资难融资贵问题的主要诱因，这也为地方金融组织出现形成了深厚的土壤。

2003 年 10 月，中共中央通过了《关于完善社会主义市场经济体制若干问题的决定》，提出要深化金融企业改革，“鼓励社会资本参与中小金融机构的重组改造”，随后 2005 年“普惠金融”概念相继提出，催生了国有资本和民间资本以及外国资本对投资金融的渴望和行动，纷纷投资设立小额贷款公司、融资租赁公司、典当行等，在一定程度上满足了中小微企业对资金的需求，促进了中小微企业的快速发展，银行金融之外的金融市场也在逐步形成。

2000 年之后，产融结合在中国的快速发展也成为地方金融组织实现快速发展的另一个重要原因。2001 年，中国成功加入 WTO 极大刺激了企业实施产融结合的需要，众多大型企业尝试走上“由产到融”的道路，其中不少民营资本也纷纷开始进入金融行业。一方面，通过产融结合，企业集团可以获取产业与金融的协同效应，有效推进产业结构调整和转型升级，增强产业竞争优势，实现企业改革发展；另一方面，对于企业集团而言，也可以打破融资较为依赖金融机构的制约，通过涉足小贷、融资租赁、商业保理等金融业务，冲破壁垒，拓宽融资渠道，降低融资成本，拓展优势资源的使用限制，创造出更大的协同价值。

二、地方金融组织的特点及作用

基于地方金融组织的特点以及针对农村地区的金融包容性缺失发挥缓解作用的程度，我们在本章节重点研究小额贷款公司、融资担保公司、融资租赁公司和商业保理公司在完善农村金融体系中发挥的补充作用。

（一）小额贷款公司

自2008年5月中国人民银行、银监会发布《关于小额贷款公司试点的指导意见》以来，小额贷款公司发展迅速，截至2021年底，全国共有小额贷款公司6453家，贷款余额9415亿元。十余年来，小额贷款公司扎根县域，为县域经济发展特别是支持中小微企业和满足弱势群体金融服务的可得性等方面发挥了重要的、不可替代的作用，也成为引导中国民间金融正规化和微型金融商业化改革的一种创新尝试。其特点和作用具体表现在以下几个方面：一是根植于地缘，优化金融资源配置。小额贷款公司长期植根于地缘经营，以谋求错位竞争的发展策略，在业务构成、服务对象、经营组织方式与银行等金融机构存在差异，一般选择坚持小额、分散，服务于小微及“三农”的方向，根据公司自身体量和团队资源优势各异，找准自身发展的商业模式和客户定位，不断创新信贷技术，依托根植县域，获取地方信息尤其是软信息的能力较强的比较优势，主要服务于银行等金融机构覆盖不到的用户群体，从一定程度上对改善县域金融资源的有效配置发挥了补充作用。二是手续方便快捷，适应中小微企业信贷需求。小额贷款公司的审批手续要比银行门槛低，更加方便、快捷、简单和高效，一般以3个月期和6个月期的短期贷款为主。这种方便快捷、灵活高效放贷方式更加适应中小微企业信贷“快、短、频”的需求特点，因此得到市场的广泛认可。三是贷款利率合理，遏制非法民间借贷蔓延。小额贷款公司贷款利率高于银行的贷款利率，一方面有追求利润的原因，另一方面在于其成本较高。成本从时间维度划分可以分为贷前成本、贷中成本、贷后成本。贷前成本主要是资金成本；贷中成本主要是交易成本，包括获客成本、频繁借还的成本、监督管理借款人的成本；贷后成本主要是资金的闲置成本、催收的成本、坏账率偏高产生的成本与相比银行偏高的税费。小额贷款公司特殊的成本结构使其需保持较高的利率水平才可以维持商业可持续经营。但小额贷款公司利率低于民间贷款利率的平均水平，使民间借贷的利率水平得到了有效平抑，压缩了高利贷的市场空间，遏制了民间非法借贷的蔓延，对促进金融秩序改善和社会稳定方面发挥了积极作用。

除此之外，小额贷款公司也存在一些“先天不足”的特点，比如，注册资本少，规模相对较小；由于资金来源单一，融资渠道受限而制约了其业务发展。

案例

中合农贷

中合联投资有限公司（以下简称中合联）成立于2005年，是中国供销集团所属企业，自2009年开展小额贷款业务以来，陆续在全国5省10地设立小额贷款公司，累计放贷规模超过100亿元，服务中小微企业及“三农”客户9000余户。13年来，中合联依托供销合作社网络优势，致力于打造“中合农贷”品牌，通过软实力建设进一步增强风险防控能力和服务中小微及“三农”市场主体能力。中合联旗下各小贷公司始终坚持与银行错位经营的“小额、分散、服务基层”基本准则，充分发挥“高效、灵活、便捷”的优势，紧紧围绕当地的主导和特色产业，推出“非标准化”信贷产品。引入德国IPC信贷技术，通过实地业务调查和信息的交叉检验等手段全面了解掌握客户信息，还原客户经营状况和财务数据，对客户的还款能力和还款意愿进行识别和判断，同时通过对客户现金流的分析，选定适合客户的贷款产品。注重风险管理，从贷前、贷中、贷后各业务环节着手，规范业务流程，将风险防控工作分散到每个岗位，各岗位按职责分工实行节点控制，达到“全员参与、全流程防控风险”的效果。各小贷公司想客户之所想，急客户之所急，采用适应客户资金运用的分期还款方式。根据客户的经营模式、经营周期和银行流水情况，确定与现金流匹配的还款方式，避免集中还款压力，有效解决涉农用户资金与产业周期相匹配问题。

（二）融资担保公司

融资担保是破解小微企业和“三农”“融资难、融资贵”问题的重要手段和关键环节。截至2021年末，我国融资担保机构共4838家，进一步聚焦普惠金融主业，小微业务占比42.2%，涉农业务占比13.3%，支持小微企业和“三农”发展作用不断彰显。[①] 随着政府性融资担保体系不断完善，国有控股融资担保机构行业占比持续提高，从2012年的22.2%上升到目前的55.4%。实收资本总额逐年增长，从2012年的8282亿元上升到目前的1.26万亿元，整体资本实力不断增强，成为疏通融资渠道最直接、最有效的手段之一。

① 胡萍．融资担保：“担”起银企之间的桥梁［N］．金融时报，2022-08-04.

融资担保公司有别于一般企业，自身行业特点决定了其在发展过程中要面临低收益、高风险等问题，其最主要的特点在于其客户总体上属于次级客户群体，由于担保公司增信的借款人大多不具备银行直接授信条件，并非传统意义上的优质客户。银行通过第三方担保将次级客户群体的信贷风险转嫁给融资担保公司。制度设计的缺陷使多年来在银行、融资担保公司和企业三方支撑的商业模式中，融资担保公司处于不利地位。

一直以来，党中央、国务院对融资担保业的地位作用十分肯定，对促进行业持续健康发展高度重视，陆续出台了一系列重要规章制度。2015年，国务院印发的《关于促进融资担保行业加快发展的意见》（国发〔2015〕43号）提出："融资担保是破解小微企业和'三农'融资难融资贵问题的重要手段和关键环节，对于稳增长、调结构、惠民生具有重要作用。"该意见还提出："对于服务小微企业和'三农'等普惠领域、关系经济社会发展大局的融资担保业务，尊重其准公共产品属性，政府给予大力扶持。"2019年以后，《关于有效发挥政府性融资担保基金作用切实支持小微企业和"三农"发展的指导意见》《政府性融资担保、再担保机构绩效评价指引》《关于充分发挥政府性融资担保作用为小微企业和"三农"主体融资增信的通知》等政策文件陆续发布，融资担保的作用得到充分肯定及重视。

党的二十大报告提出"全面推进乡村振兴"，并做出重要部署。在这样的背景下，更需要融资担保业充分展现其在支持小微企业和"三农"市场主体发展中的融资增信作用，应深入推进银担合作，积极构建政银担多方参与的风险分担共管机制，实现小微企业和"三农"市场主体风险多方合理分担，促进小微企业和"三农"业务加快发展，建立能担、愿担、敢担的长效机制，更好地服务经济社会发展大局。

案例

重庆兴农融资担保集团有限公司

重庆兴农融资担保集团有限公司（以下简称兴农担保集团）成立于2011年8月，由重庆市国资委牵头组建，注册资本58亿元。作为全国首家主司农村产权抵押融资的政策性担保机构，坚持"兴农姓农"，截至目前，累计担保4.59万笔、2237.17亿元，其中，支持"三农"、中小微企业超过1000亿元。围绕高效率、低风险、可持续服务实体的普惠金融发展目标，按照"专、精、深"业务理念，加强了产业链、产业集群担保和"投担联动"服务模式探索。兴农担保集团还持续夯实风控体系。不断完善“全面、全过程、全员”风险管理模式，全面强化准入管理、在保管理、保后管理，实施风险防控三年攻坚计划，积极构建覆盖所有员工及业务全流程的全面风险管理体系，不断提升风险预警、风险发现能力，适度降低担保放大倍数和风险敞口。截至2022年6月，兴农担保集团计提拨备余额达到27.62亿元，拨备覆盖率366%，代偿率为0.84%，损失率为0，牢牢守住了不发生系统性金融风险的底线。

（三）融资租赁公司

融资租赁因物而生，因物而兴。作为贴近实体经济资金需求的融资工具，融资租赁集贸易与金融于一体，天然具备融资与融物的双重属性，是实现产融结合、以融促产的重要途径，也是与实体经济结合最为紧密的新型金融业态，在支持实体经济发展方面具有明显的优势。一是融资租赁是中小微企业和“三农”市场主体设备融资的一个重要渠道。企业采取租赁方式“融入”所需购置的设备，意味着获得了产业技术升级所需要的资金。二是融资租赁有助于实体经济“去杠杆”“降成本”“去产能”“调结构”。与银行信贷相比，融资租赁可以直接降低企业的资产负债率，达到“去杠杆”的效果；通过拉长租赁期限，可以帮助企业减轻还款压力，达到“降成本”的效果；通过实物转租服务，可以支持企业实现技术设备升级换代，达到“调结构”的效果。三是融资租赁的门槛低、条件优惠，是解决中小微企业“融资难、融资贵”的有效途径，通过售后回租，还可以帮助中小微企业盘活存量资产、提高资金使用效率。

在乡村振兴的总体部署下，融资租赁公司有责任也有动力担负起金融服务振兴农村的重任，坚持把融资租赁物做精，不断增强对设备的理解能力和管控能力，发挥好融资租赁的金融属性以设备投资解决“三农”产业发展的实际问题。

案例

汇银融资租赁有限公司

汇银融资租赁有限公司（以下简称汇银租赁）成立于2011年1月，注册资本5亿元。自成立以来，形成了遍及全国多地的专业金融服务网络，服务对象已扩展至装载机、挖掘机、大型拖拉机、收获机械等大型机械装备产品融资领域，是行业战略性开展农业装备融资租赁业务的示范性单位。2021年，山东重工集团为进一步深化产业整合，充分发挥集团内部资源协同优势，由山重融资租赁公司完成了对汇银租赁的并购。自股权交割以来，山重租赁与汇银租赁在公司治理、全面预算管理、风控体系建设、金融科技开发等方面进行了深度交流融合。并购后，汇银租赁依托山东重工集团在农机行业的龙头地位，在“智慧农机+智慧农业”的思路下，充分发挥平台作用，最大限度地将现代化的农机装备通过每一个承租人投送到全国各地，小到田间地头，大到各个成熟的农事操作区。2022年7月，汇银租赁与恒生中国建立合作关系，双方将继续围绕农机和工程机械相关业务加深合作，将金融融入实实在在的产业当中，助力我国农业和工程机械方面的健康、可持续发展，为国家的工业振兴、乡村振兴和共同富裕贡献力量。

（四）商业保理公司

商业保理主要通过提供应收账款融资和信用风险管理服务，加速企业资金周转，降低贸易信用风险，缓解中小企业及“三农”融资难融资贵问题。有数据显示，截至2022年7月，中国现存状态正常的商业保理公司共6712家，已经逐步成为支持供应链金融和中小企业及“三农”产业发展的一支新兴金融力量。

目前，商业保理公司发展主要呈现以下特点：一是以应收账款管理为牵引的专业化的资产管理业务是商业保理公司业务发展的重点。二是积极拓展融资渠道，为中小微企业融资提供信用保护，有效降低融资成本。商业保理公司积极创新融资模式，探索拓展直接从金融市场融资的渠道，主要包括通过各地金融资产交易所等进行保理资产证券化，以及利用证券公司、信托公司、基金公司等推行集合资产管理计划等，精准支持中小微企业，支持其实现稳定生产运营。三是主动利用科技提升供应链金融服务水平。随着下沉市场的进一步打开，中小微企业市场分工越来越清晰，整个“长尾”市场在不断地增长。通过借助信息技术积极创新产品，降低服务成本，将金融服务延伸至供应链条中的“长尾”客群，成为时下部分商业保理公司选择提升供应链金融服务水平的突破。

案例

新希望（天津）商业保理有限公司

新希望（天津）商业保理有限公司（以下简称新希望保理公司）成立于2014年，注册资本3亿元。作为我国“三农”领域首家商业保理公司，在专注主业发展中贡献了积极力量。新希望保理公司聚焦农业供应链场景下的供应链金融模式，利用互联网、物联网、人工智能、大数据等技术，以“系统+数据”切入，与核心企业深度合作，集成新希望体系内完整的农业数据、第三方数据等数据资源，批量获取小B客户，从而为小微企业主、农户等提供保理融资服务。同时，新希望保理公司还与国有大型商业银行、全国股份制银行和规模较大的城商行开展合作，通过农业供应链金融ABS、乡村振兴ABCP等资产证券化产品，将更多的金融资源精准、高效地投入涉农小微企业。新希望保理公司还不断创新产品，研发“好养宝”商业保理产品，开通微信小程序实现客户手机即时操作，为重点客户安装监控摄像头等风控设备，设计智能核算法为企业画像，累计放款规模突破50亿元、单日融资规模突破4200万元、服务客户超过3万家。

三、金融监管的变迁及对地方金融组织的影响

自改革开放以来，随着国内外金融格局的变化，我国着力于金融体制机制改革，央地金融监管模式从集中监管走向分业监管，又由分业监管转向混业监管。随着金融市场混业经营的愈演愈烈，目前，央地双层监管体制已经初步形成和确立，新型的金融监管模式正在被重构。

（一）央地双层金融监管的协调背景和演进脉络

随着对金融监管权限认识的不断加深及地方金融的不断发展，中央从绝对集权发展到逐步赋予地方政府有限的监管权限，基于地方政府金融监管的权限变动，改革开放后中国金融监管的央地协调监管机制大致可以分为以下四个阶段。

第一阶段：金融监管的探索阶段（1978—1991年）

改革开放后，中国人民银行“大一统”“统存统贷”的格局被打破，逐步形成以中央银行为核心，以中国农业银行、中国银行、中国建设银行和

中国工商银行四家专业银行为主体的现代金融体系。1983 年 9 月，国务院下发《关于中国人民银行专门行使中央银行职能的决定》，确立了中国人民银行对各专业银行和其他金融机构进行统一监督与管理的集权式金融管理体制，并明确规定只有中国人民银行各支行具有监管地方金融机构的权限。这一时间，为顺应国家以农业支持工业化发展战略目标，非存款类和非正规农村金融机构涌现，地方政府通过积极参与和发展各项金融业务，对农村金融监管进行初步尝试和探讨。

第二阶段：中央金融监管的集权阶段（1992—2007 年）

在这一阶段，中央对金融监管施行自上而下的统筹安排，系统性上收地方政府的金融监管权。1993 年 12 月 25 日，国务院做出《关于金融体制改革的决定》，提出我国金融体制改革的目标是“建立在国务院领导下，独立执行货币政策的中央银行宏观调控体系”“建立政策性金融与商业性金融分离，以国有商业银行为主体、多种金融机构并存的金融组织体系”“建立统一开放、有序竞争、严格管理的金融市场体系”。1998 年，中国人民银行由 31 个省级分行整合为 9 个中心城市分行，央行的实际监管权力得到加强。随后，中国保监会、中国银监会相继成立，以“一行三会”为主体的分业监管、垂直监管模式由此形成。在此阶段，中央要求各国有商业银行收缩县域分支机构以防范金融风险，各国有商业银行县级以下网点数量锐减。同时，中央加强对农村金融的监管，防范化解地方金融风险，对“高利贷”和地下钱庄采取“零容忍”的态度，对农村民间借贷乱象进行了整治，加强规范农村各类金融机构发展。

第三阶段：央地双层金融监管体制初步建立（2008—2016 年）

进入 21 世纪，中国城镇化进程加快，地方金融机构数量本已不足支撑日益增长的金融需求。但由于成本以及风险等问题，农村资金外流、金融机构离农现象频频发生，农村金融供给严重不足。为缓解这个问题，国家逐步允许各地政府批设地方性金融组织试点。国务院、人民银行及银监会等部门先后发布文件授权各省级政府对小额贷款公司、融资性担保公司、典当行、融资租赁公司、商业保理公司等进行审批设立、日常监管和风险处置。这是中央首次打破集中监管模式，将部分金融监管权下放给地方政府。这些举措有效地提升了县域地区的金融供给水平，增强了农村金融活力。2012 年，国务院批准的《金融业发展和改革“十二五”规划》，要求“以服务‘三农’为根本方向，充分发挥政策性金融、商业性金融和合作性金融的作用，构建多层次、多样化、适度竞争的农村金融服务体系”“鼓励金融机构创新服务小微企业的金融产品和信贷模式”“在加强有效监管、促进规范经营、防范金融风险的前提下，进一步加大民间资本参与金融服务的力度，增强对‘三农’和小微企业的金融服务能力”。2014年8月，国务院出台《关于界定中央和地方金融监管职责和风险处置责任的意见》（国发〔2014〕30号），明确了中央和地方的金融监管职责和风险处置责任，提出要加强职能转变和制度机制建设、完善中央和地方金融监管工作协调机制的总体要求。

第四阶段："三层+双峰"的金融监管体制逐步确立（2017年至今）

近年来，随着地方金融风险事件频频发生，系统性金融风险隐患增加。2017年第五次全国金融工作会议在北京召开，会议强调要落实金融监管部门监管责任，压实地方监管责任，强化监管问责。此后，中央金融监管体系历经变革，“一行三会”退出历史舞台，取而代之为“一委一行两会+地方金融局”的监管格局，“三层+双峰”的监管框架逐步形成。所谓“三层”，是指顶层为国家金融稳定委员会，中间层为具体的金融监管机构，底层为相应的地方监管部门；“双峰”则是指在中间层内部，将具体的监管职能分为审慎监管机构和行为监管机构。① 各地金融监管局在国家金融稳定委员会和各监管机构的统一指导下，维护地区内金融稳定。

（二）地方金融监管对农村区域金融资源配置的影响

经济高质量发展离不开金融行业的健康有序发展，而金融业要想实现高质量发展，监管不能缺位也不能错位。尤其是在金融资源总量与经济社会发展需要供求失衡的市场失灵情况下，如何围绕实体经济产业链的提升，重点针对薄弱地区、薄弱产业和薄弱群体，提升金融服务的可得性和区域金融资源配置效率，做好金融服务的精准化，是探索有效的地方金融监管的核心要义所在。

在目前我国坚持金融管理主要是中央事权的前提下，应发挥地方政府的积极性和主动性，按照权责对等原则，适当扩大和强化地方政府对小型金融机构的准入和监管职责，以增加基层金融供给，减少金融扭曲，强化消费者保护，维护区域金融稳定。② 地方金融监管部门可通过协同配合中央

① 胡滨，尹振涛，郑联盛．中国金融监管报告（2016）［M］．北京：社会科学文献出版社，2016.

② 陶玲．中央和地方金融监管协调机制的设计和效应分析［J］．中国人民银行政策研究，2020.

驻地方金融管理部门建立信息共享、风险处置、业务发展和消费者保护等金融监管协作机制以及通过促进地方金融组织发展，使其与传统金融机构之间形成竞争与协作，优化资源配置，推动多层次资本市场建设，加快现代保险服务业发展等工作直接促进区域金融发展。另外，地方金融监管还可以通过提升区域金融生态环境质量从而促进区域金融发展水平的提高和金融发展质量的改善。① 随着“三层+双峰”的监管框架的逐步完善，地方金融监管将成为维护区域金融秩序、保障区域金融业平稳运行以及促进区域金融环境不断优化的重要力量。

经实证研究表明，“地方金融监管能够提高区域金融发展水平，并且二者间存在着倒‘U’形关系，而地方金融监管与区域金融发展质量之间则存在着‘U’形关系”。② 随着地方金融监管强度的增加，区域金融发展水平提升，但过度的地方金融监管将会抑制区域金融发展水平的提升，所以地方金融监管需要掌握一个平衡点。为促进农村区域金融稳健运行，地方金融监管部门要进一步提高金融监管效率与水平，进一步完善地方金融监管制度，加强央地金融监管协作，充分运用监管科技提高金融监管水平。

四、乡村振兴战略背景下地方金融组织的发展趋势与对策建议

党的二十大报告提出，“全面推进乡村振兴”“坚持农业农村优先发展，坚持城乡融合发展，畅通城乡要素流动”“完善农业支持保护制度，健全农村金融服务体系”。

乡村振兴战略是高质量发展的“压舱石”。党的十八大以来，我国“三农”重要领域和关键环节取得了突破性进展，但发展不平衡、不充分仍是农村亟待解决的问题。尤其农村金融一直是金融服务中的“短板”，中小微企业及“三农”市场主体融资难融资贵问题依然突出。金融支持乡村振兴，需要在依法合规、风险可控前提下，不断探索创新金融支持乡村建设的有效方式。立足新发展阶段，逐步提高金融供给质量，提升金融资源配置效率，是实现农村金融全面赋能乡村振兴的内在要求，这也为地方金融组织发展提供了广阔空间。

---

① 张世晓．地方金融监管支出有助于区域金融发展吗？［N］．湖北经济学院学报，2021-02-22.

② 邱新国，陈明兴．地方金融监管对区域金融发展的影响研究：促进抑或抑制？［J］．金融发展研究，2021.

（一）加强顶层设计，建立激励相容的地方金融组织协同发展体系

在巩固拓展脱贫攻坚成果和实施乡村振兴有效衔接之际，在加快形成“双循环”经济发展格局之际，尤其是在金融如何更有效地赋能乡村振兴成为新的命题的大背景下，服务触角广泛延伸于县域的地方金融组织，从历史来看，其产生和发展在缓解中小微企业及“三农”市场主体融资方面和促进地方经济发展起到很大作用，但同时也会受制于现有政策和多层次金融资本市场。如何在实践中确保地方金融组织健康稳定发展，不断创新，担当好正规金融的有效和有力补充，是当下中国金融顶层设计的重要议题。

一要完善农村金融法律法规，根据乡村振兴发展需要以及“三农”市场主体性质、产业经营特点、风险水平等特殊条件，制定有别于其他区域和业务的差异化法律条款，从顶层设计上为农村金融发展保驾护航。目前，对地方金融组织的监管法律相对滞后，如“在‘7+4’类地方金融组织中，除融资担保公司有行政法规规定外，其他类金融组织的监管依据多为部门规章、规范性文件，缺乏必要的监管措施和法律责任规定。因此，有必要通过地方金融立法填补制度空白来规范金融机构发展，有效防控金融风险。”在立法过程中，要立足地方金融发展及风险防控实际，做好地方监管条例与上位法的衔接，与地方优化营商环境、促进中小微企业发展等条例的衔接，推动实现机构监管与行为监管全覆盖，引导地方金融组织依法规范从事金融活动。

二要引导和规范农村金融市场的发展，适度放开地方金融组织的准入门槛，限制失信金融机构的农村金融业务规模和类别。银保监局和地方金融监管局应对地方金融组织实行弹性监管举措，对涉农贷款不良率可以有一定的包容度。鼓励地方金融组织开发本地特色金融业务，对农村金融业务考核达到一定等次的机构，可以给予相应奖励和配套政策扶持。加强对地方金融组织的业务指导，如评选金融服务乡村振兴发展样板，形成示范带动效应。

（二）地方金融组织协同发展体系的实现路径

1. 监管协同：构建央地金融监管的协调机制

当前，我国已确立“央地协同”的双层金融监管体制，地方金融体制改革也在进行中。应充分发挥双层金融监管体制的优势，在坚持中央对地方金融监管的主导下，进一步完善地方金融监管体系，切实把中央监管与地方监管有机地结合起来，发挥各自优势，加强统筹合作。在金融监管、风

险处置、信息共享和消费者权益保护等方面创新工作举措，建立协作机制，实现中央与地方金融监管机制的进一步协调。尤其是在乡村振兴战略下，我国农村地区的金融需求逐渐呈现出多元性、复杂性特点，金融监管应根据农村金融运行特点，完善符合农村实际的相互协同的金融监管制度，既要保证中央金融决策落地落实，也允许地方因地制宜，根据本地情况，对监管范围内的事项主动作为。同时，要处理好监管和发展的关系，避免行政力量对市场运行和资源配置不当干预。

2. 组织协同：搭建平台，加强机构联合合作

由于涉农金融业务繁杂多样，因而须建立完备的农村金融体系和多样化的金融服务主体，形成层次分明、优势互补的农村金融机构体系，发挥农村金融支持乡村振兴发展的基础性作用。只有多种类型的金融机构参与到乡村振兴发展当中，才能促使农村金融发展与农村产业兴旺形成良性循环。

经过多年改革，我国农村金融机构种类和数量不断增多，形成了以农业发展银行和国家开发银行为主的政策性银行，以中国农业银行、中国邮政储蓄银行为主的大型国有商业银行，以农商行、村镇银行等为主的中小型商业性银行，以农信社、资金互助社为主的合作金融机构，以及以小额贷款公司、融资担保公司为主的地方金融组织的格局。这些机构基本上是以独立的主体参与农村市场活动，彼此间的协同联系较少，开展农村金融业务时往往是“单兵作战”，导致农村整体金融服务尚未形成体系。要将大型金融机构与地方金融组织之间的差异充分利用起来，让金融供给的合作效能最优化地释放出来。

在乡村振兴的大背景下，可以联合涉农主管部门，通过组织政、银、农多主体参与的服务对接活动，通过建立健全“平台+撮合+金融”模式，基于不同金融机构的优势能力，借助多方信息及资源共享，进行金融与农业产业资金需求的高效衔接，在农村形成金融机构“团体作战”态势。对于地方金融组织而言，应尽量与其他金融机构进行分工合作，发挥深耕县域乡村、人熟地熟的优势，在提高自身的数字化能力的同时，为“三农”和小微提供更全面、更深入的普惠金融服务，与其他金融机构共同形成覆盖面广、产品多样的协同发展态势，从而精准匹配“三农”金融需求。

3. 业务协同：发挥优势，提升创新服务能力

农村金融市场的问题出现在需求端，即农业弱质性，但问题的解决应靠供给端，也就是要依靠金融服务提供者。首先，地方金融组织应发挥自身优势，增强业务创新力度，改变依靠单一产品粗放型扩张获取利润的方式，实行更精细化的产品创新。地方金融组织可以针对农业产品分散化、金融需求季节性强、周期长的特点，开发出针对性强的金融产品，创新以推广产业链、农产品仓单、农业知识产权、应收账款质押贷款等多种融资方式。其次，地方金融组织要加强与传统金融机构的业务协同，如加强与银行、证券公司的业务协同，将农业贷款产品证券化，通过打包出售、证券剥离与合成的方式，解决农业贷款分散化和时限性问题，及时回笼资金等。2022 年 7 月，中国人民银行下发《关于做好 2022 年金融支持全面推进乡村振兴重点工作的意见》（银发〔2022〕74 号）中要求，“围绕县域商业发展、农村流通网络建设和县域市场主体培育，强化银企对接，加大信贷投放。结合县域商业实际使用场景，深化信息协同和科技赋能，为县域商贸、物流、供销企业和合作社提供资金结算、财务管理等服务”“支持符合条件的企业发行乡村振兴票据等债务融资工具促进乡村发展，引导社会资本投资特色优势产业等”。

4. 数据协同：互联互通，推动合规数据共享

金融数据资源实现互联互通、共享共用，有利于提升金融服务质效，推动金融支持区域高质量一体化发展。建议应由相关部门牵头，建立金融行业数据协同治理体系，加强数据生态建设。地方金融监管部门应进一步明确地方金融组织的职责，加快数据中台建设，推动合规数据共享，在数据利益的相关者之间铸就相互依赖的关系，让各类机构一起协作发掘数据价值。针对金融行业数据管理标准化需求，研究制定金融数据管理能力成熟度评估模型，提升科学治理水平。探索开展对金融机构智能风控体系和数字金融服务能力的评价体系建设，推动金融数据治理体系创新发展。研究论证设立数据共享中心或依托现有系统开展金融数据共享的试点，促进金融数据的安全保护与开放利用。

5. 信用协同：共建农村金融信用体系

造成金融信贷供给不足、无法满足农村经营主体金融需求的原因主要是征信问题。一直以来，对农户信用评级存在较大困难，需要耗费大量的人力物力财力，且在评级时主观性较强，难以做到客观公正，加之无法有效监督资金的后续使用情况，这就导致即使已经评级，对农村经营主体资金投放仍然慎之又慎。如果每家金融机构都对每个经营主体信用状况进行评估无疑成本巨大且会造成资源浪费。应鼓励地方金融组织因地制宜参与地方征信平台建设，与银行等金融机构协同共享，精准识别各类农村经济主体信用状况，建立完善农村经济主体信用档案，为共建农村金融信用体系服务。

第九章　农业供应链金融创新发展*

一、中国供应链金融发展概况

（一）供应链金融的内涵及意义

供应链金融是指从产业链整体出发，运用金融科技手段，整合物流、资金流、信息流等信息，在真实交易背景下，构建供应链中占主导地位的核心企业与上下游企业一体化的金融供给体系和风险评估体系，提供系统性的金融解决方案，以快速响应产业链上企业的结算、融资、财务管理等综合需求，降低企业成本，提升产业链各方价值。

供应链金融的实质是通过贸易融资盘活企业流动资产中占用资金较多的项目。在正常经营过程中，企业需要在采购阶段预付资金、在生产阶段储备生产资料、在销售阶段储备存货和产生应收账款，各环节都会占用资金，造成资金的短缺而需要融资。这些融资需求基于供应链内企业的经营交易，只要供应链处于正常运转状态，企业的违约风险就整体可控。通过供应链中物流、资金流和信息流的封闭运行，供应链金融可以为供应链环节中相对弱势的中小企业提供基于真实贸易的融资服务，帮助中小企业盘活非现金流动资产。

开展供应链金融对参与其中的各方主体都有着积极的意义。一是提高供应链的运营效率。开展供应链金融能够整合链内企业的物流、资金流、信息流，帮助核心企业形成更为紧密、稳定的供应关系，也促使链内企业经营管理更加高效规范，提升链内所有企业的经营效率。二是降低信贷风险和融资成本。对于金融服务机构而言，通过供应链金融能够更好地掌握整个产业链条运转及链内企业的经营情况，降低授信风险。也使链内上下游中小企业的融资效率得到极大提升，显著降低其融资成本。三是推动供应链内企业高质量发展。通过开展供应链金融，链内各企业间信息更加透

---

* 本章作者为刘蕊，中华全国供销合作总社管理干部学院教务（科研）处副处长、副教授。

明，利益相互绑定，上下游关系更加紧密，经营环境更加稳固，促进供应链整体提质增效，推动链内企业高质量发展。

（二）中国供应链金融的产生与发展

1999 年，深圳发展银行（现平安银行）在华南地区以“票据贴现”业务最先介入供应链金融领域。22 年来，供应链金融在我国快速发展，从无到有、从简单到复杂，并针对本土企业进行了诸多创新，深入扎根各行各业，在经济领域发挥着极为重要的作用。根据智研瞻产业研究院数据统计，2016—2021 年，我国供应链金融市场规模从 16.7 万亿元增加到 28 万亿元，年复合增长率达 10.9%。随着我国经济的进一步增长和大数据、云计算、区块链等新技术的广泛运用，其市场规模将继续扩大。

中国供应链金融发展大致可以分为三个阶段。第一阶段是线下模式，主要以商业银行为主导、以核心企业为信用载体、以人工授信为主要形式，为其上下游的企业提供融资服务。这个阶段强调对融资需求方静态“物”的控制。第二阶段是线上化模式，主要特点是以核心企业为主导、多主体参与和运营线上化，这个阶段强调物流、资金流、信息流的动态掌握。第三阶段是平台模式，随着互联网技术的深度介入，形成了一个综合性的大服务平台代替核心企业来给平台上的中小企业提供信用支撑，通过服务平台的连接作用实现“由链到网”的转变。这个阶段对物流、资金流、信息流等进行动态、可视化追踪，实现了产业生态和金融生态融合发展。随着技术的不断进步，我国供应链金融逐渐向打造一个多层次、跨区域、跨部门、跨链条的供应链生态圈方向演变。

（三）中国农业供应链金融的特点

农业供应链金融是在农村地区开展的服务“三农”的供应链金融，主要围绕种养殖业的生产、流通、加工、销售等环节开展，主要有政府、金融机构、农业龙头企业、新型农业经营主体和小农户、农业社会化服务组织、互联网平台等相关主体参与其中。农村地区开展供应链金融服务区别于传统工商业，具有鲜明的特点。一是“散”“小”“弱”，农村资金需求的农业企业、新型农业经营主体和小农户分布在广阔的农村地区，大多数经济规模较小、经济实力较弱、轻资产运营、可供抵押的资产不多，这也导致传统金融机构在农村地区的授信成本高；二是信息不对称，农村地区信用体系建设空白较多，很多新型农业经营主体和小农户缺乏征信记录，无法为其进行传统的授信评估；三是行业风险较大，天灾、病虫害等深刻影响着农产品产量和质量，多数农产品价格波动幅度较大，农村金融服务风控难度大；四是非标准化，除了少数大宗农产品，农产品一般是非标准化产品，授信评估、贷后管理和风险处置相对困难；五是周期性强，农村地区融资需求往往随农业周期波动而变动，在采购农业生产资料开展耕种时集中出现资金需求，而在收获之后出现集中还款。

正是因为农业供应链金融的这些特点，相对汽车、化工、机械设备、计算机通信等行业成熟的供应链金融，农业供应链金融仍然处于探索阶段，大规模可推广可复制的经验还未形成。但是，随着我国农业现代化进程的加速，尤其是新型农业经营主体的大量涌现，农业组织化、规模化生产程度进一步提高，农业供应链金融将迸发蓬勃生命力，在乡村振兴事业中发挥重要的作用。

二、供应链金融的主要模式

供应链金融主要有两种模式：一是供应链核心企业融资模式；二是第三方核心企业搭建商品交易服务平台融资模式。

（一）供应链核心企业融资模式

在核心企业模式下，产业链核心企业具备较强的产业链控制能力，能够掌握上游供应商与下游经销商的物流、信息流、资金流详细信息，同时在长期真实贸易中了解和掌握上下游企业的经营状况。通过对接银行等金融机构，核心企业以自身授信额度为担保，向上下游企业提供融资服务，提高整个产业链的运行效率。

根据完整的产业链业务流程，常见的供应链核心企业融资模式可以分为以下几种：

1. 上游供应商发货前：订单融资

在产业链上，许多上游供应商的融资需求从发货前，甚至生产之前就产生了。他们需要资金购买原材料和组织生产，而自身的信用缺失使他们无法独立从金融机构获得授信。因此，可以采用订单融资的模式，通过与核心企业签订真实有效的购销合同和购货订单，依靠核心企业信用，从金融机构获得融资，从而解决前期生产资金问题。

订单融资模式如下：①上游供应商与核心企业签订购销合同，取得购货订单；②上游供应商持购销合同和购货订单向金融机构提出订单融资申请；③金融机构按订单金额的一定比例向上游供应商发放融资款；④上游供应商交货后，核心企业支付货款；⑤上游供应商偿还融资款（见图9-1）。

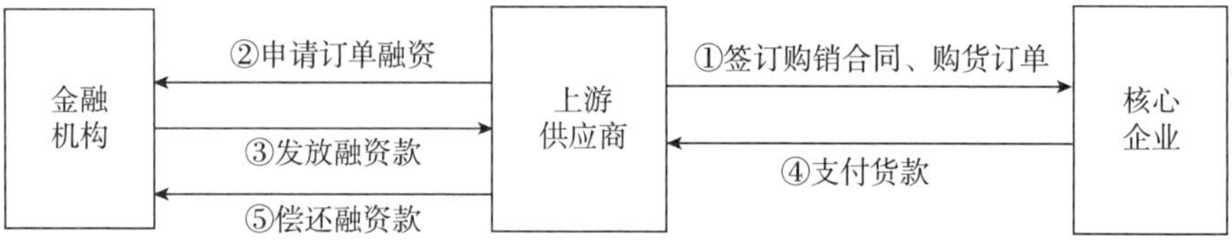

图 9-1　订单融资模式

2. 上游供应商已发货但尚未收到货款：应收账款保理融资

核心企业的上游供应商在按照约定发货后，亟须盘活应收账款，维持资金周转，而核心企业自身也面临短期付款压力。为延长付款期限，提高资金运用效率，同时帮助上游供应商解决融资问题，核心企业可以依靠自身信用与金融机构达成协议，为上游供应商提供应收账款保理融资。

应收账款保理融资模式包括：①上游供应商向核心企业供货形成应收账款；②上游供应商向与核心企业达成协议的金融机构申请应收账款保理融资；③金融机构向上游供应商发放融资款；④应收账款到期后，核心企业直接向金融机构支付货款（见图9-2）。

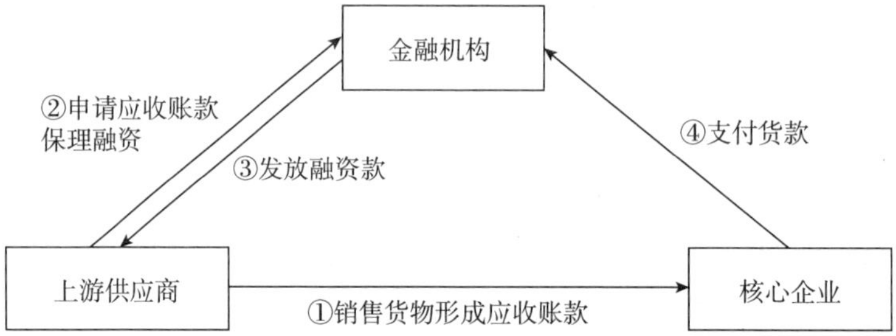

图 9-2　应收账款保理融资模式

3. 核心企业向下游购货方（分销商）销售商品：保兑仓（担保提货授信）融资

下游购货方（分销商）向核心企业采购货物时，采取一次性付款方式可以获得大批量采购的折扣，但大批量采购容易导致库存压力较大，且占用大量资金。这种情况下可以采取保兑仓（担保提货授信）融资模式，通过金融机构为下游购货方提供融资服务。

保兑仓融资模式如下：①下游购货方向金融机构提交一定比例的初始

保证金，申请保兑仓融资；②金融机构代替下游购货方向核心企业预付采购款，并取得核心企业出具的金额提单作为抵质押；③核心企业按预付采购款情况向下游购货方发货；④下游购货方根据自身经营需要，向金融机构追加保证金；⑤金融机构根据补充保证金水平通知核心企业发货；⑥核心企业发货（见图 9-3）。

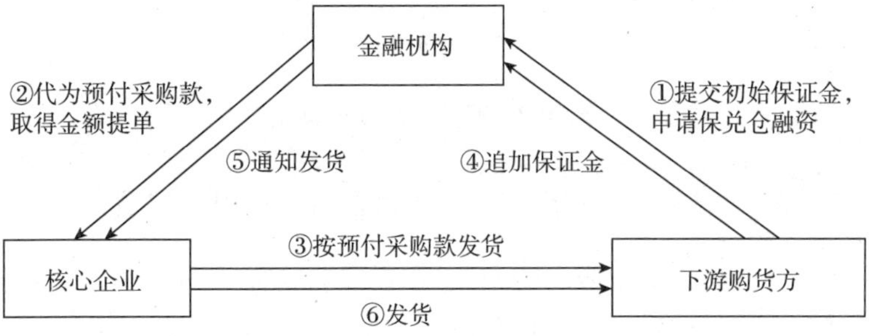

图 9-3　保兑仓融资模式

4. 核心企业向下游购货方（分销商）销售商品：购销合同融资

涉农核心企业下游链接着大量的中小经销商，在日常经营中掌握了中小经销商详尽的物流、资金流和经营情况，银行等金融机构可依托核心企业为中小企业提供融资服务。这种模式中，经销商能够解决有效抵押品不足的问题，获得信用贷款，支持扩张经营规模；核心企业能够稳定下游经销渠道，加快存款和应收账款的周转率；金融机构能够更好地服务中小企业，精准获客的同时降低信贷风险。

购销合同融资模式如下：①经销商与核心企业签订购销合同；②经销商根据购销合同向银行等金融机构申请贷款，并签订受托支付协议；③金融机构向核心企业核查经销商的经营规模、采购记录、采购品种、交易明细、采购量、采购次数、合作年限等数据，对经销商进行评级评分；④基于评级评分，金融机构向经销商发放贷款，并基于受托协议将资金支付给核心企业（形成资金闭环）；⑤核心企业收到金融机构受托支付的货款后发货；⑥经销商销售商品，并归还金融机构贷款（见图 9-4）。

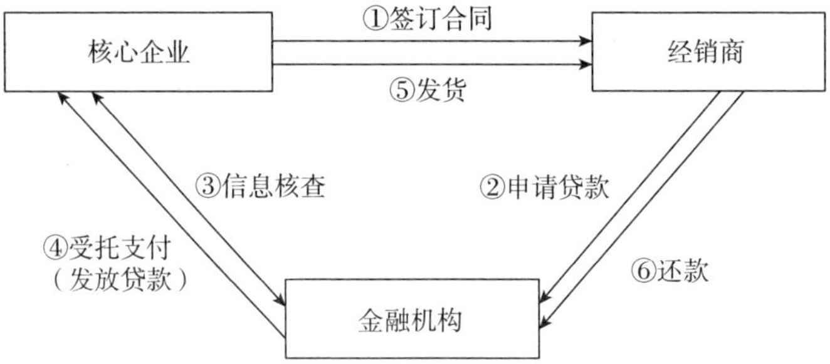

图 9-4　购销合同融资模式

（二）第三方核心企业搭建商品交易服务平台融资模式

第三方核心企业搭建商品交易服务平台供应链金融模式主要指电子商务平台依托大数据优势，通过控制交易产生的订单流、物流、现金流等，积累交易数据及销售者和供应商的信用数据，分析构建用户画像和风控模型，为平台各参与方提供在线融资服务的融资模式。在这种模式下，电商对消费者销售产品采用赊销、分期等方式开展金融服务，对上游供货方则利用应付款账期提供保理融资、订单融资以及存货质押融资等金融服务。这种模式可以延伸至与平台商户有直接供销关系的终端农户、合作社及企业，将终端涉农组织纳入电商平台的信息网络中，延长产业链条，完善农村产业生态。

以电商平台为例，①采购商户向电商平台申请订单代采融资；②电商平台根据采购商户在平台上过往订单等资料给予对应授信额度；③金融机构审核通过后向电商平台拨付资金；④电商平台向供货商户支付货款；⑤供货商户通过电商平台云仓供货，保证平台对物流信息及货权的控制；⑥采购商户向电商平台支付货款；⑦电商平台通过云仓给采购商户送货；⑧电商平台还款给金融机构（见图 9-5）。

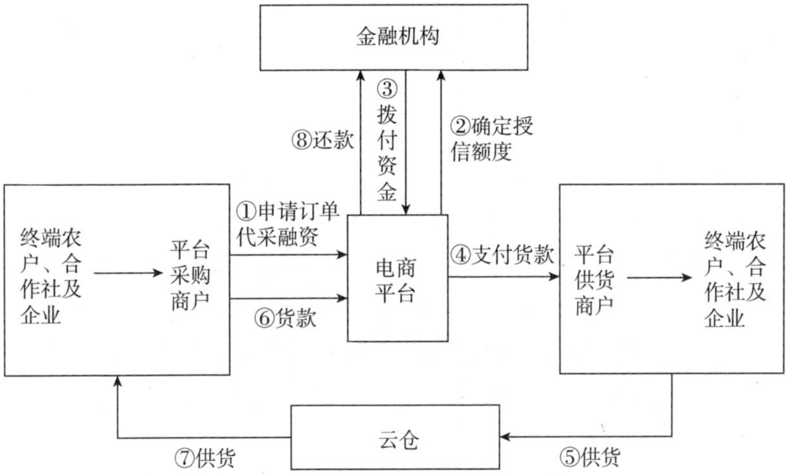

图 9-5　针对小额、多品类交易的第三方平台融资模式

三、供应链金融在“三农”领域的实践创新

（一）基于全国棉花交易市场的棉企供应链金融

全国棉花交易市场根据国务院《关于深化棉花流通体制改革的决定》（国发〔1998〕42 号）批准设立，由中华全国供销合作总社主办，是服务国家棉花宏观调控，促进棉花产业规范发展的国家级主要行业平台。近年来，全国棉花交易市场全力打造交易、监管物流、资金服务、数字信息等四大服务平台，并建成覆盖全国的客户服务网络体系、棉花第三方监管网络体系、业务运营和风险防控体系以及技术支撑体系，为进一步服务我国棉花产业尤其是新疆棉花产业的发展创造了良好条件。

2014 年，党中央、国务院决定在新疆开展棉花目标价格改革试点。2015 年起，受新疆棉花目标价格改革试点工作领导小组委托，棉花交易市场在做好新疆棉专业仓储监管的基础上，承担了目标价格改革信息平台的建设和运维工作。信息平台整合了新疆维吾尔自治区和新疆生产建设兵团的发改、农业农村、财政、纤检、税务、农发行等单位的信息资源，结合交易市场原有皮棉信息采集系统和入库监管棉花库存管理信息系统等，建立起以种植面积核实、籽棉交售量实时统计、棉花加工企业公示、专业仓储、在库公证检验、监督管理等在内的一整套监管及信息追溯闭环体系，实现了种植面积、品种、销售数据、价格、加工能力和销售流向等数据的采集和综合分析，为新疆棉花目标价格改革试点政策提供了有力支撑。

棉花交易市场依托目标价格改革信息平台在在库监管、交易监管、履约保障和运输配送等方面的优势，通过银行在线为所服务的企业办理仓单质押。具体如下：①皮棉加工商向纺织企业销售棉花，签订《购销合同》，形成应收账款；②纺织企业向加工商支付20%货款；③纺织企业向保理公司、银行等金融机构申请融资，并申请棉花质押；④交易市场审核在库棉花是否符合标准等信息，代办棉花质押手续，将棉花质押给保理公司、银行等金融机构；⑤保理公司、银行等金融机构对于交易市场审核通过，并办理棉花质押手续的融资企业支付融资款；⑥融资到期，纺织厂偿还保理公司、银行等金融机构融资款；⑦交易市场代办解质押手续后，纺织厂提货（见图9-6）。

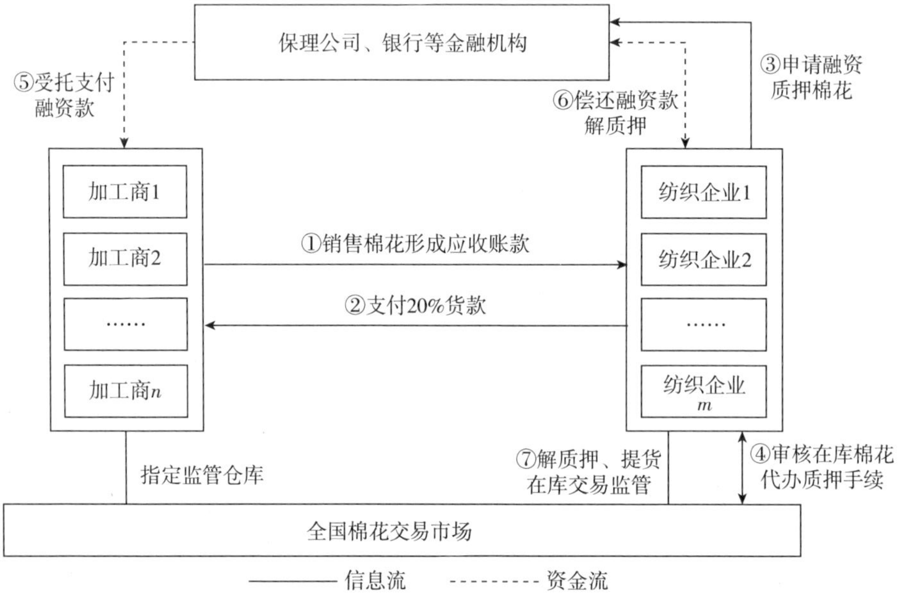

图9-6　全国棉花交易市场供应链金融模式

截至2021年底，全国棉花交易市场联合合作银行累计为1000多家涉棉企业提供融资1200多亿元，成为除中国农业发展银行外对涉棉企业提供融资规模最大的资金服务平台，有效地缓解了涉棉企业的资金紧张状况，支持了中小涉棉企业发展。

（二）基于中征应收账款融资服务平台的崇左蔗糖供应链金融

广西崇左市是全国最大的甘蔗种植基地和蔗糖生产基地，甘蔗种植面积达 400 万亩，年产糖约占全国的 1/5，甘蔗种植是当地重要的支柱产业和当地农民主要的经济来源。近年来受疫情影响，当地制糖企业销售速度放缓，食糖库存量上涨，企业蔗糖收购款支付压力较大，导致产业链上游的蔗农销售回款账期拉长，生产经营的流动资金缺口较大，种植信心受挫，制约着当地蔗糖产业的健康可持续发展。

中征应收账款融资服务平台是中国人民银行征信中心牵头组织，并由下属子公司中征（天津）动产融资登记服务有限责任公司建设运营的应收账款融资信息服务平台。人民银行崇左市中心支行充分发挥中征平台信息服务作用，结合当地甘蔗产业实际需求，指导涉农银行机构开发信贷产品"甜蜜贷"，开展"中征平台+新型农业经营主体+糖企+银行""四位一体"应收账款在线供应链融资业务（见图 9-7）。核心企业糖企通过中征平台为上游蔗农登记应收账款，上游蔗农通过中征平台已经登记的应收账款向银行提出贷款申请，银行在确认应收账款的基础上进行授信评估发放贷款。通过中征平台申请供应链融资产品"甜蜜贷"，甘蔗种植大户最高可贷 100 万元，平均贷款利率 3.9%，较普通贷款下降 1~2 个百分点。

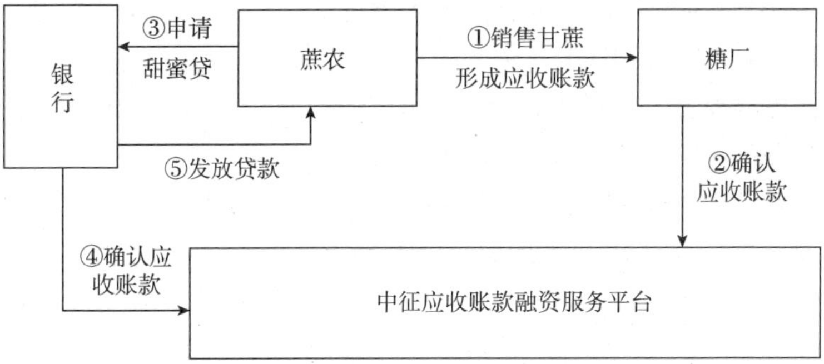

图 9-7　中征平台崇左甘蔗供应链金融模式

目前，人民银行崇左市中心支行依托中征平台构建蔗糖在线供应链 4 条，累计支持糖企上游 751 户新型农业经营主体和种蔗农民，累计贷款 7.34 亿元。通过中征平台开展供应链融资业务，有助于解决应收账款确权难的问题，授信审批时间较传统贷款服务大幅缩短，满足了新型农业经营主体和蔗农"短、小、频、急"的融资需求，推动了乡村产业良性循环发展。

（三）基于阿里巴巴生态体系的供应链金融

蚂蚁科技集团股份有限公司是阿里巴巴集团在支付宝的基础上于2014年10月成立的金融服务平台。目前蚂蚁集团业务范围包括支付宝、花呗、借呗、余额宝、芝麻信用等，并发起设立网商银行，构建起广泛覆盖的金融服务生态系统。近年来，随着各方市场主体的纷纷下沉，激烈争夺农村市场，国内各主要电商平台也进行了大量的农村金融探索，如蚂蚁金融的“旺农贷”、京东集团的“京农贷”、苏宁易购的“惠农贷”。此外，国内大型农业龙头企业也依托自身的电商体系创新开展农村金融服务，如大北农集团旗下农信互联开展的“农信贷”、深圳诺普信农化公司旗下田田云商的“农机贷”和“种植贷”等。

2015年9月，蚂蚁集团推出其农村供应链金融产品“旺农贷”，并在17个省份开展试点运营，为涉农企业提供金融服务。蚂蚁集团将“三农”用户分为金字塔结构分布的三个层次，对应三层不同的需求。金字塔的底层由大量普通涉农用户构成，蚂蚁集团主要为其设立数据化金融平台，即经由网络方式，通过蚂蚁集团发起成立的网商银行、支付宝平台、蚂蚁集团保险平台为全国范围的涉农用户提供综合金融服务，包括支付、保险、信贷等。针对金字塔的中间层小规模经营农户的资金需求，2015年蚂蚁集团推出“线上+线下”熟人信贷模式，即在信息化和金融服务欠缺的县域、乡村，联合阿里巴巴村淘合伙人、中和农信的线下“熟人”，为用户提供经营性贷款等金融服务。对于金字塔顶层的规模种养殖户，则与先进的农业龙头企业进行合作，为其提供贷款担保与金融服务。

近年来，随着互联网技术的不断提升，蚂蚁集团提出了数据化产业链融资模式，在多个县域合作开展了“智慧县域”项目，打造了“旺农贷”联合放款平台（见图9-8），为农民专业合作社/农户提供信用贷款服务，缓解了农民专业合作社/农户在种植养殖活动的资金与销售上的后顾之忧。

“旺农贷”供应链金融模式基于阿里巴巴的生态体系，依靠其长期的客户数据信息积累以及强大的销售渠道，为农业产业链中各方主体提供全程“金融+供销服务”。该模式首先由农业龙头企业与农民专业合作社/农户签订销售订单，约定农民专业合作社/农户按照企业的要求进行农产品的生产，产出的农产品由企业进行回收，同时企业还为农民专业合作社/农户提供技术服务支持。农民专业合作社/农户拿着销售订单向蚂蚁金服申请贷款，蚂蚁金服根据阿里巴巴生态圈中积累的大量数据对农业龙头企业、农民专业合作社和农户进行授信评估，并根据评估发放贷款，指定贷款只能在农村淘宝采购生产资料，并使用旺农付定向支付管理系统对这些资金的使用状况进行监督。农民专业合作社/农户完成农产品生产并交付农业龙头企业后，农业龙头企业可依托天猫商城或者淘宝电商平台上进行销售，并为农民专业合作社/农户偿还蚂蚁金服的贷款本息。此外，这个模式还引入了保险公司，既能为农业生产提供农业保险服务，又能为贷款提供担保。

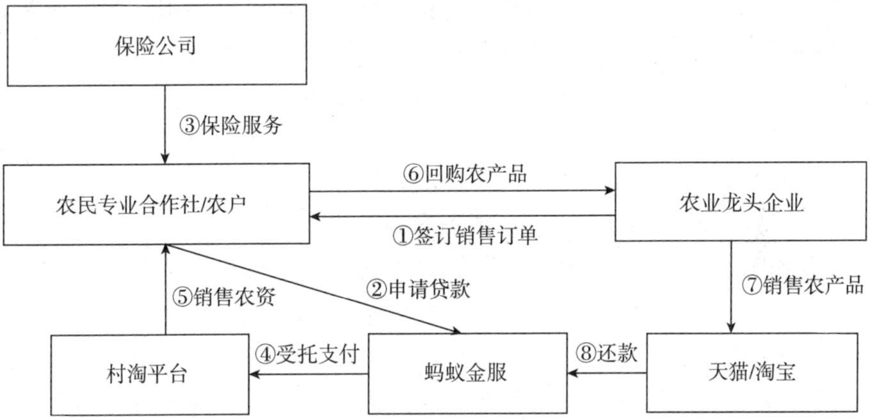

图 9–8　“旺农贷”供应链金融模式

四、农业供应链金融存在的问题和政策建议

（一）农业供应链金融存在的问题

近年来，在党和政府的积极推动和大力支持下，涉农企业、银行、互联网平台等各方主体在农业供应链金融领域进行了大量的实践探索，这些探索也为破解“三农”融资难、融资贵问题提供了新的思路和方案。但是，我国农业供应链金融整体发展水平还不高，多数实践探索的可持续性还不强，可复制可推广的典型经验还不多，仍存在诸多问题需要进一步解决完善。

1. 行业自律机制仍不够健全

我国供应链金融发展过程存在自律机制不健全、运作标准化缺失等问题，导致行业乱象丛生。一方面，以供应链金融的名义骗贷事件频发，2012年上海钢贸案、2019年承兴供应链金融骗局、2020年武汉200亿假黄金质押骗贷，这些涉案金额巨大，对行业发展负面影响极其深远；另一方面，部分核心企业基于自身利益出发，恶意延长上下游的账期，从而驱使其对外融资而获得融资服务收益，甚至借用上下游中小企业名义融资自用，导致上下游参与积极性不高、金融机构风控管理失效。

2. 农村金融基础设施建设薄弱

当前，我国农村地区金融基础设施建设整体较为薄弱。一是传统征信体系农村地区覆盖不足，农村地区信息空白较为普遍，一般无法依托传统征信体系为农村地区涉农主体进行授信评估，信用村、信用户等手段解决效果不明显。二是传统金融机构在农村地区的设施投入不足，部分商业银行出于盈利考虑对农村地区的分支机构进行了撤并，金融供给不足。三是"三农"信息分处于不同的部门，信息的调用和交叉验证难度大。这些问题导致严重的信用不对称，限制了农业供应链金融的发展。

3. 农业生产非标性明显，并有天然的周期性

农村地域广阔，不同地区的地形和作物种类差异很大，农业生产非标性明显。此外，人文、环境、习俗等方面也各不相同，农村与城市存在天然差别，即农村是一个差异化的"熟人社会"，城市金融服务的一套标准很难在农村有效实施。面对这些问题，农业供应链金融企业需要针对不同区域、不同作物建立一套灵活的风控模型，这在现有的环境无疑是非常困难的。另外，农业生产，包括种植、养殖等产业在内，有明显的周期性，导致金融服务中资金拨付和回笼的周期较为固定，资金使用"脉冲性"特征明显。

4. 农业生产组织化程度较低

我国农业生产长期处于小农状态，农业生产的组织化程度不高，缺乏规模化的经营主体，导致金融机构整体服务成本较高。尽管近年来我国政府逐渐重视适度规模经营，通过鼓励新型农业经营主体发展加强农业组织化程度，但从小农经济过渡到大的种植户、家庭农场或者农民专业合作社等规模农业，也需要较为漫长的过程，其间包括农村市场的教育和农民生产经营思维的转变都需要较长的周期。因此，农村供应链金融的发展环境并不理想，传统涉农服务平台在整合资源发展供应链金融服务面临的困难较大。

5. 农业企业整体实力还不强

从我国农业产业发展现状来看，农业产业市场集中度仍较低，农业企业的整体实力还不强，规模普遍偏小，缺乏核心竞争力，信用评级大多不高。虽然很多农业企业是农业供应链中关键的核心企业，但是对于产业链

条上涉农中小企业、新型农业经营主体和小农户的带动能力还不够，在产业链中的核心作用没有得到有效发挥。

6. 农业信息化、数字化程度低

我国涉农企业受限于自身经济实力和管理层的认识，信息化建设、数字化管理程度还较低，产业主体更多依靠线下纸质化交易，数据缺失、信息无法及时更新等问题凸显。供应链金融对底层资产控制能力和技术能力要求较高，需要实时了解全产业链的经营运转情况，对整个供应链的物流、资金流、信息流实行闭环管理，从而降低授信风险，涉农企业信息化水平较低的现实困境严重地制约了农村供应链金融的发展。

（二）推动中国农业供应链金融高质量发展的对策建议

1. 创新服务于农业供应链的金融产品

各地农业气候、地理条件大相径庭，农业种植、养殖甚至不同品种的生产经营模式迥然不同，各地农业现代化水平参差不齐，决定着农村供应链金融服务要根据不同地域、不同产业乃至不同企业进行的设计，提供个性化供应链金融产品。供应链金融设计切实了解当地地域的风俗习惯以及当地农业的现状及特点，根据农产品的生产周期、产品特征、供应链上农业经营主体的融资需求特点和经营规模等，差异化地为处于核心企业上下游的经营主体提供预付账款、应收账款、存货等个性化的融资产品和服务，从而提高供应链金融的应用广度和效率。

2. 培育壮大农业经营主体

通过农业供给侧结构性改革，优化农业生产结构，加强农业生产的组织化程度，促进农业龙头企业和新型农业经营主体的发展壮大，从而提升农业生产组织化、专业化、现代化水平。在此基础上，整合农业龙头企业、涉农中小企业、新型农业经营主体和小农户等各方力量，实现利益共享、风险共担，形成更为稳定的农业产业链，为开展农业供应链金融服务夯实基础。

3. 加强农村金融基础设施建设

我国农村金融基础设施严重地阻碍了农村金融服务的充分供给，亟待进一步完善农村金融基础设施建设，尤其是我国农村信用体系建设，要推动政府部门、金融机构、核心企业、第三方专业机构等各方加强涉农信息共享，打造一个全面、开放、动态的农村信用体系，从而促进农村供应链金融发展，提高对农村地区经济主体的金融服务水平。此外，要做好农村地区信用意识的宣传教育，培养正确的信用观念。

4. 加强金融科技创新运用

金融科技的快速发展对于加快金融创新、降低服务成本、提高服务效率、加强风险控制等都起到了非常重要的作用。农业供应链金融服务的创新发展离不开金融科技的发展，要充分利用区块链、大数据、云计算等技术，通过“金融科技+供应链场景”重塑农业产业链，实现农业产业链前端、中端、后端各个环节的深入融合，确保物流、资金流和信息流一体化的闭环管理，从而提高农业供应链金融服务效率和风险管控水平。

5. 做好金融风险防范

加强核心企业信用风险防控，根据核心企业及供应链整体状况，建立“一揽子”风险识别和防控机制。完善农业供应链金融服务对象的信息采集和授信评估，做好产业链的物流、资金量和信息流的闭环管理设计，降低信息不对称和道德风险。加强农业供应链金融的风险评估机制建设，根据不同农业产业生产经营特点，建立相适应的风险控制机制，做好预案和加强监控。根据核心企业及供应链整体状况，建立基于核心企业贷款、债券、应付账款等“一揽子”风险识别和防控机制，充分利用现有平台，加强对核心企业应付账款的风险识别和风险防控。通过引入农业保险公司和农业信贷担保公司，分担农业生产经营中的自然风险和价格风险，以及信贷风险，保障农村供应链金融服务的可持续发展。

6. 完善行业监管法律及制度体系

供应链金融的可持续发展，离不开行业监管法律、政策的完善。面对近年来供应链金融领域频出的乱象，有关监管部门出台了一些文件来加强行业的指导和管理，但和传统金融业态较为成熟的监管体系有一定差距，需要进一步完善。此外，可以建立一个统一、专业的行业自律协会，从而推动整个供应链金融行业加强自身内部规范建设。

第十章　农业信贷担保体系构建*

党的十八大以来，以习近平同志为核心的党中央坚持把解决好“三农”问题作为全党工作的重中之重，对农村金融服务供需矛盾，对制约农业农村发展的“融资难、融资贵”问题高度重视。习近平总书记强调，农村金融仍然是个老大难问题，解决这个问题的关键要在体制机制的顶层设计上下功夫，建立适合农业农村特点的金融体系。2015 年，经国务院批准，中央财政转变财政资金支农方式，建立全国农业信贷担保体系（以下简称全国农担体系），撬动银行信贷资金和其他社会资本支持农业农村发展。

一、全国农业信贷担保体系的成立背景

（一）农业生产方式发生深刻变化

1. 传统农业向现代农业转型升级

随着我国城镇化和农业现代化的快速推进，农业生产方式逐步从传统的“一家一户”小规模、小农经济，向专业化、规模化、机械化、集约化的现代农业转变，然而“大国小农”是我国的基本国情农情，我国农业的基本资源禀赋和人地关系格局在相当长一段时期内不会发生根本改变，从发展指标上看，我国人均耕地面积不足世界平均水平的 40%②，农业生产以小规模分散经营为主，通过土地流转经营 30 亩以上的农户仅占全国农户总数的 5%③，属于世界银行划定的“小农”范畴④。

习近平总书记指出，发展多种形式适度规模经营，培育新型农业经营

---

* 本章作者为李明，国家农业信贷担保联盟有限责任公司业务发展部总监。刘晓迪，国家农业信贷担保联盟有限责任公司业务发展部高级经理。黎哲延，国家农业信贷担保联盟有限责任公司业务发展部业务经理。

② 第三次全国国土调查数据显示，2019 年底，我国耕地面积为 19.18 亿亩，人均耕地面积只有 1.36 亩，不足世界平均水平的 40%。

③ 2020 年 10 月 11 日，农业农村部召开全国农业生产托管工作推进会通报数据。

④ 根据世界银行定义的经营面积在 2 公顷以下为小农范畴。

主体，是建设现代农业的前进方向和必由之路。近年来，乡村振兴战略的实施，赋予了新型农业经营主体更加重要的历史使命，对新型农业经营主体的培育和发展聚焦于对小规模农户的带动上。党的十九大强调“促进小农户和现代农业发展有机衔接，必须正确处理好适度规模经营和扶持小农户的关系，发挥新型农业经营主体对小农户的带动作用”，这是依据中国国情农情做出的重大判断，我国农业需要发展多种形式适度规模经营，破解“未来谁来种地”难题。因此，传统农业向现代农业转型升级的过程中，新型农业经营主体发挥了至关重要的作用。

2. 新型农业经营主体的发展现状

新型农业经营主体是一个统称概念，于 2012 年中央农村经济工作会议上正式提出，主体类型包括农民专业合作社、家庭农场（含种养大户）、农业产业化企业、农业社会化服务组织等。新型农业经营主体数量规模呈现上升趋势，根据农业农村部公布数据，截至 2022 年 3 月底，全国依法登记的农民合作社达 222.2 万家，辐射带动近一半农户，其中依法自愿组建联合社 1.4 万家，社均带动 17 个单体合作社，纳入全国家庭农场名录系统的家庭农场超过 380 万个，县级及以上示范家庭农场超过 11 万个。目前，全国经县级以上农业农村部门认定的农业产业化龙头企业超过 9 万家，其中国家重点龙头企业超过 1900 家，农业社会化服务组织超过 95 万个。

习近平总书记强调“要突出抓好农民合作社和家庭农场两类农业经营主体发展，赋予双层经营体制新的内涵，不断提高农业经营效率”。党的十八大以来，中央层面针对这两类农业经营主体出台了诸多支持政策，其中农民合作社的政策聚焦于支持农民合作社的产业化经营、促进农民合作社的规范化和示范社建设、引导和规范农民合作社开展内部信用合作、加大对农民合作社的财税支持力度以及推动农民合作社联合社创新发展五个方面发挥农民合作社在产业融合的功能作用；对于家庭农场则是补贴政策由直接补贴逐步转向鼓励各地采用先建后补、以奖代补、担保费补助等形式、启动家庭农场培育计划、引导金融机构支持家庭农场等新型农业经营主体等五个方面促进家庭农场高质量发展（见表 10-1）。

表 10-1　新型农业经营主体的类别及含义

类别	含义
农民专业合作社	在农村家庭承包经营基础上，农产品的生产经营者或者农业生产经营服务的提供者、利用者，自愿联合、民主管理的互助性经济组织。
家庭农场	以家庭成员为主要劳动力，以家庭为基本经营单元，从事农业规模化、标准化、集约化生产经营。2019 年中央农办、农业农村部等 11 个部门联合印发的《关于实施家庭农场培育计划的指导意见》指出符合条件的种养大户、专业大户均纳入家庭农场的范围。
农业产业化龙头企业	以农产品加工或流通为主，通过各种利益联结机制与农户相联系，带动农户进入市场，使农产品生产、加工、销售有机结合、相互促进，在规模和经营指标上达到规定标准并经政府有关部门认定的企业。
农业社会化服务组织	与农业相关的社会经济组织，为满足农业生产的需要，为农业生产的经营主体提供的各种服务。2021 年，农业农村部《关于加快发展农业社会化服务的指导意见》提出，要把农村集体经济组织作为组织小农户接受社会化服务的重要力量，充分发挥其居间服务的优势。

（二）新型农业经营主体的“融资难、融资贵”问题

随着新型农业经营主体的发展，金融需求也越发旺盛，但是我国现有农村金融服务的深度和广度不够，新型农业经营主体面临“融资难、融资贵”的问题，农村金融服务无论在总量上还是在期限、品种、成本上都难以满足广大新型农业经营主体的需求，资金要素流向农村长期存在壁垒。主要原因如下：

1. 城乡间要素流动的不均衡

从宏观层面来看，城乡间要素流动不均衡是造成新型农业经营主体融资难的主要原因。我国城乡资金要素流动主要依靠工农产品价格“剪刀差”、财政系统和金融机构①。资金经由金融机构由农村流向城市是农村地区重要的资金外流渠道。并且部分金融机构在农村地区“只存不贷”，越是农村地区，越是存款规模大于贷款规模，金融机构用较低的成本吸取农村地区的存款，将资金投资于高收益领域，造成城市资金相对过剩，农村资金相对短缺。

① 周振，伍振军，孔祥智．中国农村资金净流出的机理、规模与趋势：1978—2012 年［J］．管理世界，2015（1）：63-74.

2. 农业产业发展特点与金融供给的不匹配

从产业层面来看，我国农业产业的典型特征是“小而散”、周期长、风险高，全国98%以上的农业经营主体都是小农户，收入普遍较低、家庭资产较少，农业产业发展特点进而所导致的农业信贷存在高风险、高成本的特点，与商业性金融机构“盈利避险”的资本属性存在矛盾，造成商业性金融机构投资农业内生动力不足。一方面，农业信贷项目单笔规模较小，相较于工商业信贷项目，商业性金融机构单笔项目的操作成本基本相同，但是农业项目的收益往往小于工商业项目。另一方面，由于农业规模化经营前期需要进行大量的基础设施建设，资金的使用周期较长，一些特色农业产业经营和经济类作物也需要很长的生长周期才能见到收益，因此对还款周期的需求更加多样化，而农业农村贷款多沿用城市工商业贷款的周期和还款方式设计，多为一年期贷款，要求农户一年一还，对于进行基础设施建设或特色种养殖行业，还没等到产生现金流，就需要农户还款，不符合农业产业的现金流特征，也增加了农户违约风险的隐患。

3. 新型农业经营主体资质水平的不健全

从微观层面来看，新型农业经营主体自身资质水平由于普遍存在有效资产抵押不足、缺乏规范账务，因而受到较强的融资约束。银行等传统金融机构现有风险管理体系是针对城市工商业特点设计的，主要依赖容易变现的抵（质）押物和财务报表、征信报告等“硬数据”。在我国农村现有土地制度和经营制度下，农村地区大量资源性资产不易在市场上评估、流通、处置和变现，难以被认定为合格抵押品。加之，农村是“熟人”社会，农民的征信大多是依靠“口碑”等“软信息”，能够提供的征信记录和风险识别依据较少，难以满足商业银行等金融机构信贷风险管理要求。此外，大部分新型农业经营主体规模小，现代经营管理的能力还不够强，无法像城市类企业一样建立规范的健全的账务，而商业银行的风险管理机制要求信贷申请方具有规范健全的账务，大部分新型农业经营主体无法达到这种要求，造成获得贷款融资难上加难。

综上所述，在我国农业生产方式发生深刻变化的新形势下，全面推进乡村振兴还存在市场失灵、资金不足等困难，光靠财政投入和农民自身力量远远不够，因此必须从农村金融体制机制的顶层设计着眼，从农村金融服务的供给侧入手，让农村金融制度主动适应农业农村，打造适合农业农村特点的金融工具，引导撬动更多金融资本投向“三农”领域。

二、全国农业信贷担保体系的基本情况

（一）全国农担体系的建立历程

1. 全国农担体系的筹备建立

建立健全全国农担体系，是党中央完善我国农业支持保护体系、深化农村金融改革的重大创新。2015 年 5 月，经国务院批准，财政部、农业部联合印发《关于调整完善农业三项补贴政策的指导意见》（财农〔2015〕31 号），明确提出，支持粮食适度规模经营资金重点要支持建立完善农业信贷担保体系。2015 年 7 月，财政部、农业部、银监会联合印发《关于财政支持建立农业信贷担保体系的指导意见》（财农〔2015〕121 号），对全国农业信贷担保体系建设进行了全面部署，决定在 2015—2017 年，将农业支持保护补贴中，农资综合补贴资金 20%的存量部分，加上种粮大户补贴试点资金和增量资金作为注册资本金，成立全国农业信贷担保体系。

2. 全国农担体系的组织架构

全国农担体系已建成上下联动、紧密可控、完整高效的“国家—省—市（县）”三级服务体系。国家层面，出资 150 亿元组建国家农业信贷担保联盟有限责任公司，为省级机构分险增信，构建起完整的专门支持农业适度规模经营的担保、再担保组织机构体系。省级层面，在全国 33 个省、自治区、直辖市、计划单列市建立省级农业信贷担保机构，并向市县延伸业务分支机构，直接为新型农业经营主体提供信贷担保服务。市县层面，省级农担公司开展基层服务网络建设，在市县基层设立分公司、办事处等分支机构。

3. 国家农担公司的主要职责

国家农业信贷担保联盟有限责任公司（以下简称国家农担公司）成立于 2016 年 5 月 6 日，是经国务院批准设立的政策性农业信贷担保机构，由财政部履行出资人职责，是财政部归口管理的中央金融企业。

国家农担公司承担了指导指引各省级农担公司工作的职能。一是落实国家农业支持政策，制定公司再担保业务标准，为省级公司政策性业务提供再担保服务；二是为省级公司提供业务指导和规范指引，研究并支持省级公司开发农业信贷担保产品和服务，扩大信贷支持农业的规模和覆盖面；三是与银行等金融机构开展总对总的战略合作并促进在省级层面协调落实，推动银行等金融机构扩大政策性担保业务规模、降低贷款利率；四是

组织全国农业信贷担保专业人才培养和人员培训，支持省级公司培养造就一支扎根农村、熟悉市场、“懂农业、爱农村、爱农民”的基层农业信贷担保工作队伍。

（二）全国农担体系的政策性定位

全国农担体系专注服务农业，坚持“政策性定位、市场化运作、专业化管理”，不以营利为目的，具有很强的政策性特点。主要体现在以下三点：

第一，承担政策任务，发展目标明确。全国农担体系的注册资本金由财政投入，主要解决新型农业经营主体的“融资难、融资贵”问题。

第二，执行“双控”标准，专注支农支小。根据政策要求，全国农担体系的服务对象主要聚焦农业适度规模经营主体，服务范围限定为农业生产及与农业生产直接相关的产业融合项目；政策性担保规模限定在单户10万~300万元。

第三，财政支持有力，保障政策定位。中央财政对政策性农担业务实行担保费用补助和业务奖补，确保农担公司可持续运营。

（三）历年中央一号文件对全国农担体系提出的要求

自2016年以来，全国农担体系连续7年被写进中央一号文件，在全国农担体系发展的各个时期，中央一号文件提出了阶段性的部署和要求。2016—2017年是全国农担体系的初创时期，中央一号文件提出建立健全全国农担体系，尽快实现实质性运营，在此阶段，国家农担公司及大部分省级农担公司完成组建，着手搭建体系、启动业务，农担服务网络初具雏形，业务开展步入正轨。2018—2021年是全国农担体系的快速发展阶段，中央一号文件提出要切实发挥全国农担体系作用，扩大农担业务规模，在此阶段，各省级农担公司加快推进机构及人员队伍建设，逐步将服务网络下沉至市县及基层。同时，各省因地制宜地探索适合本省的业务模式，全力拓展业务，农担业务发展进入“快车道”，截至2021年末，全国农担体系在保余额由2017年末的304亿元增加至3215亿元，年均复合增长率达80%。2022年全国农担体系进入新发展阶段，面对百年未有之大变局和世纪疫情相互叠加的复杂局面，中央一号文件提出要强化涉农信贷风险市场化分担和补偿，发挥好农业信贷担保作用，全国农担体系牢牢把握习近平总书记提出的“疫情要防住、经济要稳住、发展要安全”重要指示要求，全面贯彻新发展理念，坚持“稳字当头、稳中求进”的工作总基调，推动农担业务稳健、高质量发展（见表10-2）。

表10-2　历年中央一号文件对农担工作的部署要求

年份	名称	对农担工作的部署要求
2016	《中共中央　国务院关于落实发展新理念加快农业现代化实现全面小康目标的若干意见》	用3年左右时间建立健全全国农业信贷担保体系，2016年推动省级农业信贷担保机构正式建立并开始运营。
2017	《中共中央　国务院关于深入推进农业供给侧结构性改革加快培育农业农村发展新动能的若干意见》	建立健全全国农业信贷担保体系，推进省级信贷担保机构向市县延伸，支持有条件的市县尽快建立担保机构，实现实质性运营。
2018	《中共中央　国务院关于实施乡村振兴战略的意见》	切实发挥全国农业信贷担保体系作用，通过财政担保费率补助和以奖代补等，加大对新型农业经营主体支持力度。
2019	《中共中央　国务院关于坚持农业农村优先发展做好“三农”工作的若干意见》	健全农业信贷担保费率补助和以奖代补机制，研究制定担保机构业务考核的具体办法，加快做大担保规模。
2020	《中共中央　国务院关于抓好“三农”领域重点工作确保如期实现全面小康的意见》	发挥全国农业信贷担保体系作用，做大面向新型农业经营主体的担保业务。
2021	《中共中央　国务院关于全面推进乡村振兴加快农业农村现代化的意见》	加强对农业信贷担保放大倍数的量化考核，提高农业信贷担保规模。
2022	《中共中央　国务院关于做好2022年全面推进乡村振兴重点工作的意见》	强化涉农信贷风险市场化分担和补偿，发挥好农业信贷担保作用。

三、全国农业信贷担保体系的作用机理

（一）具有“财政+金融”“政府+市场”双重属性

全国农担体系具备“市场+政府”“财政+金融”双重属性特征，提供的是“准公共产品”①，国家农担公司以及各省级农担公司以企业法人的形式存在，但不以营利为目的。全国农担体系通过财政资金的基础支撑作

① 张洪武．发挥政策性农业担保优势　倾力助推实施乡村振兴战略［J］．当代农村财经，2018（7）：2-8.

用，实现商业性、政策性、开发性金融的协调配合，既尊重市场在农村金融服务资源配置中起决定性作用，又主动补位；通过财政资金的创新性运用，发挥政策性金融工具的撬动作用，为市场化方式不能有效解决的领域提供有效的金融服务供给，成为“政府—金融机构—农户”的桥梁。

1. 协助搭建合理的“政银担”分险机制

政策性担保工具能够及时调整和创新财政资金的使用方式，全国农担体系通过协助政府搭建起合理的“政银担”风险分担机制，可将政府信用转化为资本信用，从而促进有限的政府资源在不同领域进行合理分配，以弥补“市场失灵”带来的矛盾。将财政资金作为杠杆的支点，依托政策性担保平台工具，撬动大量的银行信贷资金和社会资本支持经济社会发展，财政、金融之间协同协调协作得到强化，“四两拨千斤”作用得以充分发挥。

2. 成为地方政府支农的重要政策手段

全国农担体系深度契合地方政府的支农目标，成为地方政府支农的重要政策手段。截至2022年6月末，33家省级农担公司与1200多个市、县级地方政府签署了合作协议，由地方财政安排预算资金，与农担体系共建风险分担机制，建立风险补偿资金池，为在本区域合作开展的政策性担保业务提供代偿风险准备。积极支持农担体系分支机构建设，为农担体系提供办公场所及经费等方面的支持，并且发挥地缘优势，向农担体系推荐符合“双控”标准的新型农业经营主体客户，共同处置风险项目，较好地维护了农村地区的信用环境，提升了农担公司在银行层面的话语权和客户分配权。经过政担双方共同努力，大量金融资源投入农业农村领域，促进了地方政府支持农业发展这一政策目标更好、更高效的实现。截至2022年上半年，已涌现出1649多个农担业务“亿元县”、884个“3亿元县”，522个“5亿元县”，174个“10亿元县”。

3. 畅通金融机构“下乡入村”路径

全国农担体系打消了商业银行投入“三农”领域的风险顾虑，农担公司的注册资本金来源于财政资金，为新型农业经营主体提供信用背书，为银行提供风险分担，实质上用政策性担保替代了抵押品，解决了银行的风险管理难题。此外，农担公司掌握了大量的优质农业经营主体客户，而大部分大型商业银行虽然有低成本的资金，却缺乏优质的客户，而农担通过持续客户积累，降低了大型商业银行的获客成本。通过降低风险成本和获客成本两方面，大大提高了商业银行投入“三农”领域的积极性，可以撬动信贷资金向农村地区流动。截至2022年上半年，全国农担体系与18家银行总行签订战略合作协议，累计与 1800 多家地方性银行合作，取得授信超过 1.2 万亿元。大量商业资本、社会资本涌向农业农村领域，有力地支持了新型农业经营主体的发展。

（二）积极开发适合农业产业特点的有效工具

全国农担体系始终专注深耕农业领域，积极适应农业农村特点和农业产业发展规律，探索出一条既符合金融普遍规律，又符合农业轻资产特点和农村熟人社会特征的业务模式和风险管理机制，有效地发挥了分险增信作用，打通了农村金融服务的“最后一公里”。

1.“看人+看事”的风险识别评价管理模式

全国农担体系不走传统商业银行老路，紧紧抓住农村金融风险管理核心难题，充分利用农村熟人社会特征，发挥基层政权和村民自治组织的作用，获取农业贷款主体“软信息”，通过“看人”，摸准还款意愿和能力。发挥农担体系熟悉了解农业产业各领域的优势和全国性机构体系的优势，对拟担保农业项目进行综合分析，评估贷款主体的资源禀赋和经营管理能力，通过“看事”，确定项目的可靠性，全面评估产品及服务的市场前景，判断还款能力，确定合理的担保额度。在六年多的实践中，全国农担体系以“看人”“看事”思路为引领，走家串户，实现了业务拓展与风险防控的兼顾。

2. 贴近农民、适合农业的担保产品

全国农担体系深入研究把握农业产业内在规律，将农业产业规律与金融规律有效结合，开发出一系列贴近农民、符合农业生产特征的担保产品。一是创新反担保方式。结合农业农村“轻资产”特点，对于一定额度下的贷款，采取纯信用或家庭成员连带保证方式，通过创新开发“生猪活体抵押担保贷款”“猪舍担保贷款”“水果权证担保贷款”等非标抵质押物，有效缓解融资难问题。二是合理确定放贷规模。结合农业产业资金需求规模，引导银行合理确定放贷规模，既不超过农业生产实际资金造成过度授信，也不缩减合理需求，避免农户为筹措资金采用民间借贷，带来生产经营的巨大风险。三是合理确定贷款期限和还款方式。结合农业产业现金流特点合理确定贷款期限和还款方式，引导商业银行的贷款投放更好地满足农业固定资产投资及特色种养殖的资金需求特点。如部分省级农担公司开发的“油茶贷” “水果贷”等类型担保贷款产品，最长期限可以做到 10 年，还款方式采用预期现金流方法测算，前五年无须还本付息，第五年进入盛果期后根据收入测算确定还款额度，这些产品在一定程度上缓解了农业产业周期长、收益慢带来的还款压力，受到农户的广泛好评。

四、全国农业信贷担保体系的政策效果

全国农担体系自成立以来，在财政部的正确领导下，深入学习习近平新时代中国特色社会主义思想，认真贯彻落实党中央、国务院决策部署和财政部各项工作要求，坚持政策性定位，牢记使命、奋力拼搏，基本建成紧密可控的“国家—省—市/县”三级服务网络，担保业务稳步增长，风险防控扎实有力，农担队伍日益壮大，为推进实施乡村振兴战略，促进我国农业农村现代化做出了农担贡献。

（一）已建成紧密可控的三级服务网络，农担业务覆盖面显著提升

1. 机构及人员队伍持续下沉，服务网络进一步拓展

全国农担体系不断加强体系建设，充实专职人员队伍，逐步将分支机构及人员下沉至市县基层，截至 2022 年 8 月末，全体系分支机构超过 1700 家，专职员工超过 4000 人，其中市县级分支机构人员占比超过六成。

2. 县域业务覆盖率约 98%，农业大县基本实现业务全覆盖

全国农担体系扎根基层，截至 2022 年上半年末，全国农担体系的县域业务覆盖率达到 98%，已有 23 家省级农担公司实现省内县域业务全覆盖，已覆盖全国 2692 个县级行政区，约占全国 2750 个县级行政区（除上海、西藏、深圳暂未成立农担公司外）的比例 98%；农担对全国 1699 个农业大县业务覆盖率接近 100%，31 家省级农担公司实现了本地区农业大县业务全覆盖。全国农担体系在农业大县累计支持超过 210 万个担保项目，累计担保金额约 6800 亿元，县均担保额达 4.02 亿元。

（二）担保业务规模居行业领先水平，有效地缓解了农业适度规模经营中的“融资难”问题

累计业务规模方面，全国农担体系自 2015 年组建以来，直到 2022 年 8 月末，全国农担体系累计为 279 万个项目提供担保贷款，累计担保金额接近 9000 亿元，相较于 642 亿元的注册资本金，政策效能放大了 13 倍。在保业务规模方面，全国农担体系作为政策性担保工具，坚持“支农、支小”的运作理念。截至 2022 年 8 月末，在保项目 113 万个，在保余额 3560 亿元，其中单户担保规模 10 万～300 万元的政策性业务在保余额 3390 亿

元，占比为95.4%，农担支持的项目平均担保规模31.4万元，有效地缓解了农业适度规模经营中的“融资难”问题。2021年末全体系在保余额占全国涉农融资担保在保余额接近60%，已成为担保支农行业主力军。目前全国农担体系的担保放大倍数已达到5.4倍，农业贷款可得性和政策普惠性逐步提高，政策效能持续释放。新增业务规模方面，2022年1~8月，全国农担体系年度新增担保项目61万个，较上年同比上升21%，新增担保金额2052亿元，较上年同比增长11.8%，其中新增政策性业务1967亿元，占比为95.83%（见图10-1）。

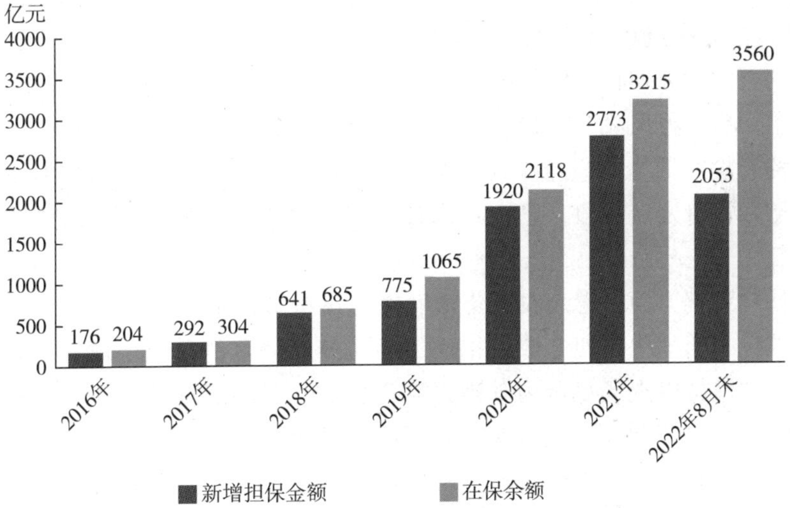

图10-1　全国农担体系历年新增担保金额和在保余额情况

（三）综合融资成本不断降低，新型农业经营主体“融资贵”问题得到显著缓解

全国农担体系持续降低担保费率，并通过密切银担合作推动合作银行降低利率。截至2022年8月末，33家省级农担公司本年新增项目平均担保费率0.53%，低于2021年政府性融资担保机构直保综合费率（0.83%）和商业性担保机构一般收费水平（3%），平均贷款利率5.17%，平均综合融资成本5.70%，较全国农村综合融资成本下降明显，新型农业经营主体“融资贵”问题得到显著缓解。

（四）风险水平稳健可控，形成了符合农业农村金融特点的风险管理链条

1. 全国农担体系代偿率水平低于同行业平均水平

全国农担体系抵御风险的能力较强，根据2022年8月末的数据，成立以来累计代偿率1.35%，2022年1~8月代偿率仅为0.9%，考虑追偿的代偿率为0.75%，全体系累计追偿金额达13.82亿元，追偿率为21.32%。仅就代偿指标而言，2019—2021年以来，全体系代偿率分别为1.61%、1.5%和1.4%，远低于同期融资担保行业平均水平（3.4%、2.8%、2.4%）。

2. 建立全流程的风险管理链条

国家农担公司积极引领各省级农担公司通过“看人看事识别风险”“保前保中保后防控风险”“清收保全化解风险”“政银担企分散风险”“大数据防控风险”等措施进行全面风险管理，各省级农担公司根据当地农村金融环境和自身发展阶段，已初步构筑了符合农业农村金融特点的风险管理链条。

风险识别方面，省级农担公司发挥专注服务农业的优势，推动担保产品标准化、精细化，使之成为推动风险防控专业化的重要手段。部分省级农担公司坚持以现场尽调为基础开展担保业务，不断提升业务及审查人员“看人”“看事”本领，主动防范项目准入风险。

风险防控方面，省级农担公司切实加强对分支机构的指导，压实风险防控第一责任，主动将风控条线垂直下沉，防范基层分支机构因追求业务规模而产生的风险；持续优化审查审批机制，根据项目类型、申保金额、风险程度等，在不同业务环节开展差异化审查，从源头持续提升项目评审质量和效率。

风险化解方面，省级农担公司不断完善保后管理制度、优化保后监控措施、强化业务督导，通过政银担联合、跨部门协同等多种形式，实现对在保客户风险的精准监测与及时预警，为落实“早识别、早发现、早预警、早处置”的风控目标打下基础。部分省级农担公司通过贷款重组、救助+催收等多种方式，坚持长短结合、标本兼治，扎实有效化解相关项目风险。

代偿追偿阶段，面对“化解难、处置难、追偿难”等风险管理难题，省级农担公司内外并举灵活运用新式手段，积极引入外部资源，提升追偿工作专业化、规范化水平。一些省级农担公司灵活运用外部律师事务所、互联网仲裁、诉前调解等多种追偿举措，积极推进追偿工作朝专业化、

规范化及系统化方向发展。

风险分散方面，按照“政府引导、市场运作、责任共担、风险共管”的原则，部分省级农担公司构建互融互助的新型政担合作模式，解决了“项目选择，风险管控，责任分担，代偿追偿”等多方面问题，为农担公司有效识别、控制、化解风险提供有力支撑。各省级农担公司以构建“分类管理、动态监管”互融互信的新型银担合作机制为目标，通过设置准入标准，选择业务办理效率高、尽调质量好、风险防控严、不良率低的银行合作，明确合作额度与审查要求，提升银担合作质量，实现了“双赢”。一些省级农担公司充分发挥农业龙头企业“离农业最近、联农民最紧”的优势，紧紧把握农业产业链资金、物流、商流等关键因素，以龙头企业为核心，统一模式，采取“总对总”对接方式，整体对接、整体推进、整体管理，全面提升农业担保业务质量。

大数据风控方面，部分省级农担公司通过构建大数据风控体系架构，再造风控流程，通过在保前预审、保中审批、保后预警等关键环节部署风控规则集、规则库、智能风控模型和决策引擎，将农担公司风险防控由单纯依靠专家经验的“人工后置审查”模式向依赖新型农业经营主体多维数据的“人工+全流程大数据辅助审查”模式转变，提高自身风险管理核心能力。

（五）主动担当作为，为全面实施乡村振兴战略贡献力量

1. 全力支持重要农产品稳产保供

全国农担体系始终把加强对粮食及重要农产品生产的担保支持摆在重要位置，着力抓好耕地、种子和农机等关键要素的支持保障。支持行业方面，种养殖业在保金额占比70%左右，农产品初加工及流通占比25%左右，贯彻了“专注支持农业”的政策性要求。对粮食、生猪等基础产业形成重点支持，截至2022年6月末，粮食种植累计担保金额超过1500亿元，相当于支持了超过3亿亩的粮食种植；生猪养殖累计担保金额超过440亿元，相当于支持了超过4000万头生猪养殖。

2. 助力巩固拓展脱贫攻坚成果

全国农担体系积极响应党中央、国务院号召，将脱贫地区的现行优惠政策转化为常态政策。截至2022年6月末，农担业务已经覆盖了741个国家级脱贫县，约占除西藏外所有脱贫县总数的99%，累计支持国家级脱贫县约92万个担保项目，担保金额2034亿元，县均担保金额2.75亿元。其

中，全体系在“三区三州”地区[①]（除西藏自治区外）业务覆盖率达95%，累计支持超过4.3万个担保项目，累计撬动银行贷款125亿元。

2021年8月，国家乡村振兴局公布了160个国家乡村振兴重点帮扶县，国家农担公司于同年9月向全国农担体系印发《关于全国农担体系支持巩固拓展脱贫攻坚成果，服务乡村振兴战略的意见》，提出聚焦重点帮扶县，加大担保支持力度。截至2022年6月末，全国农担体系业务已覆盖全部乡村振兴重点帮扶县，山西、青海、云南等多家省级农担公司制订了重点帮扶县专项支持方案，2022年以来新增担保项目约3.9万个，新增担保金额83.15亿元，自成立以来累计担保金额239亿元，累计支持担保项目8.7万个，在保项目约5万个，在保余额达到113.62亿元。

3. 大力扶持优势特色产业集群发展

全国农担体系大力支持产业集群建设，助力农业全产业链发展。认真贯彻党中央、国务院关于促进乡村产业振兴的决策部署，按照农业农村部、财政部关于支持优势特色产业集群建设的工作要求，立足产业周期、成本、产出等关键要素，研究推出60余个专项担保产品，适配特色产业的个性化融资需求，并与地方政府、行业协会、龙头企业形成合力，搭建政、银、担、企多方合作机制，促进产业链条健康发展。据不完全统计，截至2022年上半年，全体系已累计支持优势特色产业集群超过43万个担保项目，担保金额1341亿元。

部分省级农担公司已形成了可借鉴的经验模式。河南农担公司在省市县各级党委、政府的大力支持下，快速实现对河南省十大优势特色产业和伏牛山香菇、豫西南肉牛、怀药、强筋小麦四个优势特色产业集群业务全覆盖。通过打造“豫农担”系列专项担保产品，做大融资担保规模，助力产业链延伸、价值链提升和供应链建设。辽宁农担公司以农资商店链接种植户，实现对小粒花生产业集群种植户的集群担保。吉林农担公司通过加强政担合作、整村推进等方式对长白山人参产业集群进行担保支持。青海农担公司通过放大财政资金效益，由政府设立风险补偿基金、给予担保费补贴，降低了牦牛产业集群经营主体的综合融资成本。贵州农担公司通过与核心企业合作，创新仓单质押等反担保方式，形成资金闭环，较好地满足了朝天椒产业集群中相关经营主体的融资需求。湖南农担公司通过打造

① “三区”指西藏自治区和青海、四川、甘肃、云南四省藏区及南疆的和田地区、阿克苏地区、喀什地区、克孜勒苏柯尔克孜自治州四地区；“三州”是指四川凉山州、云南怒江州、甘肃临夏州。

标准化产品，有效匹配生猪全产业链周期规律，对湘猪产业集群的建设提供了高效的担保资金。

（六）数字化转型取得阶段性成果，为农担发展注入新动能

1. 编制数字化转型五年规划及指导意见

全国农担体系深入学习领会习近平总书记关于“产业数字化、数字产业化”重要论述，各省级农担公司积极将数字化转型纳入公司“十四五”规划中，国家农担公司总结体系成立以来各省级农担公司发展实际，编制印发《关于推进全国体系数字化转型的指导意见》和《国家农担公司数字化转型信息化建设五年规划》，为全国农担体系数字化及信息化建设提供指导指引。总的来看，全国农担体系数字化转型的关键内容包括以下三点：

一是分阶段实施数字化转型。全国农担体系在“十四五”时期数字化转型建设任务分三个阶段，包括数字化运营、数字化决策以及数字化生态建设，从强化业务系统建设到广泛对接外部数据平台再到信息整合形成数字经济新业态等。二是打造农担专属的新型农业经营主体数据库。通过来自政府、农业产业化龙头企业、银行等多方数据资源的整合，对“三农”数据进行挖掘整合，构建起较全面的新型农业经营主体数据库，利用标准化的风控模型和数据实时监控，实现风险的排查与预警。三是完善数字化转型外部环境。全国农担体系通过构建顺畅的政银担合作机制，夯实数字化转型外部环境基础，从政担合作、银担合作、风险分担等方面，深化互信机制，加强信息互融互通。

2. 数字化转型优秀案例

全国农担体系开展数字化转型以来，各省级农担公司按照“业务信息化”“风控数字化”两步走的节奏稳步推进数字化转型工作，成效逐步显现。例如山东、浙江、河南等省级农担公司自主开发线上获客平台或专属二维码，提升农担在市场中核心竞争力。江苏、湖南、安徽等省级农担公司积极探索银担互联互通，提升银担合作效率。以下以山东农担公司数字化转型经验为例。

山东农担公司的数字化转型工作提高了业务开展效率、准确性和风险防控能力，从工作成果来看，主要体现在预审系统、担保业务管理系统、涉农经营主体画像系统、大数据保后管理及线上产品等系统及应用。

（1）大数据预审系统。山东农担公司开发了大数据预审系统，对客户的涉诉、涉讼等信息进行大数据查询，现已接入山东省大数据局、人民银

行征信以及同盾等三方机构数据。预审系统入口可通过微信公众号、微信小程序和业务管理系统进入。银行客户经理关注微信公众号并登录，即可生成邀请码，邀请借款客户扫描，扫码后客户进行注册并实名认证（上传身份证）和人脸扫描识别，认证通过后，点击申请，一般几分钟之内可以看到预审结果。

（2）业务管理系统。业务管理系统主要供山东农担公司内部受理和审批项目使用，目前已实现身份证与姓名一致性审查自动化、预审系统风险预审自动化、批复书和通知书暨担保函自动化生产、担保费缴费微信直接推送等功能。

（3）涉农经营主体画像系统。山东农担公司通过该系统实现项目统计、数据分析、项目监控和预警等功能。根据行业、金额、市县、合作银行、新增、解保、逾期、预警等不同维度对业务量进行统计。以数据为支撑，对银行放款、逾期等数据做到及时掌握，对可能出现的问题及时预判。

（4）大数据保后管理。山东农担公司成立控股的市场化数科公司保证数字化技术的快速落地，数科公司开发了汇集第三方征信数据、客户还款行为、客户关联网络分析等多数据维度的保后风险策略、评分模型，形成分别针对银行客户经理、地区和行业的评级体系，能够自动生成资产质量报告和关联风险分析报告，实现风险信号的主动发现、提前预警。

五、全国农业信贷担保体系的政银担合作

（一）与地方政府合作情况

1. 政担合作概况

全国农担体系的服务对象、服务领域、目标任务与各级政府农业发展规划高度契合。截至2022年6月末，政担合作县累计担保规模超过4300亿元，占全体系累计担保金额的一半以上。实践证明，良好的政担合作机制增强了投入“三农”领域的内生动力，充分体现了政策性导向，是落实国家重点助农政策、放大财政支农效应的机制创新，打造了政担协同支农新局面。

2. 政担合作典型案例

（1）河南农担公司新型政银担合作模式

2021年，河南省政府印发实施意见，对进一步发挥农业信贷担保作用，助推农业高质量发展提出明确要求。河南农担公司在26个县推进新型

政银担合作模式试点，试点效果得到了省委、省政府的高度肯定，目前已在全省范围内推广实施。

一是建立县乡村三级金融服务组织。县乡两级政府抽调相关部门人员，构建县级金融服务中心、乡级金融工作站。在村级由村支部书记牵头负责，形成村级金融服务部，三级金融服务组织参与项目信息采集、贷前调查、贷后管理、风险化解和处置等工作，形成“牵头推进有机构、办理服务有人员、贷款管理有协同”的工作机制。二是建立新型农业经营主体信用评价体系。河南农担公司积极推进数字化转型，与市县农业部门、金融部门推进信息及数据共享，对新型农业经营主体进行信用评价和授信，对于产业基础好、信用评价通过率高的乡（镇）和村部，整体授予“信用乡（镇）”“信用村”。三是建立产业支撑体系。河南农担公司聚焦粮食、生猪、花生及省内十大优势特色产业，通过产业梳理，形成“政银担”三方认可、符合当地实际的产业服务方案，确保资金迅速投放到重点领域。四是完善风险分担机制。“政银担”三方按照4∶2∶4分担风险，实现“三方共管、风险共担”。

（2）黑龙江农担公司与绥化海伦市的合作

海伦市是黑龙江省主要的大豆产区之一，为落实省委、省政府稳粮扩豆的相关部署，海伦市政府与黑龙江农担公司共同探索出一条政府搭台、农担唱戏、共兴大豆产业的有效路径，为推动大豆产业振兴注入了强劲动力。

一是广泛宣传动员。为解决大豆种植主体融资难题，绥化市农业农村部门与黑龙江农担公司联合发文，推广“大豆种植担”产品。海伦市多次组织召开各乡镇主要负责人会议专题研究，加大宣传推广力度，让经营主体充分了解农担政策，让“政银担”模式逐渐深入人心。二是搭建“政银担”三方合作平台。海伦市政府、黑龙江农担公司以及合作银行签订战略合作协议，形成“信息共享、合作共赢、风险共担”的合作机制，由乡镇政府推荐客户农担担保、银行放款，为贯彻“稳粮扩豆”政策提供了有力保障。三是项目共管，精准服务。充分发挥乡村干部“人熟地熟”优势，由乡村干部和农担业务人员共同入户走访调查，实现项目共管，精准服务。

（二）与供销社系统合作情况

1. 供担合作概况

2019年初，国家农担公司与中华全国供销合作总社签订了“总对总”战略合作协议。各省级农担公司迅速响应，与省供销合作社积极对接，探讨双方合作模式。截至2022年上半年，13家省级农担公司与本省供销系统已签署合作协议并实现业务落地，累计合作项目1.3万个，累计担保金额超过60亿元。

2. 浙江农担公司与浙江省供销系统合作案例

浙江农担公司深入推进与浙江省供销系统的合作，贯彻落实浙江省委、省政府关于推动供销合作社“三位一体”改革有关文件及会议精神，通过共建为农服务体系，创新金融支农模式，构建协同支农“生态圈”，进一步加大了对新型农业经营主体的金融支持力度，合作取得积极成效。截至2022年上半年末，双方合作累计为全省约1.1万个经营主体提供担保贷款超过46亿元，有力地缓解了新型农业经营主体融资难、融资贵问题。

（1）合作背景。近年来，浙江省深化构建供销合作社生产、供销、信用“三位一体”，将农民合作经济组织、各类为农服务组织联合起来，建立农民合作经济组织联合会（以下简称农合联）。经过近几年发展，浙江省农合联的各项业务取得了明显成效，但金融资源一直相对缺乏，相关主体“融资难、融资贵”问题仍然较为突出。浙江农担公司积极与浙江省供销合作社、农合联对接合作，赋能基层供销社系统提升信用服务水平，打通自身金融服务“最后一公里”。

（2）发挥供销系统优势，共建农担基层服务体系。2020年，浙江省财政厅、农业农村厅下发了《关于印发〈基层政策性农业信贷担保服务创新试点指引〉的函》（浙农担函〔2020〕18号），要求各市县、地方农合联（供销合作社）加快推进构建政银担合作、省市县协同的政策性农业信贷担保体系。浙江农担公司与浙江省农合联积极落实要求，签署“共建农信担保服务体系”合作协议，充分发挥浙江省农合联熟人熟地优势，依托各地农合联（供销合作社）建立农担办事处和代办点，共同开展项目推荐、尽职调查、保后管理、代偿追偿等工作。

（3）建立风险共担机制，细化督导与激励措施。浙农担函〔2020〕18号文件要求地方财政统筹支农资金，出资不低于200万元设立风险资金池，专项用于农担业务风险补偿，项目出现风险时分险30%，省级财政每年对设置风险补偿基金的区县补助200万元。同时，浙江农担公司与市县供销系统担保公司约定扣除银行和风险补偿基金合计承担的50%比例后，剩余的50%的风险责任双方各分担一半。

（4）加强数字化合作，推进数字农担建设。浙江农担公司积极与浙江省供销合作社、农合联探索数字化方面合作，浙江农担公司通过引入供销合作社会员主体库数据、对接供销合作社“浙农服”“一站式”数字化为农服务平台、与浙江省供销合作社下属惠多利农资公司对接农资流通数据等方式，丰富了浙江农担公司新型农业经营主体数据库，进一步完善了经营主体画像。同时，将自身开发的业务系统和反欺诈、风险预警等大数据风控等，开放给办事处、代办点，赋能基层农担分支机构，减少操作流程和审查环节，提升了业务办理效率和风险防控精准度。

（5）构建合作联结引领机制，强化为农服务能力圈。浙江农担公司和浙江省供销系统在总结原有金融支农合作的基础上，推动在业务范围、农业产业等方面合作。一是组建浙江省农业担保联盟，更好地聚积和引领各方涉农力量和资源。成员主要包括全省农合联组织、政策性涉农担保机构、农业产业协会等。二是精准支持农业产业发展。浙江省供销系统根据地方主要农业产业成立产业农合联，通过发挥供销系统生产、供销和农担公司信用担保优势，建立特色优势产业和新型农业经营主体“白名单”，给予“三位一体”服务扶持。

（三）与银行业金融机构合作情况

1. 银担合作概况

全国农担体系通过引导国有大型商业银行、政策性银行资金下沉到农村，增加了农村金融供给，降低了资金成本。截至2022年上半年，全国农担体系年度新增银担合作项目接近40万个，担保金额突破1500亿元，其中超过60%来自“总对总”银行合作项目。

2. 银担合作基本原则

银担“总对总”合作明确了“风险分担、利率优惠、不缴存保证金”三项基本合作原则，对缓解新型农业经营主体“融资难、融资贵”问题作用显著。风险分担指的是农担公司与合作银行建立合理的风险分担机制，增强双方共同防范风险的责任意识，银担分险比例主要集中在2：8和3：7。利率优惠指农担公司协调合作银行实行优惠的贷款利率，减免各类服务收费，降低适度新型农业经营主体的综合融资成本。不缴存保证金即农担公司不向合作银行缴存保证金。

3. 银担主要合作模式

（1）农业农村部信贷直通车活动

2021年5月，农业农村部组织各级农业农村部门、全国农担体系和国有银行开展“新型农业经营主体信贷直通车活动”（以下简称信贷直通车活动），通过打造经营主体直报需求、农担公司提供担保、银行资金支持的信贷直通车体系，为家庭农场、农民合作社、高素质农民等经营主体提供高效便捷的金融服务。国家农担公司及时印发指导文件。同时与农业银行、建设银行、邮储银行、工商银行联合印发银担合作指导文件，做好客户资源协调工作，优化简化业务流程。截至 2022 年 9 月 30 日，信贷直通车活动农担业务支持项目 5.6 万个，撬动银行资金超过 340 亿元。

（2）供应链金融合作

农业供应链信贷担保模式已逐渐成为全国农担体系业务上量的重要方式。自农担体系成立以来，已有 20 余家省级农担公司与 12 家全国性龙头企业开展供应链担保合作，授信总额超过 100 亿元。下面以广西农担公司为例说明农担体系开展供应链担保合作的情况。

广西农担公司针对龙头企业及上下游农业经营主体推出担保产品“桂农担—龙头保”（以下简称龙头保）。重点解决农业龙头企业上下游涉农经营主体的融资难题，减轻龙头企业在产业链因信用赊销而形成的资金占用压力。广西农担公司主要通过龙头企业为其签章推荐的上下游客户承担一定比例风险的方式开展合作，龙头企业承担一定的反担保责任比例。

业务流程是核心企业推荐其上下游合作的经营主体，广西农担公司在核心企业配合下对推荐的农户进行尽调（见图 10-2），审查通过后进行担保，贷款用途仅限于借款人购买核心企业及其关联方提供的生产资料等，由银行受托支付至核心企业及其关联方。若借款期内，核心企业对借款人有付款义务的，核心企业将款项支付至借款人贷款结算账户，然后银行进行划扣还款。

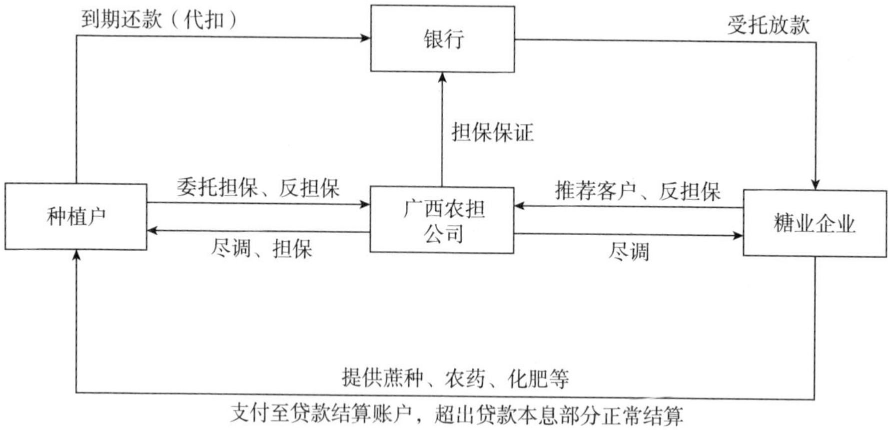

图 10-2　广西农担公司龙头保产品业务流程（以糖企为例）

（3）转贷款业务

转贷款业务是政策性银行向城市商业银行、农村商业银行、股份制商业银行、农村信用合作社、村镇银行、农村地方法人银行等银行业金融机构（以下简称合作银行）批发低成本资金，合作银行按照明确的用途，将资金转贷至符合要求的小微企业、小微企业主和个体工商户。全国农担体系积极与政策性银行合作开展业务创新，发挥好转贷款业务模式的优势，进一步提升转贷款使用水平和效果，为农村金融市场引入更多低成本资金。下面以青岛农担公司与国家开发银行转贷款业务合作介绍农担体系开展转贷款担保业务情况。

青岛农担公司在国家农担公司与国家开发银行“总对总”战略合作的基础上，与国开行青岛市分行就转贷款业务进行洽谈，2022年，青岛农担公司与国开行青岛市分行、青岛农商行签署合作协议，青岛农担公司采用“先借后贷”操作方式，国开行青岛市分行与青岛农商行签订转贷款合同明确具体的提款额度、用途、期限、利率等要素后，由国开行青岛市分行将转贷款资金支付给青岛农商行，并由其在“三农”、小微领域投放，青岛农担公司对贷款客户进行担保。青岛农担公司的介入使国开行转贷款业务投放更为精准；国开行转贷款资金的介入也极大地缓解了与全国农担体系合作地方法人银行资金成本较高的问题。青岛地区首期转贷款资金5000万元已全部投放完毕，较2021年度青岛农商行与农担合作的平均利率水平下降44个基点。

（4）银行见保即贷模式

全国农担体系探索建立新型银担合作机制，充分发挥银担双方服务体系各自优势，简化担保流程，提高贷款项目风险识别、评估和审批效率，切实缓解“三农”融资难融资贵问题。下面主要介绍江苏农担公司与建设银行开展的见保即贷合作情况。

江苏农担公司与建设银行江苏省分行基于双方数据的互联互通，合作开发“苏农云贷”产品，实现了借款人在线申请、在线缴费，农担在线审批通过后银行在线放款的模式，提升了贷款发放效率。“苏农云贷”业务流程如下：

一是贷前阶段。江苏农担公司主要负责客户获取、资料收集、尽职调查、线下签约、额度测算和产品方案设计。相关流程结束后，江苏农担公司将审核通过后的方案、担保承诺函及相关资料，一并提交给建行江苏省分行，进行贷款审核。

二是贷款发放阶段。建行江苏省分行收到江苏农担公司提交的资料后，根据产品方案，编制预授信额度并批量导入客户上报建行总行，由建行总行导入系统，激活“白名单”拟授信额度。后续的银行开户、贷款申请、担保费缴纳由建行分支机构负责。

三是贷后阶段。建行每月初将包括借款合同在内的贷款资料传递至江苏农担公司，农担公司收到资料后完成系统核保流程，根据客户实际提款金额出具《担保确认及发放贷款通知书》置换原出具的承诺函。客户到期后本息结清后，建行向农担公司出具《解除担保责任函》，客户逾期农担公司代偿后，建行出具《代偿确认及解除担保责任函》。

党的二十大报告提出要全面推进乡村振兴，坚持农业农村优先发展，加快建设农业强国。作为专注支持农业的政策性融资担保工具，全国农业信贷担保体系将深入学习领会党的二十大精神，踔厉奋发，勇毅前行，以习近平新时代中国特色社会主义思想为指导，始终坚守政策性定位，牢记“因农立命、为农担当”的使命，发挥政策性担保工具的协调作用，引入更多资源服务于“三农”发展，为全面推进乡村振兴，加快建设农业强国贡献“农担智慧”和“农担力量”。

第十一章　农村信用体系建设*

农村信用体系建设是农村金融服务体系建设的重要组成部分。从党的十九大报告首次提出“实施乡村振兴战略”，到党的二十大报告首次提出“建设农业强国”，“坚持农业农村优先发展”的主线没有变，全面建设社会主义现代化国家，最艰巨、最繁重的任务仍然在农村。当前，我国正处于从农业大国向农业强国跨越的关键节点，加快建立健全农村信用体系，对于完善农村金融服务体系，切实提升金融服务“三农”能力，推动农业农村现代化和乡村振兴具有重要意义，亟须对农村信用体系建设进行专门研究，推动其加快发展。

一、中国农村信用体系建设的意义和发展历程

（一）社会信用体系对农村金融发展的重要性

金融是现代经济的核心，在中国深入实施乡村振兴战略，由传统农业向现代农业转型的关键时期，如何充分激发农村金融活力，增加农村金融供给，解决小农户和新型经营主体融资难、融资贵问题，是解决好“三农”问题的关键所在。而金融的本质是信用，农村信用体系是将金融活水引入农业农村发展的桥梁管网。加快推进农村信用体系建设，建立健全农民和农村经济主体电子信息档案，完善农业相关主体信用评级体系，有利于引导金融资源精准匹配农村金融需求，提高农民和新型经营主体的融资可得性，推动农村产业发展和农民增收；有利于不断改善农村地区信用环境，完善农村信贷市场供给，有效防范和化解农业信贷风险，维护农村金融稳定；有利于促进各项支农政策落实落地，协助提高有关部门的行政效能，更好地推动农业农村现代化和乡村振兴。

* 本章作者为董佳春子，中华全国供销合作总社金融服务部发展处主任科员。

（二）中国农村信用体系发展历程

中国政府十分重视农村信用体系建设。早在1999年7月，中国人民银行（以下简称人总行）就印发了《关于印发〈农村信用社农户小额信用贷款管理暂行办法〉的通知》，要求增加农村信用合作社对农户和农业生产的信贷投入，简化贷款手续，首次提出了农户的资信评定标准和相应信用额度。2001年12月，人总行印发《农村信用合作社农户小额信用贷款管理指导意见》，初步建立了农村信用评定制度，指导各地因地制宜推进信用村、信用乡（镇）评定活动。2002年4月，人总行印发《关于进一步做好农户小额信用贷款发放和改进支农服务工作的通知》，进一步完善小额信用贷款发放流程，要求各地稳步开展信用村评定试点工作。

2009年4月，人总行出台《关于推进农村信用体系建设工作的指导意见》，首次正式提出建设农村信用体系，明确了农村信用体系建设的原则、目标、工作任务和要求。2013年，人总行办公厅印发《关于小额贷款公司和融资性担保公司接入金融信用信息基础数据库有关事宜的通知》，将具备接入条件的村镇银行、小额贷款公司、融资担保公司等小微金融机构接入人总行金融信用信息基础数据库。

2014年，国务院印发《社会信用体系建设规划纲要（2014—2020年）》，将农村信用体系建设列为三大专项工程之一，要求为农户、农场、农民合作社、休闲农业和农产品生产、加工企业等农村社会成员建立信用档案，开展信用户、信用村、信用乡（镇）创建活动，推进农产品生产、加工、流通企业和休闲农业等涉农企业信用建设，建立健全农民信用联保制度，推进和发展农业保险，完善农村信用担保体系。同年3月，人总行印发《关于加快小微企业和农村信用体系建设的意见》，重申了农村信用体系建设的意义、指导思想、目标、工作原则和任务要求，进一步完善了农村信用信息征集体系，并在全国启动了32家农村信用体系全国试验区建设。

2015年9月，人总行印发《关于全面推进中小企业和农村信用体系建设的意见》，要求搭建以“数据库+网络”为核心的信用信息服务平台，推进信用信息服务网络建设。

2018年1月，人总行、银监会、证监会、保监会四部门联合印发《关于金融支持深度贫困地区脱贫攻坚的意见》，提出全面开展信用乡（镇）、信用村、信用户创建，到2020年实现深度贫困地区建档立卡贫困户信用体系建设全覆盖；结合深度贫困地区实际，探索开展信用培育有效途径，完善信用评价机制。

2019 年 1 月，人总行、银保监会、证监会、财政部、农业农村部五部门联合印发《关于金融服务乡村振兴的指导意见》，再次提出要加快推进农村信用体系建设，确定“政府主导、人行牵头、各方参与、服务社会”的整体思路，全面开展信用乡（镇）、信用村、信用户创建活动。2021 年 6 月，人总行、银保监会、证监会、财政部、农业农村部、乡村振兴局六部门联合印发《关于金融支持巩固拓展脱贫攻坚成果全面推进乡村振兴的意见》，进一步要求用三年时间基本建成比较完善的新型农业经营主体信用体系。2022 年中央一号文件再次指出，要强化乡村振兴金融服务，深入开展农村信用体系建设，发展农户信用贷款，加强农村金融知识普及教育。

二、中国农村信用体系建设现状

在国家的重视推动下，经过多年发展，中国农村信用体系不断完善，主要呈现以下几个特征。

（一）村征信覆盖面持续扩大

人总行持续推进农村信用信息服务平台建设，推动农村信用信息共享。截至 2021 年第一季度末，全国共有约 270 个农户信息数据库，其中省级征信数据库约 30 个，市县级征信数据库约 240 个。根据人总行 2022 年 9 月 30 日发布的《中国普惠金融指标分析报告（2021 年）》，截至 2021 年末，全国金融信用信息基础数据库收录的自然人数为 11. 3 亿人，收录的企业和其他组织数为 9039. 1 万户，金融信用信息基础数据库已基本覆盖各类正规放贷机构，为全国几乎所有有信贷活动的个人和企业建立了信用档案；已累计为全国 1. 56 亿农户开展信用评定，同比增长 18. 2%；收录新型农业经营主体 162. 81 万个；评定信用户 1. 07 亿个，信用村 24. 5 万个，信用乡（镇）1. 29 万个。

（二）农村征信环境逐步改善

2019 年 1 月，人总行等五部委联合印发《关于金融服务乡村振兴的指导意见》，明确指出要实现农村地区金融宣传教育全覆盖。2021 年 4 月，银保监会发布《关于 2021 年银行业保险业高质量服务乡村振兴的通知》，强调各级监管部门要积极协调配合地方政府净化农村信用环境，银行业金融机构要加强对农村金融消费者的教育。近年来，各地政府、金融机构通过推动金融课堂进村入户，定期开展知识普及和政策宣传，向农户宣讲金融常识和征信知识。人总行还积极强化信用评价结果应用，对于信用评价良好的农村经济主体，在授信额度、贷款利率、贷款手续等方面给予政策倾斜，充分发挥示范效应，带动更多农村经济主体主动守信，营造诚实守信的良好信用环境。

（三）农村信用评级体系日益完善

经过多年探索，各地逐步摸索形成了适应地方实际情况的较为完善成熟的农村信用评级体系。湖南省农信联社实行“433”信用评级体系，其中农户的诚信评价、家庭劳动力人数和人均纯收入分别占比40%、30%、30%，评分达到70分及以上的农户均可获得授信。江西省九江市修水县农商行实行“811”信用评级模式，农户的诚信状况、家庭收入和基本情况分别占比80%、10%和10%，参与信用评级的农户均可视生产发展需要获得一定的银行授信。福建省宁德市农商行还将已建档、已开户、无不良记录、无民间融资、无不良嗜好的渔民评选为“海上信用户”，并依据建档覆盖面、贷款覆盖面、信用户占比等多项指标评选“海上信用渔区”，将农村信用创建工作从陆地延伸至海面。①

（四）农村金融基础设施逐步完善

截至2021年末，全国乡镇银行业金融机构覆盖率达98.17%，较上年进一步提升，基本实现全覆盖；平均每万人拥有银行网点1.55个，与上年基本持平；农村地区银行卡数量39.2亿张，同比增长3.16%，其中借记卡、信用卡和借贷合一卡数量分别为36.4亿张、2.8亿张。支付服务村级行政区覆盖率持续提升，全国助农取款服务网点达到81.1万个，以银行卡助农取款服务为主体的基础支付服务村级覆盖率达99.6%，较上年增加0.3个百分点。2021年，农村地区助农取款服务点共办理支付业务（包括取款、汇款、代理缴费等）合计4.05亿笔，金额3486.8亿元；银行业金融机构处理的农村地区网上支付业务111.3亿笔，同比下降6.31%，除此之外，银行业金融机构处理的农村地区移动支付业务173.7亿笔，同比增长22.2%，非银行支付机构处理的网络支付业务5765.6亿笔，同比增长23.45%，均保持快

---

① 李真，高旗胜，戎蕾．我国农村信用体系建设存在的问题与对策建议［J］．农村金融研究，2022（3）．

速增长。

（五）农村地区金融可得性进一步提高

截至2021年末，农户信用贷款比例为21.4%，比上年末提高2.4个百分点，其中，西藏、贵州、云南、青海、内蒙古等地农户信用贷款占比较高。涉农贷款余额较快增长，截至2021年末，农户消费贷款余额6.63万亿元，同比增长14%；全国脱贫人口贷款余额9141亿元，同比增长16%，全年增加1260亿元；脱贫人口贷款覆盖面达28.2%，比上年末高0.4个百分点；农户生产经营贷款余额6.84万亿元，同比增长14.1%，增速比上年末高2.6个百分点，其中，浙江、江苏、山东、福建、河南等地农户生产经营贷款余额较高，占全国的43%，上海、广东、天津、湖北、青海等地农户生产经营贷款余额增速较快，7个省（自治区、直辖市）农户生产经营贷款余额增速均超过20%。农业保险保费较快增长，2021年，农业保险保费收入976.02亿元，同比增长19.77%。农产品期货和期权产品数量稳步增长，2021年，期货市场共上市37个农产品期货和期权产品，其中期货产品30个，新增2个，期权产品7个，新增1个。政府性融资担保公司为农户和新型经营主体融资担保直保余额达4448亿元，同比增长39%。

三、中国农村信用体系建设的主要模式和典型经验

近年来，各地加快推进农村信用体系建设，探索形成了几种不同的农村信用体系建设的典型模式，较好地发挥了信用信息服务对“三农”融资的支持作用，有效地促进了农村经济发展。

（一）中国农村信用体系建设的主要模式

一是政府主导模式。主要由地方政府统一推进信息采集、共享和应用。这种模式的政策支持力度大，信息采集、资金来源、平台运营均有良好保障，信用信息平台建设进展较为顺利，能够取得较好成效，不足之处是缺乏一定的激励约束机制。

二是“政府+人民银行”模式。主要在政府主导下，人民银行分支机构联合多部门共同推进信息采集与共享。这种模式有政府政策支持，具有一定的组织保障，但由于政府的支持力度不同，导致信用信息平台建设成效差异较大，能否建立长效机制很大程度上取决于人力、物力保障程度以及部门协调难度。

三是“政府+专营机构”模式。主要由政府主导推进信息采集与共享，并成立专业化机构负责具体信用平台的开发和运维。这种模式是在政府主导模式基础上，加入专业机构负责信用产品开发和应用，更加贴近需求，但平台运营成本较高，且需要长期资金支持，因此这类信用信息平台数量相对较少。

四是人民银行主导模式。主要由人民银行分支机构主导建设和运维，协调各部门及金融机构采集和应用信息。这种模式网络部署和系统接入比较便捷，但政策保障不足，部门协调困难，信息采集难度稍大。

五是涉农金融机构主导模式。主要由涉农金融机构主导信用平台的建设和运维，协调各部门采集和应用信息。这种模式容易实施，成本较低，但政策保障不足，信息采集难度大，且难以全行业共享，效果较差。

（二）中国农村信用体系建设典型经验案例

下面通过典型经验案例对上述政府主导、“政府+人民银行”推动、人民银行主导等几种模式进行进一步介绍。

1. 政府主导模式的典型案例

广西壮族自治区大化瑶族自治县是政府主导开展农村信用体系建设的典型案例。自2021年以来，大化瑶族自治县财政局认真组织开展政治、经济、文化、社会、生态“五位一体”农村信用体系建设，为破解农业农村发展资金难题，提升金融供给能力，推动全县乡村振兴提供了积极助力。

要完成农户信用信息采集工作，对信用信息采集人员的培训必不可少。大化县财政局高度重视信息采集人员培训工作，在微信交流群上传“五位一体”农村信用信息系统App操作流程视频供相关工作人员反复观看学习，安排专人在微信交流群解答实际操作中遇到的困难和问题，深入乡（镇）开展农村信用信息系统操作培训及督导工作，累计培训100多场次，确保信用信息采集员、审核员等工作人员熟练掌握系统App操作，提高农户信用信息录入效率和准确率。

在对信用信息采集人员进行培训的基础上，大化县财政局着力加强农户信用信息核实工作，督促县、乡、村各级审核员严格把关，按照信用信息档案表所列内容逐项核查，完善农户信用信息相关情况。截至2022年9月，全县已采集录入农户9.9万户，采集录入率达到99.83%；其中已通过系统“三级”审核的有8.3万户，信用户1A以上占比96%；新型农业经营主体已采集录入435个，采集录入率100%，为创建信用村、信用乡（镇）打下良好基础。

为了让农户和新型农业经营主体更加积极主动地参与到农村信用体系的建设中来，大化县财政局在农户信用信息录入核实的同时，积极组织各个乡镇和金融机构开展 App 的注册使用工作，引导小农户和新型经营主体在信用信息系统 App 实名注册，通过 App 向金融机构申请贷款，以便信用信息的进一步积累和沉淀。目前，中国农业银行大化支行已成功在该 App 平台放出首笔 20 万元贷款，用于缓解农业生产经营的资金难题，这笔贷款的发放也进一步激发了小农户和新型经营主体的参与热情。

此外，大化县财政局还重视加强宣传引导，多种方式营造“五位一体”农村信用体系建设的良好氛围。2022 年以来，各乡镇进村入户宣传 200 余次，发放“五位一体”农村信用体系建设宣传单 10 万余份，同时通过报纸、微信公众号等方式开展了形式多样的线上科普宣传，凝聚了“五位一体”农村信用体系建设工作的强大合力，形成了“人人讲信用、争当信用户，户户讲信用，争创信用村，村村讲信用、争创信用镇”的良好格局。

2. “政府+人民银行”推动模式的典型案例

近年来，广西壮族自治区南丹县按照“政府主导、人行推动、多方参与、共同受益”的原则，持续加强农村信用信息系统建设，已初步建立起县、乡两级联网的农户信用信息体系，实现农户信用信息共享，有效缓解了农户与金融机构间的信息不对称问题，帮助群众便捷地获得贷款，取得了积极成效。

南丹县注重科学统筹，强化机制保障，成立了县级农村信用体系建设领导小组，多次组织召开“五位一体”农村信用体系建设推进会，统一思想认识，明确各部门职责分工。在此基础上，南丹县结合实际推动出台了《南丹县深化推进“五位一体”农村信用体系建设助力乡村振兴工作方案（2021—2025）》，进一步为开展工作提供政策保障。此外，南丹县今年还为“五位一体”农村信用体系建设安排了专项预算经费 102.9 万元，为相关工作开展提供了强力的资金保障。

在政府主导和人民银行推动下，南丹县多措并举，通过信息采集、服务下沉、担保增信等方式，不断提高农民和新型经营主体的贷款可得性。一是持续推进“四级联创”工作，不断扩大农村信用信息采集覆盖面。截至今年年初，全县共建档信用户 3.5 万户，占全部农户的 55.24%；创建信用村 88 个，占全县行政村总数的 68.75%；创建信用乡（镇）7 个，占全县 11 个乡镇的 63.64%。大厂镇作为南丹县首个农村金融试点乡镇，已采集农户信用信息档案 2664 户、新型农业经营主体 11 户，累计 21 户信用户获得授信贷款共计211.2万元。二是大力推动普惠金融网点和服务下沉，截至年初已建成自治区级“农村金融服务进村专项活动示范点”11个，乡镇覆盖率100%；建成“三农”金融服务室141个，行政村覆盖率100%；建成金融综合服务站70个，行政村覆盖率54.69%；建成普惠金融服务点176个，行政村覆盖率100%。三是加强政银担合作，南丹县作为股东出资2000万元配合市级成立河池市融资担保公司，为辖内“三农”领域争取投放政府性融资担保项目贷款共118笔，惠及农民和新型经营主体114户，金额4416.18万元；同时，积极引导对接广西农业信贷担保公司河池办事处在辖内投放农业信贷担保业务64笔，惠及10家新型农业经营主体和54户个体户，在保金额1714.63万元。

此外，南丹县还结合金融知识宣传月活动，积极推进农村信用体系建设相关知识普及和宣传，逐步营造诚实守信的良好风尚，形成群众广泛参与农村信用体系建设的良好格局，推动了农村信用体系建设工作向纵深开展。

3. 人民银行主导模式的典型案例

近年来，中国人民银行大连市中心支行牵头、农业银行大连支行等金融机构具体实施，以农村信用体系建设为引领，积极推动农户信用信息应用转化，引导金融机构将更多金融资源配置到农村重点领域和薄弱环节，更好地满足乡村振兴多样化、多层次的金融需求，谱写了大连市农村信用体系建设赋能乡村振兴的新篇章。

一是建章立制，扎实推进信用村镇建设工作。为扎实推动农村信用体系建设，人民银行大连市中心支行联合大连市农业农村局，制定了《关于推进信用户、信用村、信用乡（镇）创建工作更好服务乡村振兴战略的实施意见》，确立了“信用村、信用镇”的参考评定标准，将村内集体经济情况、乡村治理水平、信贷资产质量等要素作为重要指标纳入测评体系。在此基础上，人民银行大连市中心支行先后多次组织辖内涉农金融机构召开座谈会专题研究分解信用村建设重点任务，建立信用村创建工作考核评价机制，将“农村信用创建”工作纳入辖区农村信用体系建设考核评价中，积极指导金融机构开展信用村创建工作。作为试点行，农业银行大连分行在人民银行的支持带领下，积极与乡镇政府及行政村合作开展信用村共建，通过密切政银合作，初步形成了银行放贷、政府监督、乡村自治、农民维护的良好信用监督管理体系。

二是宣传动员，引导农民群众积极参与共建诚信美丽乡村。人民银行大连市中心支行积极开展征信助力美丽乡村建设专题活动，组织辖内金融机构逐户深入走访，以农户信息采集、贷前调查、信用村创建为契机，进一步强化农户信用经营意识，用通俗易懂的语言向村民普及讲解征信的概念、对个人和家庭的意义、征信权益维护等知识，在农村营造“学征信、用征信、讲诚信”的良好氛围。同时，人民银行大连市中心支行鼓励辖内涉农金融机构积极探索信用贷款模式，让融资额度、融资利率与农户的自身信用程度、村内的诚信文明程度挂钩，让村民在享受贷款低利率、纯信用的同时，更加关注自身信用，培育文明乡风、良好家风、淳朴民风，展现乡村文明新气象。在人民银行引领下，农业银行大连普兰店支行党支部还与顾家社区党总支开展了支部合作共建，双方共同开展征信知识普及、惠农政策及产品宣传等活动，通过党建引领，在顾家社区打造了用征信助融资、促发展的良好信用环境。

在人民银行的政策支持和积极推动下，农业银行大连支行开通惠农绿色通道，一笔助农贷款从现场调查、签约到发放，最长仅 3 天时间，依托惠农 e 贷相关产品，目前已为 52 个信用村、1500 余户村民发放了 2.59 亿元贷款，极大地缓解了融资难问题，推动了当地农业产业发展和农民增收致富。

四、中国农村信用体系建设存在的突出问题及成因

经过数年探索，中国农村信用体系建设逐渐起步，初步取得了一定成效，对于农户信用意识提升和农业生产经营资金需求的满足都起到了积极作用。但是，中国农村信用体系建设情况地区差异较大，整体仍比较滞后，还存在几个亟待解决的突出问题。

（一）中国农村信用体系建设相关立法滞后

在农村信用体系建设方面，当前的法律法规还有许多问题有待完善。一是中国《社会信用体系建设规划纲要（2014—2020 年）》提出，充分发挥政府的组织、引导、推动和示范作用，鼓励和调动社会力量，广泛参与，共同推进，形成社会信用体系建设合力。但在实际操作中，地方政府由于认识不统一、难以量化考核等原因，对农村信用体系建设工作重视不足，支持推动力度不一。二是农户信用信息采集中往往不仅涉及农户个人基本信息，还涉及生产经营等信息，但在实际操作中各地的征信主体各有不同，其定位尚不明确，由此导致审批方面的障碍，若为个人征信机构，则需要人民银行审批，若为企业征信机构，则实行相对宽松的备案制。

三是征信主体的权责划分尚不清晰，多部门协调的沟通成本较大，监管主体也有人民银行监管、政府部门和人民银行共同监管、地方信用办负责监管等多种情况。此外，人民银行自身也在牵头和参与推动此项工作，形成了既是运动员又是裁判员的矛盾。

（二）信用信息采集标准不统一，互认共享难度大

当前中国农村信用信息数据库建设滞后，信用信息采集的主要方式是人工采集，不仅广度深度不够，而且定期更新比较困难。由于缺乏联动统一的信用信息系统，而且农户的信用评价指标难以量化，地方政府、人民银行、商业金融机构等主体在农户信用信息实际采集过程中，往往标准不统一，信息采集范围、指标体系、信用评级体系都不尽相同，信用户、信用村、信用乡镇的评定和建设也是政出多门，导致不同征信主体之间采集的信用信息数据和形成的信用评级难以互认共享，在农业银行的信用评级无法在其他银行使用，外出务工农户的信用评级也只在家乡生效，在外不被认可。这些不仅造成了人力、物力等资源的重复浪费，加大了各部门数据平台联网对接和信息采集更新长效机制建立难度，使农村信用体系建设成效大打折扣，还给农民造成了不便，打击了农民参与农村信用体系建设的积极性。

（三）政策保障和风险化解机制不完善，金融机构参与农村信用体系建设积极性不高

一方面，农户贷款风险较大、不良率较高，金融机构参与农村信用体系建设，发放信用贷款的风险较大。即使是“两权”抵押等有抵质押物的情况，也存在资产接收、处置各环节手续复杂、税费高等问题，一旦发生不良，抵押资产的拍卖处置难度较大，变现较为困难，银行承担的损失较大。

另一方面，中国农村信用体系建设的政策保障和风险化解机制仍不完善。虽然各地政府都根据实际情况出台了一些财政扶持、税收减免等优惠政策和激励措施，或者建立了风险保障基金等补偿机制，但是扶持力度并不足以抵消金融机构放贷的风险。在风险化解方面，保险和担保的表现也有提升空间，目前保险公司个性化的政策型农业保险产品较少，较难有针对性地满足特色农户贷款差异化风险保障需求；农村信贷担保体系也仍待完善，通过再担保、联合担保以及担保和保险相结合等方式加强融资担保

服务，防范化解农业信贷风险的能力较弱，难以为金融机构放款提供足够的风险保障支持。这都导致金融机构在响应政策配合开展农村信用体系建设时有所顾虑，积极性不高。

（四）农户配合度和参与意愿不高

一方面，农户信用信息采集中包括家庭收入、资产负债等涉及个人隐私的敏感信息，根据《征信业管理条例》，采集某些较为敏感信息（如收入、不动产等）尤其是个人信息，必须经信息主体的同意。但目前农村相当部分人口外出务工，很少返乡，有的甚至数年才回乡，与之取得联系获得同意难度较大，而且部分农户对于此类敏感信息的收集比较警惕和抵触，拒绝配合、虚报瞒报的情况时有发生，即使收集到相关信息，信息的真实性、准确性也难以保证。

另一方面，农村诚信教育和信用观念培养相对滞后，许多农户对于个人信用的概念比较模糊，尤其是在一些欠发达地区，他们的工作通常是简单的种养殖、体力劳动或外出打工，不具备投资创业的知识水平和素质能力，也没有相应的信贷需求。此外，农村信贷存在供需并不匹配现象，部分农户在日常生产生活中有购买化肥种子、农机具和农业服务，以及婚丧嫁娶、汽车和房屋购置等资金需求，但农村信贷的主要扶持方向是较有前景的创业或产业项目，对于小额农业生产贷款和日常生活贷款方面没有较多的产品选择和政策倾斜。因此，农户在农村信用体系建设中的参与度和配合度整体不高。

五、推动中国农村信用体系建设的对策建议

农村信用体系建设是金融服务乡村振兴的基础条件，针对目前中国农村信用体系建设中存在的问题，提出如下对策建议。

（一）加强顶层设计

在农村信用体系建设过程中，首先要加强顶层设计，推动相关法律法规的制定出台，明确中央和地方各级有关部门在农村信用体系建设中的角色定位，厘清各部门的权限和职责。在中央层面，可由中央农村工作领导小组牵头，与农业农村部、人民银行、银保监会、国家乡村振兴局等部门建立常态化工作机制，定期会商农村信用体系建设进展，共同推动农村信用体系建设相关法律法规和纲领性文件制定，指导各地信用户、信用村、

信用乡（镇）评选工作。

地方政府部门要进一步提高政治站位，深刻认识开展农村信用体系建设的重要意义，将农村信用体系建设纳入地方乡村振兴规划全局统筹推进，积极推动引导金融机构开展农村信用体系建设，进一步细化落实中央有关部门出台的相关意见，明确信息采集、加工、共享、监管等各环节相关建设主体的权责划分和工作配合机制，将农村信用体系建设成效和政府工作考核相挂钩，切实提高农村信用体系建设质效。

（二）加强农村信用信息互联共享

当前农村信用体系建设取得积极成效，但由于农户信用信息数据库多以县为主建立，存放于辖内，不与其他数据库相连通，各金融机构采集的农户信用信息也因为多种原因难以共享，农村信用信息互联程度较低，阻碍了农村信用体系建设进程。应尽快研究制定各地普遍认可的数据采集标准口径和信用评价指标体系，规范农户信用信息数据采集、处理、加工方式和流程，并由人总行牵头，统一各机构信用信息数据接口，在保护农户隐私安全的前提下，推动各机构间农户信用信息共享。除公共部门农村信用信息数据外，还可考虑以适当方式赋予相应权限，为第三方征信机构提供部分数据接口，逐步搭建起公共信用评定和民间信用评价相结合的农户信用评价体系。

（三）加大金融科技在农村信用体系建设中的应用

充分运用大数据、区块链等现代金融科技，为农村信用体系建设赋能。运用大数据技术提高农户信用信息处理分析能力，加快实现农户信用信息动态采集，提高农户信用信息时效性；整合多维数据信息，将房产情况、银行账户、生产经营状况、农户日常消费记录、水电暖等缴费记录、纳税情况、还款情况、民事裁决、行政处罚等相关信息通过大数据手段实现跨平台对接汇总，完善农户信用画像，进一步推动实现精准授信。充分运用区块链技术的去中心化、分布式记账、非对称加密等特性，以点对点方式简化数据共享流程，提高农村信用信息共享效率，使用私钥加密保护农户信用信息数据隐私安全，降低信息泄露风险。通过金融科技手段进一步延伸拓展农户信用评级应用场景和领域，在医疗、出行、住房等多个领域赋予信用评级达标农户更多优惠和便利。

（四）加强基础设施建设，提高农村金融服务便利度

在当前基础上，进一步加强农村金融基础设施建设，由地方政府牵头协同有关部门加强农村网络基础设施建设和升级改造，提高光纤、5G网络的铺设和覆盖水平，为农村金融服务发展提供硬件设施载体和保障。人民银行牵头，统筹各金融机构在农村人口密集地区，增加银行网点、便民金融服务点的建设密度，不断提高金融服务村级覆盖面；加强银行网点、便民服务网点智能化水平，加强智能化终端的培训和使用，拓展存贷款、缴费、保险、理财等多种金融服务，提高农村金融服务便利度和可获得性；加强金融机构业务培训和基层业务骨干培养，不断提高金融机构基层工作人员专业化服务能力，提升农村金融服务满意度；加强金融基础知识宣讲普及，提升农民群众金融素养。

（五）加强宣传引导，不断优化农村信用环境

加强宣传引导，凝聚各方力量，对农村信用体系建设顺利开展也十分重要。各地政府应加强对宣传工作的重视，制订专门宣传方案，协同各有关部门共同推进农村信用体系建设宣传，创新宣传方式和手段，以农民群众喜闻乐见的方式讲解普及农村信用体系建设的意义、进展和成效。发挥典型示范效应，通过发掘农民群众身边因信用良好而增收致富的鲜活案例让农民群众看到诚实守信之利，以反面案例开展警示教育，揭示失信之弊，不断提高农民群众信用意识，营造自觉守信的良好环境。加强守信激励和失信惩戒，对信用良好的农户，通过给予贷款优惠、简化审批流程、提供更多医疗、出行等生活便利的方式予以激励；对于恶意失信者，通过限制其贷款资格、视情节对其进行相应严格处理等方式加强惩戒，引导农民群众自觉参与农村信用体系建设，优化农村信用环境。

第十二章　金融科技助力农村金融服务创新*

一、当前时期农村金融服务的主要“瓶颈”

新时代以来，随着金融支持乡村振兴工作深入开展，我国农村金融市场环境得到较大改善，各类农村金融产品、机构、模式创新不断涌现，取得了比较好的成绩，同时也存在一系列“瓶颈”问题需要进一步研究，主要体现在以下三个方面。

（一）农村金融服务需求特点

1. 一般农户

从当代农民面临的经济决策来看。受历史传统文化观念影响，“小富即安”“安土重迁”是我国作为农耕文明代表的典型生活状态，改革开放至今，我国只用几十年的时间就走过了西方国家上百年的发展阶段，取得的成就居功至伟，但也带来社会运行形态和社会观念较为剧烈的变化，加上农村地区基本社会保障制度、保障水平仍需进一步完善和提高。基于这些现实因素考虑，农村地区居民出于防范风险的目的，参与市场经济决策时通常偏向保守，加之农村土地、房屋等基本生产经营要素及配套体制机制未完全放开，各类生产经营要素市场化程度不够，农产品品牌建设滞后，农业经营经济附加值偏低等一系列问题始终持续存在，客观上而言，农村居民对金融投融资的真实需求既包括组建农民合作社等新型农业经营主体生产经营资金需要，又包括婚丧嫁娶等临时性大额消费资金需要。但目前国内正规金融机构提供的普惠金融贷款总体以扶持农业生产经营为主，对农村居民临时性大额消费贷款无论是额度还是审批门槛都有较大局限性，在一定程度上可以说当前农村金融融资供给与农民实际需要存在一定偏差，农村地区出现了“农民想申请贷款却申请不到，金融机构想发放

---

* 本章作者为解辞，南京中合融惠信息科技有限公司副总经理。赵丽萍，南京中合融惠信息科技有限公司市场部经理。亓渴慕，南京中合融惠信息科技有限公司 IT 产品经理。

贷款却放不出去”的结构化供需错位问题。

2. 新型农业经营主体

从农村新型农业经营主体市场化决策角度来看，目前农村地区种养殖大户、农民合作社、农业公司等各类新型农业经营主体普遍规模较小，难以足额提供农业贷款所需的担保或抵押品，政策性农业信贷担保受地方财政充裕程度影响，覆盖范围、担保额度尚不充分，农村两权抵质押方案未形成可推广、可复制的成熟模式，农村信用体系建设的覆盖面也需要从自然人向法人进一步扩大完善；同时，现代农业发展产业化程度不高，难以形成和吸引服务现代农业的高新技术创新人才进入农业经营产业链，这在一定程度上限制了各类新型农业经营主体进一步投资扩大再生产。因此，当代新型农业经营主体市场经营特征与现代商业金融体系要求之间存在发展阶段不够同步的问题，农村普惠金融全面落实有待现代农业进一步产业化发展。

（二）农村金融服务“供给侧”的“瓶颈”

1. 国内大型商业金融机构的服务网点和手段“瓶颈”

在国内城镇化浪潮和金融机构商业可持续性要求的双重影响下，国内大型正规金融机构自营服务场地和设施在农村地区呈现不断收缩趋势，取而代之的是采用与农村个体经营户合作设立普惠金融服务点的方式，为农村居民尤其是偏远地区农村居民提供基本金融服务，或直接通过推广“手机银行”等数字金融技术低成本覆盖农村地区。

这些替代方案在一定程度上满足了金融机构兼顾商业可持续和普惠金融社会责任的需要，但在具体实施过程中也暴露了一些问题：一是农村个体经营户兼营普惠金融服务点提供的金融服务种类不齐全、不专业，少部分地区甚至存在“收费空挂牌”“帮金融机构作假走形式”的问题；二是以留守老人、儿童为主的农村居民对数字金融应用熟练程度不够，农村居民数字化应用使用习惯和使用能力不足，金融科技服务适配老龄化程度不够，数字技术服务农村弱势群体风险管理体系不健全等情况依然存在。因此，笔者认为大型正规金融机构在农村地区撤、并、消基层服务机构后，其普惠金融替代措施尚不能完全符合当前时期农村居民金融需求特点，难以充分满足农村居民的基本金融需求，大型正规金融机构农村普惠金融工作仍有进一步提升空间。

2. 在地方化中小微金融机构能力和定位“瓶颈”

出于对金融风险管理方面的考虑，当前时期农村金融服务的开展，仍以商业银行尤其是大型国有商业银行执行政策性普惠金融任务为主，除区域性中小商业银行外，对充满地域特色的农村小额贷款公司、融资性担保公司、新型合作金融组织等地方金融业态支持力度较低，符合区域“小而美”特色的普惠金融发展战略和配套措施尚待完善，地方金融组织运行质量参差不齐，优质地方金融组织培育力度不够；而作为区域性正规金融机构如农村商业银行、村镇银行等，或为追求经济效益，积极跨区域扩张经营，脱农向城，或随着经济下行，内部治理、外部监管等风险问题暴露，区域性金融扶农、支农主力军地位有所减弱。因此，笔者认为当前时期农村地区多层次、结构化的金融供给结构和供给体系尚未形成，需要进一步深化农村地区金融服务体制改革，支持在地方化中小微农村金融机构发展，满足不同地区差异化、小众化的普惠金融需求。

（三）金融服务中间市场面临的“瓶颈”

金融市场天然存在供给需求不均衡，借贷双方信息不对称等问题，自然衍生出对金融服务中间市场的需求，无论城市金融服务还是农村金融服务，都以正式或非正式的方式存在大量“助贷机构”为金融资源供给者和需求者搭建渠道和桥梁，在本章中笔者将其统称为“金融服务中间市场”并简要分析存在的一些发展“瓶颈”和问题。

1. 从业机构和从业人员执业行为不规范

金融服务中间市场参与者相对于普通农村居民而言，对金融机构提供的金融产品更加熟悉，能够更好地为有信贷需求的农村居民匹配合适的金融产品，但由于缺乏行业规范和阳光公开收费标准，中间市场参与者利用信息优势坑害金融消费者的行为屡见不鲜，渐有“劣币驱逐良币”的趋势，农村地区接受金融助贷服务的金融消费者在权益保护上面临较大挑战，也破坏了正常的农村金融市场秩序。

2. 供应链金融科技存在金融风险隐患

对以“供应链金融科技”为切入点的金融服务中间市场参与者而言，围绕农产品和农业生产资料产、供、销全环节物流、资金流、信息流数字化改造，为金融机构深入推进农业供应链金融服务乡村振兴提供有益场景，这是大多数从事“供应链金融科技”服务的商业资本发力的方向，但目前农业供应链金融科技仍处于创新期，服务形式、广度、深度有待进一步完善和成熟，行业监管也还存在一些空白之处，少数地区甚至出现以“供应链金融科技”之名，行融资性贸易之实的现象，潜藏重大金融风险，威胁农村金融市场健康发展。

因此，笔者认为我国农村地区金融服务仍然不全面、不充分，面临许多“瓶颈”和困难，但值得肯定的是，金融机构提供农村地区金融服务总量和质量仍然整体向前发展，并未出现倒退，金融支持乡村振兴力度不断加强，尤其是步入新时代社会主义建设时期以来，在数字经济成为驱动我国经济实现又好又快增长新引擎的宏观背景下，作为数字经济发展的有机组成部分，金融科技借助数字化手段实现对金融资源精准优化配置，从而使金融科技成为进一步破解农村金融“瓶颈”，助力乡村振兴的关键举措，总结近年来金融科技在农村金融领域的最新经验，研究分析将来可行的金融科技支持农村金融创新发展方向，对进一步深入运用科技手段发展农村普惠金融、助力乡村振兴具有重大现实意义。

二、金融科技概念、类别及主要特征

（一）总体概述

1. 基本概念

金融科技目前未形成统一公认的标准概念，但总体而言大致存在三种定义[①]：一是从业务模式的角度，将金融科技定义为金融和科技相融合后的业务新形态，具体包括数字支付、智能投顾等服务形态；二是从科学技术的角度，将金融科技定义为各类应用于金融业的科学技术的集合，包括大数据、云计算、区块链等功能新形态；三是融合了业务模式和科学技术的表述，将金融科技定义为技术带来的各类金融业务创新。

2. 分类标准

（1）从信息技术角度看，金融科技关键技术包括云计算、大数据、区块链、人工智能等。正如前文概念所述，基于技术角度的金融科技分类属于狭义概念，并且依托不同的技术手段的组合研发，金融行业拓展了其概念的广度和深度。

（2）从商业业态角度看，金融科技可划分为第三方支付、众筹、P2P网络借贷、互联网保险、智能投顾、移动金融、互联网征信以及数字货币等细分商业业态。在这些业态中，有的属于尚未被监管机构纳入金融监管范畴的创新活动，如众筹、P2P 网络借贷等；有的是传统持牌正规金融机构金

① 卫航．金融科技研究综述［J］．金融科技时代，2018：38-42.

融业务从线下向线上转移，如“手机银行”“银行微信服务平台”等移动金融应用；有的是以机器服务替代人工服务，如智能投顾、智能柜员机等自动化金融应用；有的则是对传统金融的重大颠覆，如数字货币、高频交易等应用。

（3）从金融产品角度看，金融科技可涵盖供应链金融、消费金融、共享经济信用评价、平台经济信用评价等。随着金融理论和金融科技的发展，金融的内涵也在不断丰富，但与金融业态深层次的演变不同，这些金融科技应用对金融底层理念没有发生颠覆性影响，但也推动着金融概念不断地丰富。

在本章中，笔者将基于技术角度的分类，对基于大数据技术、云计算技术、人工智能技术和区块链技术为底层特征的各类金融科技应用进行总结分析，介绍其现状和存在的问题，进而提出笔者的观点。

（二）大数据技术

1. 概念和特征

目前，关于大数据处理技术有许多理论概念。最常见的概念是超过100TB的数据集，具有多种的数据类型和高速实时数据流特性的一个规模庞大的数据集合，但它远远超过了传统的数据库工具可以处理的范围。大数据传统的3V特征是指：规模性（Volume）、多样性（Variety）、高速性（Velocity）。随着大数据技术的不断发展，不断有人提出新的特征论断，在3V特征的基础上提出了4V特征：Volume（规模性）、Velocity（高速性）、Variety（多样性）、Value（价值性）。

2. 技术原理

（1）数据核心原理：从流程核心到数据核心①

在当前的大数据时代，计算机的发展模式有了很大的转变：从以往的以流程为核心转变成以数据为核心，以具有代表性的分布式系统基础架构Hadoop为例，分布式计算机的框架结构对大数据技术有着较高的依赖性，在一定程度上改变了计算机数据的处理模式，利用大数据技术进行数据信息收集、整理、分析，使数据信息的价值得到体现，进而影响了计算机流程设计。

---

① 张卜月．大数据技术原理与应用探微［J］．信息记录材料，2019：138.

（2）数据价值原理：从功能价值到数据价值

大数据技术可以将数据整体进行在线实时显示，这是基于互联网的大数据技术的一大特征，在互联网技术发展的初期阶段，由于数据体量不够，导致对数据信息价值认识缺失，然后参照传统抽样统计等调查方法开展数据分析，难以避免人们在数据信息利用和认识方面存在不足和偏差。如今利用大数据技术对数据信息的处理，能够整体上对所有数据进行客观分析，准确得出消费者的消费倾向以及不同需求的细节和比例，而不是局限于原有的抽样调查和统计学分析方法造成反馈失真的可能性。

（3）全样本原理：从抽象样本数据分析到需求全部数据样本

对于需求全部数据样本的使用，能够让我们发现数据体量的庞大，以及未知数据对数据分析结果的重要影响，因为互联网技术的发展使数据量呈指数增长，数据分析结果的准确度就有明显提升。对比以往的抽样样本数据分析方法的数据纯工具属性，数据量的增加使数据自身的价值属性本身增加，数据聚合本身带来了更多的数据，大数据分析通过分析自身实现进一步自我延伸和增值，这是大数据技术与一般数据分析技术在底层原理上的重大创新。

（三）云计算技术

1. 概念和特征

云计算技术尚未形成统一的标准概念，总体而言云计算技术属于分布式计算技术的一种，以网络云为载体，在运算处理程序的支持下将海量数据信息分解为单个小程序的组合，并通过服务器组成系统进行科学处理，运算后将小程序分解计算结果重新聚合反馈给用户；从另一种角度分析，云计算可以视为通过简单的分布式计算，科学分发亟待解决的任务，并将计算结果进行有效整合的手段。

随着云计算技术的发展与普及，目前云计算已成为可提供丰富资源的网络，用户不但可以随时随地获取云计算中的资源，还能结合自身实际需求有针对性地取用相关资源，实现数据和计算的结构化耦合。

2. 技术原理

云计算技术原理主要体现在数据安全性、降低计算机成本、存储容量大以及改进性能等方面①：一是云计算技术功能的发挥，无须软件的硬盘工

① 王翰钊．基于计算机的大数据和云计算技术探讨［J］．信息记录材料，2022.

具及处理能力，可在云端运行与应用，计算机成本得到了节约；二是通过云计算技术的实施，有效规避单一计算机在本机程序与进程上的限制，发挥云计算系统性能弹性化设计优势，从理论上来说云计算技术的数据储存容量几乎是无限的；三是基于云计算技术构建云计算网络，有助于增强数据的存储能力，相比传统计算机存储方式，云计算存储只需要利用网络架构，而不需要其他的物理存储介质，因此云计算网络理论上可以容纳无限大的数据存储，且能够有效避免物理和外界因素带来的干扰，极大地降低了数据丢失的风险。

（四）人工智能技术

1. 概念和特征

人工智能缩写“AI”。它是指根据计算机理论模型研究、开发用于模拟、扩展和执行人脑智能的理论、方法、技术及应用系统的技术科学。人工智能是计算机科学的一个分支，目的是探索人脑智能的实质，并生产出一种新的能以人类智能相似的方式做出反应的智能机器。该领域的研究包括机器人、语言识别、图像识别、自然语言处理和专家系统等人工智能技术[①]。人工智能结合金融服务主要是指借用人工智能技术处理金融领域的问题，包括股票价格预测、评估消费者行为和支付意愿、信用评分、智能投顾与聊天机器人、保险业的承保与理赔、风险管理与压力测试、金融监管监测与风险主动识别等。

2. 技术原理

人工智能的工作原理是：计算机通过传感器（或人工输入）收集限定情景数据事实，并通过将这些信息与存储的信息进行匹配来确定它的有效性。计算机根据收集的信息计算所有可能的操作，并预测哪种操作最有效，进而做出自我判断和输出信号。但是，目前而言计算机只能解决程序允许解决的问题，不具备一般意义上的分析能力，离真正模拟人脑智能还存在极大差距。

（五）区块链技术

1. 概念和特征

区块链技术有广义和狭义之分，狭义区块链技术是指一种链式数据结

---

① 尹志超，余颖丰. 重视金融科技在金融发展中的作用［N］. 光明日报，2018-11-20.

构，按时间顺序排列相连的数据区块组成，并通过密码学方式保证的不可篡改和不可伪造的分布式账本；广义区块链技术的应用代表了分布式基础架构和计算范式的新模式。使用区块链中的数据结构验证和存储数据，并使用分布式节点和加密方法来检索和更新数据。确保数据传输和访问的安全，并使用智能合约（包括自动脚本）进行编程和数据处理。

区块链技术主要特征包括五个方面①：一是去中心化，即区块链技术不依赖第三方机构或硬件设施，没有中心管制；二是开放性，区块链技术是开源的，数据对所有人开放，任何人都可以通过公开接口查询区块链数据和开发相关应用；三是独立性，基于协商一致的规范和协议，所有节点能够在系统内自动安全地验证、交换数据，不需要任何人为的干预；四是安全性，只要不能掌控全部数据节点的51%，就无法肆意操控修改网络数据；五是匿名性，除非有法律规范要求，各节点身份信息无须公开或验证。

2. 技术原理

区块链架构基本分为基础层、驱动层和应用层三层。基础层是区块链的生态基础，位于最下层，包括去中心化的对等网络及其承载的生成、验证并存储数据的数据层。驱动层用于上层应用驱动基础层的网络和数据工作，从而驱动区块链架构的运转，包括共识机制、激励机制和智能合约三类机制。应用层位于架构最顶端，包括专有应用和基于通用服务平台的应用，形成各类使用区块链技术的产品。

三、金融科技应用支持农村金融服务创新的成绩

金融服务“三农”工作在最近几年来取得显著成绩，其中发挥了重要作用的当属金融科技。当前，涉农金融科技产品和服务逐渐丰富，农村数字金融基础设施进一步优化，本章将通过六个典型案例具体介绍和说明金融科技在“三农”方面的应用情况。

（一）改善金融服务供给环境助力金融机构“敢贷”“愿贷”

深化小微企业金融服务供给侧结构性改革，构建长效机制，多措并举推动金融机构加大加快对普惠小微企业的信贷金融服务支持。本节通过中国银行和中国建设银行山东分行的两个案例可以深入了解金融机构如何增

---

① 姚忠将，葛敬国．关于区块链原理及应用的综述［J］．科研信息化技术与应用，2017：3-17.

强“敢贷”信心、激发“愿贷”动力。

1. 中国银行基于区块链的产业金融服务

该项目由中国银行发起，主要应用于中国银行供应链金融场景，面向产业链条上下游及衍生生态的企业客户及个人客户。中国银行针对融资过程中银行业务成本高、中小微企业融资难等问题，提出了将区块链技术和供应链紧密结合，帮助链上中小微企业有效融资的解决方案。通过这样的金融科技应用，一方面帮助银行降低服务成本、减少融资风险；另一方面能够打破链上参与方的业务边界和信息壁垒，提高融资效率，优化金融生态。

（1）业务逻辑方面，中国银行基于区块链技术打造数字化产业金融服务模式：应用区块链技术建立服务网络，实现对供应链体系中各类业态数字赋能，为生产、流通、金融企业以及政府机构提供物流、营销、信息、金融等信息的集成交互服务，从数据流安全、信息流共享方面，解决供应链各方融资难、融资贵的问题，即构建供应链商流、物流、信息流和资金流“四流”信息上链与可拆、转、融的数字信用凭证相结合的金融生态。

（2）业务细节方面，中国银行开发构建基于区块链的产业金融服务平台，使用该平台的用户与中国银行签订协议，并开立中银 E 证，使用中银 E 证作为用户在平台上的电子债权凭证，用于记载并证明电子债权凭证持有方持有的以中银 E 证开立方为债务人的应收账款，任一中银 E 证均可通过其编号对应特定的应收账款，中银 E 证可转让、可拆分、可融资，其转让、拆分和融资即所对应应收账款的转让、拆分与融资；同时，通过中银 E 证还能提供企业注册审批、数字信用凭证的开立签收、拆转、融资及相关审批流程等功能。

（3）网络安全方面，一方面该平台采用中国银行独立私有云服务器的部署方式，保证客户数据实现中国银行的内部化管理，并利用密码算法对交易数据信息进行加密保护，关键数据信息以密文形式进行存储；另一方面系统针对区块链网络节点和上层应用，配套建设了监控和报警系统，能够及时发现和报告系统运行过程中的异常问题，并制定有应急预案，保障系统一旦出现问题就可以及时解决。

（4）应用价值评价：一是实现对供应链信息流、订单流、物流、资金流的数据管理，打通多方数据孤岛，集合产业链上下游数据信息，能够建立供应链企业信用体系；二是可以为中小微企业提供包括可拆、转、融的数字信用凭证、流动资金贷款、应收账款融资等场景在内的金融服务；三是利用区块链的可追溯性及供应链相对闭环的特性，可以实现对相关业务产品及企业行为的“穿透式”监管，促进产业生态向有序化、健康化发展；四是可以实现贷款业务的线上线下融合应用，涉及信用贷、抵押贷款等多种贷款形式风险管理流程再造。

2. 中国建设银行山东分行基于物联网的蔬菜产业融资服务

中国建设银行山东分行为了促进现代“三农”金融服务体系创新，加快数字化平台经营建设，助力农业生态建设，2020 年 9 月，建行山东省分行建设的“蔬菜智慧管理服务平台”在潍坊寿光市正式投产，这是建行创新应用中以智慧农业为基础，以产业链生态为重点的首个场景项目。目前在“京沪菜篮子”之称的聊城莘县、临沂兰陵成功复制上线。该项目引入创新金融服务，打通当地蔬菜生态产业环节，推动蔬菜产业数字化管理，推进金融服务下沉农村，为智慧农业提供可复制可持续的样板。

（1）总体思路，建行山东分行牵头研发建设“寿光蔬菜智慧管理服务平台”，以平台为基础建设智慧农场，实现农场园区管理、蔬菜大棚管理、远程监控管理、信用体系建设、资金支付结算等一体化产业链生态场景数字平台。平台采用“1+2+N”的总体框架，构建“1”个蔬菜智慧管理服务平台架构，搭建大数据平台和物联网平台“2”个基础支撑服务系统，部署“N”个服务应用：

“1”即建设一个蔬菜智慧管理服务平台，集智慧农业、产业管控、远程监控、供销流通、信用评分等多项功能于一体；“2”即两个系统支撑，包括大数据系统和物联网系统，一是建设大数据系统，接入当地六大数据库，运用大数据技术对农民多维精准画像，对产业发展精准定位，实地摸排统计，绘制蔬菜基地“一张图”；二是建设智能物联网系统，通过远程监控、物联设备、传感控制器等系统，实现对大棚农田土壤水分、温湿度、光照强度、二氧化碳浓度等数据实时监测信息，严格控制大棚环境，使蔬菜生长环境不受气候环境影响；“N”即部署多个服务应用，目前一期平台上线智慧农场、蔬菜交易终端系统、蔬菜追溯及展示三大应用，实现帮菜农管大棚，帮市场管交易，帮政府管市场。

（2）业务细节，“寿光蔬菜智慧管理服务平台”已整合蔬菜产业链上 1000 余万条信息流，其中涵盖大棚数据 14.55 万条，同时还上线“资金支付结算”“马上收单”和“惠懂你”产品超市三项金融服务功能，实现蔬菜种植管理、客户融资申请等流程线上化，让“数据多跑路、客户少跑腿”，提高蔬菜种植管理智能化水平，缩短信贷业务办理时间，提升客户服务体验：

“资金支付结算”拓展了平台支付结算服务功能，提升企业、菜农的客户服务体验，提高蔬菜产业流通效率，保障资金结算安全性，并且平台各方权益得到充分保障；

“马上收单”实现了客户在线提交商户申请材料，通过审核后可实时下载并使用二维码收单，提升了平台客户收款效率；

“惠懂你”产品超市使平台上的个体工商户、合作社等小微客户体验到了我行惠普金融信贷产品服务。

（3）数据与风险管理，一是通过引入物联网采集的蔬菜种植、交易数据和从寿光市大数据中心获取的涉农数据，丰富菜农菜企的融资风险评价维度，为银行评估菜农蔬菜种植情况、农企经营状况提供数据支撑；二是在合法合规的前提下，对蔬菜种植、交易等多维度数据进行联合建模分析，提升银行对客户融资风险评估的准度，提高银行信贷风控水平。

（二）以客户需求为中心，打造定制化金融科技服务

随着围绕金融科技发展的系列规范逐步明确，科技已成为金融机构内生的动力，针对不同客户，有不同的解决方案，真正实现以客户为中心的服务。

1. 邮储银行海南省分行基于区块链的海南橡胶收购金融服务

2020年初，海南省加大金融产品和服务方式创新力度。以“支付+产业”为切入点，银联海南省分公司和邮政储蓄银行海南省分行与海南天然橡胶产业集团合作，构建了基于区块链技术和5G应用原理的“智能橡胶采集平台”，实现橡胶产业信息化、流程无纸化、资金无现金化等功能；实现生产管理、过程跟踪、收割采集和销售核算等环节都处于线上闭环管理。邮储银行海南省分行还为全省橡胶工人定制了海南橡胶农民丰收卡，推出了降低服务费、胶农绿色通道、降低贷款利率等服务，加大对橡胶产业发展的金融服务支持。

邮储银行海南省分行在全省14个市县完成“橡胶智能采购平台”上线培训，为海南省橡胶农户开通11万张丰收卡，开通886个橡胶收款点服务账户；推进橡胶收购点建设和收购点电子秤使用，针对海南省橡胶丰收卡，引入了减免手续费等各种优惠权利，为海南省橡胶从业人员、橡胶收购点、加工厂提供服务，以满足他们的服务需求，受到了胶农的一致好评。

收购商和胶农在海南白沙县邮储银行开立结算银行卡，通过定制智能POS机具直接刷卡，资金充入平台系统，平台直接向橡胶农民发起代付交

易，海南银联负责在平台上提供全方位的金融服务。通过平台支付交易，不仅可促进农民和橡胶贸易商之间的橡胶贸易，更重要的是获得各环节真实数据。将有助于政府了解产业发展趋势，为未来精准发放产业补贴提供依据和保障。

2. 宁夏黄河农商行基于人工智能的肉牛养殖农户信贷服务

宁夏黄河农村商业银行股份有限公司"基于人工智能的肉牛养殖农户信贷服务"项目作为宁夏首批试点项目获得推广，项目应用大数据、人工智能技术对行内农户历史交易信息和农户基本情况、肉牛养殖情况等数据进行分析挖掘与处理，构建信贷融资风控模型，辅助银行评估养殖农户信贷融资风险，为农户提供精准有效的融资服务。同时，在风险可控的前提下加大对具有劳动能力老年人的金融支持力度，提升老年人金融服务的可得性和满意度。

（1）授信管理方面，通过线下入户摸底工作（如面对面交流、邻里走访等）对有不良征信记录的农户情况进行深入分析，精准识别失信原因（如遭遇重大疾病、自然灾害等），对由非主观意愿形成不良贷款的农户，采取减免利息、再度授信等措施缓解农户经营压力，修复农户信用，实施"信用重建"。

（2）风控能力方面，运用机器学习技术构建信贷融资风控模型，实时生成养殖农户信贷融资风险评估结果，实现风险评估工作从纯人工操作到智能化手段辅助人工决策的转变，有效地提升了银行信贷业务风险管控水平。

（3）客户服务方面，开展"金融夜校"工程，针对性为农户进行养殖、防疫等技能培训，助力农户提高肉牛养殖生产经营能力，提升银行普惠金融服务水平。

（三）发挥数字化优势，提高金融服务中间市场工作效能

金融发展呈现明显的数字化特点，作为金融行业的重要细分领域，银行业一直以来积极推进数字化转型，有效地提高了自身运营效率，也提升了金融服务经济发展的质效。

1. 浙江网商银行"亿亩田"基于卫星遥感和人工智能技术的智能化农村金融科技服务①

2020 年 8 月末，浙江网商银行上线了"亿亩田"金融科技平台，这是

① 陈成．科技赋能信贷典型案例报告［J］．零壹财经，2020.

一个基于卫星遥感和人工智能技术的智能化农村金融服务，通过人工智能、大数据和卫星遥感技术，赋能农村金融，基于深度神经网络，AI 模型算法建立卫星识别模型，实现涵盖水稻、小麦、玉米等作物的全生长周期识别模型，及地块识别、云块识别等模型，以此来解决农户种的是什么、种多大、种得好不好的问题。为县域内新型农业生产经营主体提供更便捷、更精准和额度更加适配的信贷服务，支持农户的生产经营，服务亿亩良田，助力乡村产业振兴。

（1）在技术上，一是网商银行通过卫星遥感技术，以此获取种植大户的作物全生长周期遥感影像，积累可信任、可追溯的数据源，从而为农户授信策略提供服务，扩展数据维度；二是通过人工智能图像识别技术分析遥感影像，实现作物品类、种植面积、长势情况等识别，建立作物种植画像，以便了解农户贷款需求时点及授信动态管理；三是网商银行运用大数据风控技术，构建了种植品类（果蔬茶等）行业风控模型，实现对农户的精准授信，提升“三农”用户融资效率。

（2）在大数据建模上，该项目深度结合种植行业特点，参考中国遥感中心、大地量子、佳格等专业机构作物模型，根据优质产区种植品类的长势数据，建立差异化风险防范控制体系，这个差异化体现在不同区域、不同季节、不同行业种植成本上，通过运用全面的合法合规的数据源来设计模拟操作，提高风险控制精确度。

通过新技术赋能，网商银行在贷前阶段能够识别作物种类及面积给出授信额度，贷中阶段识别作物长势监控潜在风险，动态调整授信额度，截至 2020 年底，网商银行预计可以服务个人用户数约 500 万人，用户主要为种植大户、职业农民、家庭农场、农业合作社等，年融资笔数约 200 万笔、年授信额度约 600 亿元。

2. 中国供销集团中合融惠公司基于物联网技术的农产品流通金融科技服务

南京中合融惠信息科技有限公司是中国供销集团新供销产业发展基金管理有限责任公司旗下子公司。公司打造“供销智链”“一站式”农产品供应链综合服务平台，连接农产品和日用消费品流通体系的上、中、下游主体，通过数字供应链服务方式，实现对订单交易、仓储物流、资金结算等闭环管理；在商品流通、信息管理基础上提供动产质押、小额贷款、商业保理等供应链金融服务，助力农产品及日用消费品的双向流通。

（1）总体思路，“供销智链”平台以数字产业链、数字供应链和数字金融为主要发展方向，依托供销合作社体系优势，不断向农业产业链上下游扩展，借助县域流通基金与供应链金融服务，吸引农业产业链上下游大中型企业“上链”，上游通过交易平台实际交易将产地、工厂、基地的产品发入监管仓，再由监管仓根据交易平台上下游各渠道的订单交易出仓，监管仓负责看管货物，确保货物安全，资金方及货主方通过系统完成各类金融服务及货物操作，平台可以在线完成钱货两清的处理、交易闭环及货物储运管理。

（2）业务细节，在上游生产领域，同中粮集团、北大荒集团、益海嘉里、五得利公司、泰国环球农业等农产品上游企业建立合作关系，实现订单化采购农产品；在中游仓储运输领域，已同福建供销云仓公司，中通云仓、SFDHL等仓储、物流和配送服务商建立合作关系，实现农产品在产地仓、运输、监管仓、销货仓一体化服务，依托位于全国的分布式供销智链监管仓体系及管理系统，为上下游渠道提供专业细致的监管及资金清结算服务；在金融服务领域，同浦发银行、华夏银行、兴业银行、恒丰银行等在供应链金融、征信服务方面对接建立合作关系，实现农业生产、流通全环节供应链金融与大数据信用分析。

（3）数据与风险管理，供销智链金融服务以平台业务数据为切入点，以监管仓为基础，积极拓展与各类金融机构的合作，围绕智链上的用户开展商品监管，提供上游供应链及下游真实贸易数据，明确货物权属，协助货物处置以此开展供应链金融服务。推进金融服务向农村渗透，为科技新金融、数据新供销、互助新保障打牢基础。

截至2022年上半年，中合融惠公司“供销智链”平台在全国27个省81个城市128个签约监管仓“上链”，平均单个仓库容量为5000~2万立方米，总计仓库存容量约80万立方米，初步搭建起以物联网技术为特色的，基于供销体系流通网络优势的农产品供应链金融科技综合服务平台。

四、金融科技支持农村金融服务创新存在的问题

（一）综述

近年来，随着大数据、云计算、区块链、人工智能等新技术的兴起，我国农村金融市场借助金融科技创新产品、创新模式，推出大量支持“三农”发展的金融创新形式，有效地提升了金融支持乡村振兴能力，农村地区居民对金融服务的满意度逐年呈现上升趋势，但仍存在一些问题：一是农村地区数字化建设以及文化水平存在差异，导致金融科技“数字鸿沟”

问题；二是产品适应性差、推广难，同时缺乏对农村金融服务创新考核的有效举措和政策激励措施，内在动力不足，外部推力不够；三是金融服务提供方使用大数据技术算法进行客户画像和贷款决策，虽然能够有效满足客户的金融需求，但这并不能完全消除金融“嫌贫爱富”的特征，加剧了不同群体间金融资源匹配差距；四是数据安全风险事件时有发生，侵犯个人隐私和财产安全，给市场带来很大负面影响等。

本章中，笔者拟从“数字鸿沟”“价格歧视”“城乡金融资源差距”三个方面对目前金融科技支持农村金融服务创新存在的问题进行介绍。

（二）数字鸿沟

“数字鸿沟”是指随着科学技术的发展，在全球数字化过程中，由于移动互联网、云计算以及各种智能设备的普及，带给生活便利性的同时也造成了很多信息落差加剧了信息不对称及贫富两极分化的趋势，“数字鸿沟”在金融科技领域带来的问题主要表现在以下三个方面。

1. 加剧信息不对称，对金融知识和计算机知识、习惯欠缺人群缺乏人文关怀

在经济发达地区，投融资板块活跃，人们获得贷款的途径比较多，例如，商业银行、小贷公司、投资公司、民间借贷、互联网平台、供应链金融平台等，无论是从借款规模和借贷利率方面都有较大优势；而经济欠发达地区，受限于知识、阶层、年龄、计算机技能的差距，对数字化应用熟练程度高的人群，获得的金融基本服务与经济发达地区已无明显差距，但对熟练程度较差、接受新生事物意愿度较低的农村居民而言，金融科技的发展加剧了他们享受基本金融公共服务的困难。

必须肯定的是，金融科技的确通过“长尾理论”覆盖了更多社会阶层和人群，实现了更大范围的普惠服务，但是结合各类金融机构不断裁减线下服务设施并将各类服务主要通过线上方式提供，这也将更少的一部分人彻底隔离在现代科技化金融体系之外，进一步限制了他们公平享受普惠金融服务的权益和机会，其中以下面两类情况最为典型。

（1）需求无障碍金融服务的特殊人群，当前金融科技应用对偏远地区行动不便的农村居民，对老年、残障、文盲、少数民族，对地方方言、民族语言等无障碍金融解决方案仍然存在较大空白。

（2）拒绝数字金融应用的“保守”人群。他们仍在“固执”地采用传统方式进行融资，或通过亲友等民间借贷的方式获得资金支持，或到正规金融机构线下网点寻求金融服务，对通过金融科技手段提供的融资支持途径不懂、不愿，也不敢去尝试，数字化应用倒逼人群适应数字化时代的同时，也应给予少数派的“落后者”“顽固者”说不的权利，遵循自愿的原则推动数字化应用下沉乡村，保留基本人文关怀。

2. 农村信用体系建设尚待完善，金融机构与农村居民信息落差可能进一步增大

信用体系建设实质是依托大数据技术的金融科技应用，我国信用体系建设已持续多年，目前基本完成对城市居民全覆盖，但对农村居民尚存在缺口。对于农村地区居民而言，由于农村基本经营制度与城市存在“二元”划分，其财产特性和生产模式特性使直接采用城市居民征信方案应用农村地区效果欠佳，应当深入探究如何建设更适合中国农村特点的信用体系，结合“个人+户+村集体+农民合作社”的多级农村信用体系数字化探索仍然较为薄弱。

另外，随着大数据技术的发展，各类金融机构将主要资金、资源投入到通过信用村（户）建设、农业产业链金融、惠农信用卡等方式对农村地区居民提供小额信贷资金供给，由于缺乏系统性且安全有效的农村居民信用体系建设，在新型农业经营主体成为农业龙头企业前，多数金融机构不愿进一步提供更多资金支持生产经营，“中间层荒漠”受金融科技影响资源更加贫瘠，面对急需推动农业生产现代化、产业化而又尚未完成资本原始积累的新型农业经营主体，数字鸿沟加剧了不同群体间享受普惠金融成果的不平等性。

3. 金融消费者教育保护缺乏创新和系统性规划

农村居民一般从金融机构发放的传单、横幅中了解产品信息，此外可以从智能手机、电视等广播电视途径获取产品信息，但总体而言属于被动接受金融机构的产品广告宣传，缺少正规性、系统性的金融消费者培训服务，与之对应地，金融科技创新服务在农村地区的运用和推广，又对金融知识和金融教育提出更高要求，越是新鲜的、复杂的金融服务，农民受金融和科技知识水平的制约越大，尤其是跨机构、跨行业、跨地域涉农金融风险联防联控体系尚未布局完善。对通过不法金融科技手段侵害农村居民隐私权、财产权等合法权益的行为和隐私泄露、电信诈骗、仿冒钓鱼新型数字化应用衍生犯罪形式缺乏充足的配套防范措施。整体而言，在金融科技创新农村金融应用的过程中，资金和信息安全水平及农村地区居民金融消费者教育保护工作仍然有待进一步加强。

（三）价格歧视

2021年2月国务院反垄断委员会印发《国务院反垄断委员会关于平台经济领域的反垄断指南》，针对平台经济服务商“大数据杀熟”，区别对待新老用户，侵犯用户隐私和权益等行为进行了规范。金融科技服务同样潜藏这方面的风险，金融服务平台利用大数据、人工智能等技术，通过算法获取客户隐私，构建客户画像，实施存款、贷款、理财自动化决策，对客户实施差别化利率政策，以谋求商业利益最大化，其实质是价格歧视行为，而金融投融资活动在国人日常生活中通常被认为是个人隐私行为，难以彼此交流横向对比信贷额度和利率差异、投资理财利率及赠品价值，这为金融机构实施金融投融资息费价格歧视提供了更大的活动空间。

而目前国家金融监管层面对金融机构通过科技手段实施金融贷款价格歧视尚未有明确规制措施和认定标准，金融科技服务开展价格歧视行为难以受到监管和制约。

（四）城乡金融资源差距

受“数字鸿沟”的存在和影响，不同地区之间和同一地区城乡之间均拉大了彼此拥有的金融资源差距：一是对不同地区而言，经济发达地区金融科技能够更好地丰富当地居民享有的金融资源，而经济欠发达地区，由于存在门槛效应，通过科技手段获得的金融资源明显低于发达地区；二是对于同一地区的城乡而言，由于城市居于市场经济主导地位，无论是居民知识技能、金融素养、经济实力，在标准化的金融科技服务下，城市居民能够获得的金融资源远高于农村居民。

数字化和互联网的方式带来了规模扩张的超高边界，这一点也适用于金融科技应用，在一定程度上，虽然金融科技服务整体提高了对国内所有居民的普惠金融质量，但也造成不同地区之间，同一地区强势群体与弱势群体之间，加剧彼此获得的金融资源差距，引发更加严重的贫富分化等社会问题，目前国内也没有减缓这一趋势的措施和制度。

五、对下一步金融科技应用农村金融行业的建议

加快农村金融科技发展是实施乡村振兴战略的重要驱动力之一，如何运用金融科技深耕农村市场，改善农村金融供给不足和城乡金融资源不平衡，是非常值得关注的课题，不断探索提升金融科技在农村金融领域的应

用范围，提高“三农”对农村金融服务的可得性与便利性，增强农民对金融产品服务的获得感和满足感，扩大农村普惠金融服务功能，打通农村金融服务的“最后一公里”。

（一）充分释放数据要素潜能

要强化数据能力建设，近年来，中央一号文件提出加速推动农业农村大数据中心建设和重要农产品全产业链大数据建设，形成横纵两条线的布局。数据是新时代重要的生产要素，是国家基础性战略资源，蕴藏了巨大的价值。当前中国数据要素市场体系尚不完善，企业使用数据时面临数据使用和收益权益不清晰、分级分类标准不统一、大企业垄断以及数据泄露风险等问题。制定企业级数据规划和发展战略，明确数据工作机制、基本目标、主要任务、实施路径等，推动数据工作高效有序开展，稳妥推进业务由经验决策型向数据决策型转变。未来金融科技的发展要以加强金融数据要素应用为基础，充分释放数据要素潜能，激发数据要素活力，必须要保障数据要素的开放性、流通性和安全性，防止数据的垄断和滥用。开放性方面需着重实现公共数据对金融领域的开放，例如推动政府数据的开放等。流通性可将沉淀数据通过如数据交易所等桥梁平台以市场化形式进行合规流通。安全性应严格落实数据安全保护法律法规，同时利用先进技术手段严防数据的不当使用，保护数据主体隐私权不受损害。

1. 推动数据有序共享

一是加强信息数据的积累和共享。目前，互联网在农村地区已基本实现全覆盖，生活在农村地区的村民也已基本实现人手一部手机，万物互联的生活方式与城市并无二致，将金融科技产品和服务嵌入村民的衣食住行、生活方式、休闲娱乐、医疗救护等各个场景中，提升农村用户体验，为农村金融业务积累大量原始数据。农村金融机构加强与工商、税务、海关及电商平台的合作，强化部门间信息互联互通，使金融科技的运用成为推动农村征信发展的新引擎。

二是提高获客能力和风控能力。运用区块链、大数据、云计算以及人工智能等新型技术打通信息孤岛，有效地进而实时采集农业经营主体相关信息，有效整合农村经营主体的交易记录、物流数据及违约记录等信息，从不同维度深入分析农业经营主体的消费习惯、投融资偏好及风险承受能力，对其进行精准画像和精准营销，提高客户识别和风险防控能力。

2. 深化数据综合运用

推动金融与公共服务领域系统互联和信息互通，不断拓展金融业数据要素广度和深度，为跨机构、跨市场、跨领域综合应用夯实多维度数据基础。根据市场导向、消费需求来深挖数据综合应用场景，共同发挥数据和技术双轮驱动作用，实现数据应用于服务实体经济、助力乡村振兴、回馈百姓民生、创新驱动发展。

3. 做好数据安全保护

明确数据安全负责人和管理机构，确定原始数据和衍生数据收集、处理和使用的目的、方法和范围，明确数据收集和使用的标准规范，在收集数据之前确保用户知情、明确授权，避免过度收集用户数据，造成误用、滥用等问题。建立可靠的数据收集机制和保障措施，确保数据整个生命周期的安全，保护用户主体隐私不受侵害。针对历史数据建立安全清理机制，利用专业技术和工具及时删除和销毁超出保存期限的用户数据，定期开展已删除数据的可恢复性验证，确保已删除的用户数据无法还原。

（二）深化关键核心技术应用

农业信息化建设越来越强，农业金融场景也越来越丰富。数字技术的发展促使金融科技公司在开展普惠金融业务时越来越方便，强有力地支持了“三农”主体获得金融服务的灵活性、高效性。

信息化建设打通了跨行业领域的信息孤岛，有效地解决了政府与企业，企业与银行、保险等机构的信息不对称问题，金融科技在整合农业相关数据时更加合规有效，包括公开信息、物联网数据、遥感影像、线下采集等数据，经过数据处理、加工形成统一规则、统一口径，金融机构与益农信息社、电商服务站等为农服务设施业务协同与资源共享，运用数字技术推动实体网点向多项服务“最多跑一次”的综合型农村金融触点升级，探索数字惠农营业厅、远程音视频银行等轻量化、多媒体服务渠道，构建线上线下贯通、跨金融机构互通、金融与公共领域融通的服务模式，推动金融服务下沉至乡村一线、广泛嵌入农村生产生活场景。在服务深度方面，运用图计算、知识图谱等技术强化对农村客群的数字化认知，发挥人工智能“头雁效应”开展端到端服务流程智慧再造，推出更多差异化、精细化、人性化的数字金融产品，有效打通农产品交易、农村电商、小额日常消费等场景金融服务断点堵点，更好地满足农村创业者、返乡农民工、脱贫农户、新市民等不同群体的多元化金融需求。

在农业生产领域，要通过金融科技创新金融产品，进一步激活涉农金融数据“新农资”，打造数字化生产“新农具”，加大农业现代化关键领域金融资源投入，助力提升农业产业发展质效，运用卫星遥感、电子围栏、数据挖掘等手段加强农产品生产经营链条“数字足迹”的自动化采集、可溯化信任和智能化分析，运用多方安全计算、神经网络等技术加强工商、税务、司法、专利等多维信息融合应用，将诚信经营、纳税信用、守法行为、专利价值等转化为信贷动能，推动农业企业底层资产数字化、产业链条透明化，让“动产”转化为“不动产”，着力疏解农村小微企业缺信息、缺信用、缺抵押等融资痛点，切实降低涉农金融服务门槛，实现贷前评估、贷中监管、贷后还款全流程风控，大幅提升农业生产经营环节信贷风控能力与效率。

优化并提升线上金融服务能力。作为农村地区金融服务主力的农业银行、邮储银行、农村信用合作社等金融机构，应加大其金融科技建设力度，优化并丰富其线上金融服务范围与能力，为其线下金融服务提供有益补充，为农村地区用户提供全天候的便捷金融服务。农村地区用户对线上金融缺乏了解，对电话银行、手机银行、网上银行等接受度不高，由于农村地区用户年龄较大或较小、学历较低，对于线上金融掌握较为吃力。针对以上问题，金融科技需要加强深入开展线上金融知识技能的培训与推广，开发适于农村地区用户易于学习与掌握的线上金融服务视频学习课程，用通俗易懂的语言为村民讲解手机银行金融服务，开展一对一的帮扶模式，加快村民掌握线上金融服务的使用方法和操作流程，通过网络及线下服务加快解决村民线上金融业务遇到的问题，扎实提升村民使用线上金融服务便捷体验感，确保满足农村老弱病残以及少数民族等不同人群的金融服务需求，让数字化发展红利更全面、充分、平等地覆盖农民群众。

（三）加快金融服务智慧再造

增强金融科技助力“三农”发展的意识。一是培育金融科技发展理念。金融机构继续把科技思维创新效率服务乡村振兴放在首位，简化开发流程，加快产品创新节奏，缩短产品更新周期，加强农村居民金融意识、信用观念培养，提高对金融科技的认知度。二是完善配套保障，加快构建农村金融科技发展的创新环境。立足区域农业发展特点科学规划引领，协调财政、农业、科技、土地等政府相关部门，探索支持乡村振兴协调机制和配套措施。财政出资建立农村金融科技创新奖励基金，对助力乡村振兴的金融科技项目和涉农机构给予奖励措施，发挥政策激励效应。

加大金融科技资源倾斜力度。一是扎实推动农村金融基础设施建设。

地方政府加快农村地区信息技术和网络设施建设，为农村地区智能移动服务提供高效、稳定的网络支持。农村金融机构对农村区域网点、普惠金融服务站等基础设施进行数字化改造和智能化升级，增加移动终端布放和应用，助推农村金融服务降本增效。二是强化金融科技人才培育。有针对性地制订人才培养计划，分层次、分重点对产品经理、技术开发、市场拓展及互联网平台运营人员进行培训。

（四）探索金融科技赋能农村公共领域金融服务

农村公共服务是实现农业强、农村美、农民富的重要支撑，金融机构应当不断加强跨行业、跨领域合作，不断深化金融科技在民生领域的应用，促进农村地区金融与政务、医疗、社保等领域要素协同，助力基础性、普惠性、兜底性乡村民生保障建设。一是赋能公共事业缴费，探索线上线下融合、一点多能、一网通办的农村便民公共缴费新模式，运用数字技术整合缴费入口、深耕民生场景、优化用户体验，依托金融服务数字渠道实现水电、燃气、供暖等缴费“一站式”办理，提升农村缴费数字化、网络化、自助化水平，切实解决“跑腿缴费”“人工记账”“人工代缴”等痛点难点，助力打通农村公共服务“最后一公里”；二是赋能便民医疗服务，强化智慧金融与农村卫生健康服务衔接，打造覆盖诊前、诊中、诊后环节的“金融+医疗”综合服务能力，推动医疗结算、费用缴纳、保险理赔等服务的数字化与便利化，为农村地区人民群众享受高质量医疗服务提供金融支持，助力城乡基本公共服务均等化建设；三是赋能农村社会保障，以具有金融功能的社会保障卡为载体，推进农村地区民生服务一卡通创新应用，提供政策传导、信息查询、业务办理等一体化服务，切实解决农村居民公共服务“急难愁盼”问题。

第十三章　金融助力巩固拓展脱贫攻坚成果与推进乡村振兴有效衔接*

一、脱贫攻坚与乡村振兴的关系和衔接要点

（一）脱贫攻坚战与乡村振兴的关系

1. 从目标上看，脱贫攻坚与乡村振兴高度重合

乡村振兴战略着眼于从根本上解决“三农”问题，提出要“按照产业兴旺、生态宜居、乡风文明、治理有效、生活富裕的总要求，加快推进农业农村现代化”，健全城乡融合机制，切实提高农村居民的生活水平。打好脱贫攻坚战，旨在保障农村贫困人口的基本生活，从不愁吃穿、义务教育、医疗条件、住房安全等方面切实为贫困人口提供基本保障，以实现贫困地区农村人均可支配收入增长率高于全国平均水平，基本公共服务领域指标接近全国平均水平，有效解决区域性整体贫困。可见，脱贫攻坚与乡村振兴具有一致性目标，即农民生活富裕、社区有效治理、农业产业发展。同时，脱贫攻坚成果将直接为贫困地区振兴奠定坚实的基础，乡村振兴战略将为贫困人口的持续性致富提供有利条件。

2. 从发展逻辑上看，多维贫困治理符合乡村振兴的发展需要

乡村振兴的发展目标及要求涵盖了农村经济、文化、生态、社会等多方面，是促进我国农村全面发展的重要指引。为实现精准脱贫，习近平总书记提出了“五个一批”脱贫路径，包括产业发展、收入增加、社会保障、生态保护、义务教育等，凸显了多维贫困治理思路。可以说，具有多维贫困治理特征的脱贫攻坚路径，有效地推动了贫困人口全面发展和贫困乡村整体发展，从而与乡村振兴的发展需要相一致。

生态保护脱贫中，提出自然资源保护专项资金和项目向贫困地区倾斜、

---

* 本章作者为艾永梅，中华全国供销合作总社管理干部学院教务（科研）处副处长、研究员。朱文浩，中华全国供销合作总社管理干部学院副研究员。

“一人护林、全家脱贫”、促进形成可持续的生态产业体系，乡村振兴战略也强调要建设生态环境优美的乡村社区、加快新能源清洁；产业脱贫中，提出强化龙头企业与贫困户的利益联结机制、支持贫困地区三产融合、建立贫困户参与度较高的特色农业基地，乡村振兴战略强调健全农业社会化服务体系，实现小农户和现代农业发展的有机融合；资产收益扶贫中，提出支持专业合作社、联合社等各类经营主体以劳动力投资、土地托管、土地经营权入股等形式带动贫困户增收，以村集体股权形式分享基础设施建设投资、自然资源开发项目的投资收益，乡村振兴战略也强调完善“三权”分置制度，保障农民财产权益，壮大集体经济。

3. 从实践历程上看，脱贫攻坚成果为乡村振兴奠定了坚实基础

党的十八大以来，以习近平同志为核心的党中央确定了精准扶贫精准脱贫的基本方略，全面打响了脱贫攻坚战。经过不懈努力，现行标准下9899万农村贫困人口全部脱贫，832个贫困县全部“摘帽”，12.8万个贫困村全部出列，区域性整体贫困得到解决，完成了消除绝对贫困的艰巨任务。贫困县一大批特色优势产业和龙头企业得到培育壮大，本地特色的现代农业产业体系初步建立；易地扶贫搬迁数千万人口，自然村通电全覆盖，农村公路建设持续推进，基本公共服务显著改善；通过派驻驻村干部深入贫困村，开展贫困识别、精准帮扶和大规模轮训，农村基层治理能力显著提高。同时，围绕精准扶贫重点工作，各职能部门分别建立了有效的政策责任体系、监督考核体系，为下一步深入推进乡村振兴战略提供了制度保障。

（二）推进脱贫攻坚工作体系与乡村振兴全面衔接的方式方法

脱贫攻坚与乡村振兴都承担着实现农业农村发展以及农民生活富裕的重要任务，二者在目标上具有高度一致性，发展阶段上具有渐进性、持续性的特征。前者为乡村振兴奠定基础，后者则实现了脱贫攻坚成果的扩大化、深入化发展，二者密不可分，相辅相成。未来实现两大发展战略的有效、全面、科学衔接，需要从工作方法、工作内容以及工作主体等方面建立完善的工作联动机制、协同推进机制，探寻其蕴含的实践逻辑。

1. 工作方法的衔接

脱贫攻坚以消除绝对贫困为目标，解决的是现阶段发展中的贫困地区及人口的生存性、基础性问题，乡村振兴是以农业农村现代化为目标，解决的是全体农村人口的全面发展问题。在队伍不变、责任不变的基础上，实现两大战略的有效衔接，工作方法上必须有调整、有创新、有突破。

具体来看，一是要扩大政策支持对象的范围，在重点关注贫困弱势群体的基础上，让全体农民共享政策红利。乡村振兴扶持政策要逐渐从贫困户、贫困村拓展到对职业农民、家庭农场、合作社等新型经营主体的支持，注重培养新型职业农民，将资金惠及对象逐步扩大到非贫困农户；深化落实农村弱势群体保障措施的同时，积极统筹我国农村整体发展，通过普惠性支持政策促进乡村全面振兴，在城乡融合发展的过程中推动经济、社会、文化和生态的全面发展；要继续加大农田水利、环境整治等基础设施建设，实施“四好农村路”工程，保障乡村振兴的成果最大限度地惠及农村居民。

二是要拓展政策扶持的范围与覆盖面，增强政策的普惠性和影响力。将产业支持的重点从单一的生产、种养殖环节逐步拓展到加工、流通、产业融合等环节，立足特色优势产业，扶持发展农民参与度高的龙头企业、产业园区等，延长产业链；扶持资金从财政资金为主逐步转移到金融资本、社会资本为主，创新融资方式，推广“政府引导、金融支持、企业发展、农户受益”的模式，由政府设立风险补偿金等背书形式，撬动银行扩大贷款规模，为乡村振兴提供有力的金融支持。

2. 工作内容的衔接

脱贫攻坚强调实现“两不愁、三保障”目标，相对于教育、医疗等生活需求，增加农民收入的需求是排在第一位的。乡村振兴战略的工作重点主要是巩固脱贫攻坚成果，防止贫困农民返贫，强调政策的持续性、综合性，全面地促进农村地区社会保障、住房等方面的协同发展。

具体来看，一是注重脱贫攻坚行动的无缝对接。在政策上延续产业扶贫政策、基础设施项目扶持中的部分举措，强化产业和就业的扶持作用，注重促进就业，以此促进贫困农民的收入，建立稳定脱贫的长效机制；在乡村治理上延续跨部门联合合作和多元主体参与合作体系，进一步发挥村两委、联合党支部等基层组织的带头作用。二是推动乡村振兴举措的全方位实施。要重视乡村发展的方方面面，不仅关注农民的收入水平，解决经济发展问题，也要关注多维生活需求，注重乡风文明等精神面貌层面的提升。提高公共文化服务能力，实施文明创建活动，培育良好家风、淳朴民风；继续加强农村道路交通、农田水利、环境整治等基础设施建设，改善村容村貌，提升生活环境质量。

3. 工作主体的衔接

“人”是最重要的工作主体，脱贫攻坚以贫困乡村中的贫困户为工作主体，以激发贫困人口的内生发展动力为根本性举措，乡村振兴则是以全体农村居民为工作主体，要实现两大战略的有效衔接，就离不开调动全体农民参与的主动性和积极性。

具体来看，一是要调动全体农民参与的主动性和积极性。要加强培育一批长期在本地发展的乡土人才，如农业经纪人、致富能手等，同时积极引导在外人才的返乡创业，带来开阔的思路和创新的精神。二是要强化农民发展的能力建设。根据区域产业发展特点进行有针对性、实操性的专业培训，创新线上线下相结合的多种培训方式，鼓励有就业、创业意愿的普通农民积极参与，开展技能培训和实用技术培训并举，实现高质量的充分就业。三是要创新全体农民的参与方式。推出鼓励、补贴、奖励等优惠政策培育新型农村经营主体，鼓励有能力、有意愿的乡村精英群体发展乡村特色产业、优势产业，并扶持形成带动其他农户发展的带贫模式，提升乡村精英的辐射带动作用。

二、金融助力巩固拓展脱贫攻坚成果与推进乡村振兴有效衔接的作用机制

（一）宏观机制分析

首先，从根本上看，金融助力脱贫攻坚成果对推进乡村振兴发生正面作用是要通过促进当地经济发展来实现的。首先，银行金融以信用贷等形式为农业经营主体提供资金，支持贫困地区特色产业发展，资本市场以专项债、保险加期货等形式为易地扶贫搬迁和基础建设项目提供流动性，优化了农村营商环境，对促进区域产业的优化升级、提高农民收入水平，发挥了重要作用。

其次，金融以资金支持、撬动社会资本等形式为乡村振兴提供重要保障。以银行为主体的间接融资市场成为当前农村金融体系的主力，尤其面对体量小、风险高、回报率低的农业发展特点，其融资成本低、手续便捷、信用额度大的优势尤为明显。资本市场则是通过债券发行、新三板挂牌等直接融资方式，吸引有意愿深入农村市场的优质企业到贫困地区“拓荒”。还可以利用资产证券化、融资租赁等方式盘活土地、集体产权等存量资产，整合更多的生产资源，为产业振兴、生态振兴提供重要保障。

最后，金融手段特别是资本市场扶贫，有利于提升贫困地区的内生发展动力。绝大部分贫困农民无技术、无资金，唯有借助农业产业和农村集

体经济发展才能彻底摆脱贫困。资本市场可以实现资本和农业生产、产业发展机会相结合，克服产业发展中的融资、管理、技术研发等问题，发挥最大的生产潜能。同时，包括农业企业股权、集体资产权益、土地经营权等农村生产要素产权，可以在资本市场上通过丰富的金融产品和多元的线上交易场所，最大限度地挖掘潜在价值，让关键生产要素掌握在农民自己手里。

（二）微观机理分析

在微观层面，金融助力脱贫攻坚成果推进乡村振兴的作用机制主要表现在四个方面。一是担保增信功能。面对大部分农民无担保、无门路的客观情况，银行金融机构推出的信用贷直接为农民提供小额信用支持，为中小微企业提供低利率贷款，为实现产业振兴“输血”。同时与担保公司、证券公司等金融机构合作，帮助农民和缺乏有效抵押物的企业经营主体挖掘信用资本。

二是资本挖掘功能。金融机构将农村细碎、分散、沉淀的各类资源转化为生产要素，发挥金融服务优势，在风险可控的基础上开展农村金融创新，直接提高了农业经营主体的信贷可得性，支持农民的再生产。

三是生产扩大化功能。通过多元化融资渠道，支持有基础的优质企业借助资本市场工具扩大生产经营，弥补生产规模限制导致的融资规模束缚，从而实现优化企业资产结构和生产扩大化的双重目标。

四是风险分散功能。期货市场的价格发现功能、资产证券化和信用违约掉期的风险转移是未来金融助力乡村振兴的重要环节，现有的“保险+期货”模式已经成功地实现了风险逐层转移和分解，引入龙头企业的“保险+期货+订单”模式将更好地以农民与企业的稳定订单关系为基础，促进订单农业履约率的提高和产业链上下游利益联结机制的进一步完善。

三、助力巩固拓展脱贫攻坚成果与推进乡村振兴有效衔接的金融创新

（一）从产业扶贫到产业兴旺

乡村振兴，关键在于产业振兴。产业振兴是实现农业现代化、持续稳定增加农民收入、实现农村繁荣的重要抓手。实现金融助力产业扶贫到金融助力产业兴旺的有效衔接，必须要持续贯彻“精准”理念，坚持产业的

精准衔接和分类实施，同时强调“聚焦”重点，根据区域金融发展水平和特色产业优势，因地制宜地打造乡土特色产业和特色产品，建立长效的、多元化的产业扶持机制。

1. 推进农业高质量发展

实现传统农业的转型升级，离不开金融资源对技术、土地、人力等生产要素的支持。农村金融服务要因地制宜地创新产业扶持模式，积极推进农业由简单的增产向提升质量转变，由传统的粗放型农业向标准化的精细型农业转变。要将金融服务嵌入农业生产的各个环节，让农民成为产业升级的真正受益人，有力地助推乡村振兴。

福建省寿宁县具备良好的高山茶种植环境，但受经济发展水平和交通水平制约，粗放式的茶叶种植无法形成特色品牌，经济价值大打折扣。当地多家金融机构积极与扶贫办合作，资金支持物联网技术的引入，推出全国首个可视化扶贫定制茶园——“下乡的味道”项目，创新“只卖茶园不卖茶”的消费扶贫产业模式；在品牌建设中，采用“互联网+银行+乡政府”互建模式，促成茶叶加工企业与电商平台的合作，打开了茶叶的线上市场，同时引导当地建设银行“善融商务”、农业银行“扶贫商城”等电商平台共同助力，有力地拓展了茶叶流通渠道。在金融服务中，当地农信社对茶叶加工企业给予贷款利率优惠，对部分茶农直接给予信用贷款支持；建立了“‘三农’金融流通服务室”，定期下乡驻点办理信贷业务；组建了“背包银行”服务队，打通了农村金融服务“最后一公里”。截至 2021 年末，全县金融机构涉农贷款余额达到 14225 万元，带动茶农每月增收 5400 元，村民的人均可支配收入达到 1.82 万元，增长 8.7%。

2. 促进农村“一二三”产业融合

农村“一二三”产业融合有效延伸了农村产业链，拓展了农业农村的增值空间，它以农民分享产业链增值收益为核心，以农业为基本依托，通过产业联动、技术渗透、产业聚集等方式，优化资本、技术和资源的要素配置，激发乡村发展的内生动力，最终实现乡村可持续发展。金融机构要立足当地特色和优势产业，针对产业链发展中的短板问题，完善产业链建设，构建“一二三”产业融合发展体系，提高生态农业的产业化效益。

潜江市是全国最大的小龙虾出口基地，当地农民首创了“虾稻共作”等稻田复合种养模式，但受制于土地流转效率和企业规模经营的限制，虾田产力难以发挥最大效益，虾稻全产业链建设不完备。国家开发银行积极协助当地政府，把村民手中的零散地块流转整合，支持高标准农田整治进行规模化种养，为产业发展提供先决条件；以龙头企业为抓手，资金支持虾稻第二、第三产业配套设施建设（冷库、交易中心、技术检测中心等），通过企业与农场、专业合作社、村集体等主体签订协议，让农民分享全产业链的增值收益，有效带动农民增收；以产业收益反哺准公益项目，加强农村饮水、水环境治理等公共服务设施建设，改善了农村人居环境和民生保障水平。农民每租赁一个 40 亩虾稻田单元，能实现年均纯收入约 24 万元。支持建设的 21 万亩虾稻田投产后，每年能减少化肥用量近 6000 吨、农药 913.5 吨，也为助力流域生态保护和绿色发展发挥积极作用。

3. 培育发展新产业新业态

以开发农村资源为核心，发掘农业多种功能，开发乡村多重价值，丰富农业业态类型。产业兴旺既需要产业规模和效益的显著增长，也需要产业增长模式的转变，强调以新产业新业态为驱动的发展。金融机构要深度挖掘当地农村资源，发展特色富民产业，重点扶持能够带动地区整体经济发展的产业，着力培育特色旅游业、体验农业、创意农业等乡土特色产业，以产业带动农民持续减贫增富，促进金融资源与扶贫攻坚的金融需求精准对接，从根本上解决扶贫富民问题。

江西省婺源县篁岭村位于巨型山体的环形陡坡上，交通不便利、汛期山体滑坡风险、秋冬缺水等原因，导致其成为贫困农民聚居区。为助力篁岭村脱贫发展，当地金融机构创新推出“固定资产（风景区）支持农资”信贷产品，以“整村搬迁”开局，以景区门票收费权质押和房地产抵押进行组合担保，既筹措了易地搬迁的巨大资金缺口，极大地改善了农村生活条件，也顺利地盘活了古村旅游开发经营权；金融机构以信用贷款对接农民的融资需求，帮助建设经营农家乐、婺源特产种植加工厂等，景区的深度开发为周边村民提供就业岗位 300 余个，返迁农民获得在“家门口”就业的机会，实现了“就地城镇化”；为突破旅游淡季的限制，篁岭景区积极开发健康、文化、会展等产业项目，延伸景区产业链条，金融机构全程给予了信贷支持，包括提供旅游公司授信额度、推广农户小额信贷和农房抵押贷款，从时间维度、扶持力度上确保了乡村旅游的持续性、稳定性。目前篁岭景区已经成为江西省首批休闲文化旅游示范点、江西省文化产业示范基地，已有多家影视机构在此设立了创作基地，农民年均收入也从原来的 1.5 万元提高到 18 万元左右，实现了质的飞跃。①

---

① 刘爱华. 旅游扶贫与贫困治理的“篁岭模式”[J]. 社会治理，2020（12）.

4. 推广“产业+金融”模式

围绕地方优势产业和特色农产品，各地普遍将政策红利与群众所需紧密结合，灵活用好用活产业发展的优惠政策。从优势产业入手，将千家万户联结在产业链上，有力地促进了扶贫产业的发展。金融机构要完善贫困地区金融资源配置体系，以产业链上的农户、合作社等经营主体为对象，创新扶贫金融产品，为当地特色产业发展和农户增收注入金融活水。

为精准支持脱贫地区农户发展生产，国家乡村振兴局和农业银行在稳步推进“脱贫人口小额信贷”的基础上升级创设了“富民贷”农户小额信贷产品。它通过银政合作设立风险补偿机制，由地方乡村振兴部门的县乡村三级联审推荐客户，由中国农业银行发放，是一种用于生产经营用途的小额信用贷款，目前正在160个国家乡村振兴重点帮扶县内稳步推进。

农行青海省分行以“富民贷”为抓手，不断提高金融支农惠农覆盖面，率先使用总行“智慧乡村综合服务”平台，由农牧户进行线上申请，平台发放贷款，实现了“客户当天申请、隔日放款，实时转账”的目标。目前，该行累计投放“富民贷”2.5亿元，惠及1800余户农牧户，实现了15个国家乡村振兴重点帮扶县全覆盖。农行安康分行牢固树立“全行办‘三农’”理念，成立金融服务乡村振兴推进小组，启动深耕乡村农户信息建档整村授信活动；成立36支深耕乡村服务工作队，深入基层开展宣传服务，不断扩大“富民贷”的可得性、普惠性和覆盖面，精准扶持农户特色产业向纵深发展。截至2022年8月末，农行安康分行已累计投放“富民贷”1.44亿元，惠及900余户农户，有力地支持和带动当地农户发展生产和增收致富。

（二）从绿色扶贫到生态宜居

绿色扶贫力求实现贫困地区生态环境的优化和贫困群众生活现状的同步改善，而生态宜居则是追求贫困地区可持续发展能力的增强，要合理可持续地利用生态资源发展生态产业，将“绿水青山”变成“金山银山”。金融机构既要加强对乡村生态环境修复与保护的支持力度，也要不断丰富生态宜居的品质内涵，持续优化农村人居环境，丰富基层农村金融服务，这是广大农民群众对建设美丽家园的内在追求。

1. 大力推动乡村生态修复与保护

乡村生态修复与保护是实现生态振兴的先决条件和重要基础。以易地搬迁、返迁为主要形式的生态修复工程往往需要大规模的资金支持和强力的政府指导。因此，金融机构要加强政银联动，借助政府职能和资源整合能力，以企带村、以村促企，为基础设施建设企业、生态修复工程企业提供多样化资金支持，为区域农民提供便捷高效的金融服务，助力生态宜居的新农村建设。

山西省盂县自然生态环境差，农业基础薄弱，长期以来严重依赖煤炭资源的粗放型发展模式不仅遇到了“瓶颈”，更因土地塌陷、地质次生灾害频发，严重威胁到居民的正常生产生活。面对采煤沉陷区的民生、生态双重问题，盂县农商行采用政府主导、央行牵头、机构配合的政银企合作机制，在整村搬迁、对塌陷土地进行生态恢复治理、生态园建设的“三步走”规划中提供多样化、全方位的金融服务，取得了显著的经济效益和社会效益；盂县农商行以当地主要煤矿企业为抓手，主动“送贷上门”，综合评估土地治理周期、基础设施建设周期等实际情况，为园区的五个生态功能区建设及农村基础设施建设提供专项债、长期低利率贷款、产业基金等特色金融服务；加强对农村道路、饮水安全、农田恢复建设等农村基础设施建设的资金支持；大力开展“金融扶贫牵手行”活动，深入企业园区宣讲金融服务政策，加大利息减免政策执行力度。生态园获评“全国休闲农业与乡村旅游四星级企业（园区）”，成为阳泉市生态资源修复的一个亮点示范，带动周边村农民年均增收4000多元，为原塌陷区农民提供就业岗位2000余个，利息减免让利累计600余万元①，实现了良好的社会效益和经济效益。

2. 优化农村人居环境

农村人居环境建设不仅体现在生活污水治理、垃圾治理、厕所粪污治理等村容村貌提升方面，也要从水、电、路方面出发，完善相应的配套设施，提升农民的生活质量。金融机构作为乡村振兴的重要支持力量，要创新信贷产品和信贷模式，为基础设施建设工程“输血”，也要丰富基层金融服务内容，丰富生态宜居的品质内涵，推动城乡融合发展，更好助力乡村振兴。

近年来，佳木斯市金融系统把金融服务贯穿乡村振兴全过程，坚持把改善农村人居环境、建设生态宜居美丽乡村作为重点工作来抓，实现美丽乡村与美丽经济融合发展。农发行佳木斯市分行以基础设施建设公司为抓手，发放省内首笔“美丽乡村建设项目贷款”，该项目涵盖扩建硬化路面、

① 中国人民银行农村金融服务研究小组．中国农村金融服务报告（2020年）[M]．北京：中国金融出版社，2021.

修建健身广场、新增垃圾箱等惠民工程，将使县域多个村庄得到绿化、美化、亮化，目前已累计投放 1.95 亿元；向国家级重大水利工程青龙山灌区项目投放全省首笔“农发行牵头银团贷款”，整体授信 5.1 亿元，改善和增加农田灌溉面积 501 万亩；提高金融服务精准匹配能力，按照“网点到乡、站点到村”的思路，广泛增设乡村服务网点，加大医保缴费便携式 POS 机、缴费二维码等金融机具投放，极大地满足了乡镇、村（社区）群众缴纳社保、医保费用，新农村建设乡土特色彰显，居住环境全面提升。

（三）从文化扶贫到乡风文明

文化扶贫旨在解决贫困群众内生动力不足的问题，将扶贫扶志扶智相结合，帮助贫困农民重塑改变现状的决心，提升自身脱贫致富的能力。乡风文明建设是通过加强思想道德建设和公共文化建设，引导广大农民树立正确的世界观、价值观，培育和发扬良好的乡风、民风。金融机构要发挥资金规模优势，加大对文化基础设施建设项目的支持，同时有针对性地提高农村居民的思想道德素质、科学文化素质和金融知识宣传教育。

1. 加强文化基础设施建设

文化基础设施建设可以使乡村文化环境得到优化，丰富农民的精神文化生活，促进乡村文化的繁荣发展。金融机构可以通过整合现有的文化资源，助力新建或翻修基础设施，如建设农家书屋、文化广场、党群活动中心等，快速塑造一种农村文化形态，提升村民参与乡村文化振兴的主动性和积极性。

广西凭祥市是中越边境线上最大的边贸点之一，由于历史原因，义务教育巩固率尚未达标，当地 29 所学校的宿舍、体育场等配套设施和教学设备老旧待修。农业发展银行广西分行积极探索“基础教育+公司自营”业务模式，用于改善地区基本办学条件和标准化建设；针对性地提出了“五定”工作思路，以当地综合实力较强的国有企业为承贷主体，审批专项教育贷款 1.3 亿元，以凭祥市弄怀口岸边民互市贸易基础设施有偿使用费为还款来源，采用“保证担保+抵押担保”的组合方式，追加土地使用权抵押担保，对贷款本息综合覆盖率达到 120%。目前，新修建的小学已经实现招生 2000 余人，覆盖 12 个村镇，涉及贫困人口近万人，学前 3 年入学率、义务教育巩固率两项指标均已达标。

2. 加强思想文化建设

思想教育不仅可以解决“有学上、有书读”的问题，提高农村居民整体的文化素养，更是提高其内生发展动力，解决“就业难、返乡难”的重要途径。金融机构除了传统的捐资建校、帮扶助学等方式，也可以提高教育帮扶的站位，实现从“扶上学”到“保就业”的转变。

吉林九台长期面临农民子女失学辍学、就业难的问题，特别是新型城镇化进程的加快，许多年轻人都不愿意回农村，镇村人才尤其金融人才严重匮乏。九台农商行积极探索“教育一条龙”模式，与当地金融专科学校进行合作，设立金融励志班，以培育农村金融实用人才为目标，委托该校对区域内失学辍学且有就业愿望的子女进行定向培养，全部费用由九台农商行承担；励志班科学制定了集“高中文化课教育、大专金融理论教育、银行技能实务教育”于一体的教育体系，既涵盖了基础知识，又为将来就业岗位打下基础。目前，励志班已累计招收学生150余名，累计投入600余万元，帮助这些家庭彻底摆脱了贫困。九台农商行将教育扶贫与培育专业人才相结合，有效地破解了农村金融人才“招不来、留不住”的问题，为地方金融机构助力乡风文明建设、实现文化振兴探索了一条新路，提供了可复制、可推广的宝贵经验。

（四）从基层党建扶贫到治理有效

脱贫攻坚战略实施以来，“以党建促脱贫”的扶贫经验广泛推行，农村基础党组织与脱贫攻坚有机结合成为脱贫攻坚战略的核心引擎。在乡村振兴战略阶段，组织振兴是基础性工程，是乡村振兴发展的基础和根本保障。农村基层党组织是党在农村组织建设工作的重要抓手，要不断提升基层党组织的能力建设，与基层金融机构开展更为广泛、深入的银证合作，加强政策宣传、一对一帮扶、业务引流等工作，持续巩固和扩大脱贫攻坚战略的经验与成果，实现与乡村振兴战略的有效衔接。

1. 党建引领“双核心”

基层党组织深入群众，实地调研并掌握真实的群众金融需求，可以有效破解银行信贷服务面临的信息缺失、平台缺乏等问题，填补基层群众与金融机构之间的信息鸿沟，降低信息不对称带来的社会福利成本。

青海省农牧区群众长期以来面临巨大的资金需求，但因信息不对称、抵押物缺乏、畜牧业市场风险较大等因素，金融机构“有心无力”。为充分发挥农牧区基层党组织的战斗堡垒作用，青海省推出“双基联动”合作贷款模式，由基层党组织与基层金融机构联合成立信贷工作室，前者负责介绍区域内有贷款需求、资质优、信用好的贷款户，后者根据上述信息建立贷款需求档案，及时精准地对接居民的信贷需求；双方建立了“双核心”机制，包括双方共同开展建档授信和评级工作、共同控制信贷风险、共同设立合作贷款办公室、共同建立业务信息库和数据库等；探索实施“双基联动+保险”试点，初步建立了业务宣传、协调联动、信息共享、考核评价、监管督导的“五位一体”工作机制，打开了共防贷款风险的新路径。该模式被农业农村部列入“金融支农创新十大模式”，目前青海省累计建立“双基联动”办公室3500余个，“双挂”人员达5167人，“双基联动”办公室覆盖全省超85%的行政村，惠及农牧社区86.32万户。“双基联动”合作贷款余额超过300亿元，占各项贷款余额的37%以上，其中，信用贷款余额达231.67亿元，充分发挥了基层党组织覆盖面广、渗透能力强的优势，提高了基层党组织的组织能力和服务水平。

2. 合力讲好“地方话”

基层党组织具有地缘、族缘、亲缘的独特优势，对区域内经济主体特别是农民的情况知根知底，与金融机构建立互动联动机制，可以帮助把金融知识“普通话”转化为通俗易懂的“地方话”。以短视频、公众号、金融夜校等丰富多彩的形式，积极宣传金融政策、普及金融知识，同时下沉金融服务，切实做到服务农村、服务农民，助力乡村振兴。

福建省政和县基础金融服务缺乏，农民知识水平特别是金融知识水平较低，对金融服务常识、信贷流程等缺乏基本的认知，陷入农民“贷不到、不想贷”、银行“贷不出、不敢贷”的怪圈，严重制约了农村金融服务的发展。对此，政和县政府建立了“党建+金融精准扶贫”工作机制，成立了以银行、乡、村基层党组织、村“两委”为主要力量的小额信贷助推协会，其中基层党组织负责协调督促银村对接，建立扶持工作时间表和主体贷款意向档案，逐村推进、全面覆盖；以金融知识下乡开展“进百村”活动，指定党员骨干分户包干，逐个入户筛查、分类施策，讲授金融基础知识、电子业务知识、信用工程政策和创业致富方面的信息，以短视频、广播、公众号、微信群等方式开展多样化的教育宣传；银行、乡、村等基层党组织还前移服务真谛，设立协会的镇前办事处，实现信贷服务“一站式”、业务流程一体化，有效打通金融服务“最后一公里”；银行党支部发扬“能在现场就不在会场”的精神，信贷工作人员逐村入户平行作业，让农民足不出户就可以办理金融业务。

（五）从社会保障扶贫到生活富裕

我们正在从脱贫攻坚战略过渡到以相对贫困治理为主要议题的乡村振

兴战略新阶段，相对贫困仍会以各种各样的形式继续存在，具体表现为低收入贫困、特殊困难群体贫困、城乡流动型贫困、区域不平衡发展型贫困等。在此背景下，金融机构要发挥协同作用，进一步推动社会保障与扶贫开发两种制度体系的相互衔接，要构建解决相对贫困的长效机制。除了通过城乡基本养老保险、医疗保险等制度防范和化解外出务工群体老无所养、因病致贫等风险，还要聚焦易地扶贫搬迁的后续扶持工作，从产业支持、生活环境改善、搬迁群众就业等方面千方百计地提高农民收入和农民生活保障水平，实现生活富裕的根本目标。

1. 完善医疗保障服务网

2019 年我国“因病致贫”人数约占全国建档立卡贫困户的四成。随着脱贫攻坚战略的伟大胜利，如何防止“因病返贫”、进一步发挥医疗保险、民生保险的兜底作用，保障农村居民的生活水平，是保险行业创新发展的重要突破。既要有丰富多样化的民生保险产品，也要提升保险服务水平，做好各保障之间的有效衔接，建立政府主导、市场运作、管办分开的医保经办管理新机制，提高农村居民的生活保障水平。

为解决肥西县居民长期面临医疗资源不足、看病难、看病贵的问题，中国太平洋寿险安徽分公司积极主动作为，发挥商业保险公司机制灵活的优点，助力完善医疗保障体系、丰富保险产品、推进服务提升；创新“四保障一兜底一补充”的综合医疗保障体系，包括基本医保、商业补充保险、政府兜底保险和慢性病补充保险等，全面覆盖了居民的基本医疗保障需求；建立“一站式”结算服务，与卫健委、民政局协调沟通，不断优化报销流程，有效地缓解了垫付压力；与当地医院联合共建了多学科远程会诊中心，并与上海、北京等一线权威医院对接，引入优质医疗资源，有效推动了分级诊疗；推出针对留守儿童、妇女和老人的保险产品，减少外出务工人员的后顾之忧，扩大农房保险覆盖面，降低不可控力风险带来的经济损失；与卫健委合作开展“三减三健、学生保健”等一系列健康讲座，发展健康文化。

2. 全面推进易迁后服

易地扶贫搬迁有效地解决了“一方水土养不起一方人”的基础性问题。转入后续扶持阶段后，金融机构要发挥自身优势，创新信贷模式，加大金融信贷支持力度，围绕新区域的经济发展特点、资源优势，为推动产业发展、搬迁群众就业、基础设施完善等工作提供资金、人才、技术支持，要解决“新水土要养得起新居民”的问题。

2021年以来，农业发展银行聚焦原集中连片特困地区、原深度贫困地区、乡村振兴重点帮扶县的大中型安置点，积极对接地方规划和项目，以“三专一多”（专项行动、专项政策、专项额度、多种产品）为工作抓手，有效推动后续产业发展和搬迁群众就业；安徽省六安市分行助力金寨县102个中心村安置点内道路、电网、污水管网等配套基础设施及幼儿园、卫生室、文化广场等公共服务设施建设及完善，保障金寨县群众“搬得出、稳得住、能发展、可致富”；农发行凉山州分行以金融之力聚焦水厂建设和安置点饮水工程建设，为当地建设公司发放生态环境建设与保护贷款2.35亿元，贷款期限19年；农发行都安县支行探寻产业发展突破口，注入2.17亿元信贷资金用于肉羊屠宰冷链加工基地建设、新营养膨化饲料加工基地建设和优良品种能繁母牛引进，提升周边群众就业率和乡镇农户种养收入，做大做强养殖全产业链，实现“牛（羊）在都安养，肉在全国卖”；农发行思南县分行聚焦保障易地扶贫搬迁教育后续扶持工作，发放教育扶贫中长期贷款2.85亿元，贷款期限12年，助力双塘片区安置点中学项目建设，包括教学楼、图书馆、室外体育运动设施及室外道路等附属设施建设。截至2021年末，农发行累计审批易地扶贫搬迁后续扶持贷款项目973个，累计投放贷款1299.70亿元，覆盖22个省的611个大中型集中安置点，超额完成预定目标。①

四、金融助力巩固拓展脱贫攻坚成果与推进乡村振兴有效衔接的保障机制

（一）加快金融生态环境建设

金融生态环境是金融运行的外部条件，是与金融业发展密切相关的社会、自然因素的总和。自脱贫攻坚战打响以来，人民银行等金融管理部门通过出台考核政策、开展工作创新试点等方法，组织开展县乡以下金融基础设施建设，改善农村支付环境，取得了显著成效。要实现与乡村振兴战略的有效衔接，实现金融服务的有效供给，离不开良好的金融生态环境作为支撑，离不开农村信用体系建设的推动，离不开农村支付体系建设的优化，这对有效提高金融服务供给、满足乡村振兴资金需求、促进城乡金融

① 田耿文．政策“春雨”持续滋润“三农”沃土生机盎然［N］．农村金融时报，2022-08-15.

资源均等化、提高农村居民生活水平具有重要作用。

1. 支付体系建设

推广完善特色支付产品和非现金支付工具，推动移动支付便民工程向县域农村下沉。持续推动银行卡在农村地区广泛使用，将银行卡与农民的低保、医保、各种补贴、扶贫贷款发放等进行归集整合，充分发挥“一卡多用”的特色功能，推动支付结算从服务农民生活向服务农业生产、农村生态有效延伸；各发卡机构继续推行减免工本费、年费、跨行转账业务手续费等优惠政策，切实减轻农村外出务工人员异地、跨行用卡成本，让农民群众真正得到实惠；充分发挥政策引导作用，在农贸批发市场、农副产品收购市场等较大规模的市场积极推广银行卡等非现金支付工具，进一步改善农村地区银行卡受理市场环境。

加大央行存款账户业务线上渠道推广，支持农村金融机构开展央行存款账户资金归集。通过金融基础设施互联互通支持货币政策工具券款对付（Delivery Versus Payment，DVP），实现融资等环节全流程自动化处理，加速政策资金到账速度。

提高银行账户服务普及率。邮政储蓄银行、农村信用社、农村商业银行等金融机构发挥农村金融主力军作用，持续推广开展农村地区银行结算账户网上预先核准工作，简化农户和农村小微企业银行结算账户开立程序，提高农村地区银行账户普及率和活跃账户比率，使更多的农村居民享受到银行服务。

2. 金融消费者权益保护

金融消费者既是金融市场的重要参与者，也是金融生态环境的重要组成部分，而农村地区的金融消费者知识普遍欠缺，合法权益保护困难。因此，要加大金融知识的宣传培训力度，由农信社、农商行等金融服务机构的业务骨干深入农民群众中开展小额信贷业务宣传和技术培训，深入基层干部队伍开展农村金融改革、农业保险、合作经济方面的宣传教育，深入中小微企业开展农业贷款、资本市场、期货保险等金融产品方面的讲座培训，提高各类消费者运用金融杠杆提高生活品质、进行产业转型升级和促进经济发展的意识和能力。

严厉打击金融欺诈、非法集资等非法金融活动，保障农村地区金融消费者的合法权益。加强对金融产品和服务的信息披露和风险提示，公平对待农村地区金融消费者，严格执行国家关于金融服务收费的各项规定，依法合规向消费者提供金融服务。畅通消费者投诉的处理渠道，完善多元化纠纷调解机制，优化农村地区金融消费者公平、公开共享现代金融服务的环境。

（二）推进农村普惠金融服务能力

加快推进农村基层金融服务网点建设，提高普惠金融服务能力，既是认真贯彻乡村振兴战略、加快城乡联动发展的重要举措，也是积极推进金融服务下沉乡村、完善乡村金融服务体系的重要抓手。建立“网点+服务点”渠道协同机制，提升金融服务乡村振兴的能力，要推进正规金融网点建设，深化服务点运营，丰富涉农服务场景及产品，提升农民的金融消费体验，提高金融服务乡村振兴的深度和广度。

各金融机构要按照人民银行、银保监会等金融监管部门的要求，以支行网点、服务点等形式，在县域乡镇村持续下沉，打造现代化便捷宜居的乡村基础金融服务。要进一步巩固行政村银行业金融服务全覆盖成果，在行政村设立便民服务点、流动服务站（点）、金融联络员、自动取款机（ATM）、销售终端机（POS/EPOS）、转账电话、其他自助服务终端等，进一步优化规范金融联络员制度，不断提升基础金融服务深度和广度，实现乡村金融服务“零距离”。

要丰富涉农服务场景及产品，结合当地农民的实际需求加载和拓展服务功能，如搭建农产品展示区、客户体验区，为农民提供日常消费品采购、农产品收购及外销、农资代购及配送、农村地区物流代收代办等服务，着力打造“一站多能、一网多用”平台，提升广大农民不出村、不出镇的服务幸福感。

第十四章　供销合作社农村金融服务探索实践*

供销合作社是党领导下的为农服务的综合性合作经济组织，有着悠久的历史、光荣的传统，在不同历史时期，都为我国农业农村发展做出了积极贡献。党的十八大以来，全国供销合作社系统按照党中央决策部署，全面深化综合改革，在促进现代农业建设、农民增收致富、城乡融合发展等方面做了大量工作。农村金融服务是“三农”工作的重要内容，对供销合作社来讲，开展农村金融服务，既是解决农民融资难题的重要途径，也是增强自身服务功能、提升自身服务实力的现实需要。因此，各地供销合作社认真贯彻落实2015年中央11号文件精神，充分发挥系统组织、产业、渠道和信息等方面优势，围绕农村金融服务进行了有益的探索实践，在打通金融惠农“最后一公里”，助推乡村振兴战略实施等方面发挥了积极作用。

一、供销合作社开展农村金融服务的背景

（一）党中央对供销合作社开展农村金融服务提出明确要求

党中央、国务院高度重视农村金融工作，进入新时代以来，连续多年中央一号文件都对发展农村金融服务提出明确要求和具体支持举措。2022年中央一号文件首次将“强化乡村振兴金融服务”单列为一项重要内容，为农村金融工作提供了良好的政策氛围和发展空间。

供销合作社作为服务“三农”的重要力量，开展农村金融服务是其践行宗旨使命的必然要求。2015年3月，中共中央、国务院印发《关于深化供销合作社综合改革的决定》（中发〔2015〕11号），明确将“稳步开展农村合作金融服务”作为拓展供销合作社经营服务领域的四项重点任务之一进行了部署。文件提出，有条件的供销合作社要按照社员制、封闭性原则，在不对外吸储放贷、不支付固定回报的前提下，发展农村资金互助合

---

* 本章作者为乔小鹏，中华全国供销合作总社金融服务部发展处处长。滑凌啸，中华全国供销合作总社金融服务部发展处干部。

作。有条件的供销合作社可依法设立农村互助合作保险组织，开展互助保险业务。允许符合条件的供销合作社企业依照法定程序开展发起设立中小型银行试点，增强为农服务能力。鼓励有条件的供销合作社设立融资租赁公司、小额贷款公司、融资性担保公司，与地方财政共同出资设立担保公司。供销合作社联合社、金融监管部门和地方政府要按照职责分工，承担起监管职责和风险处置责任，切实防范和化解金融风险。

为更好地贯彻落实2015年中央11号文件精神，充分发挥金融对于实体经济发展的支撑促进作用，2021年6月，供销合作总社、中央农办、人民银行、银保监会联合印发《关于开展生产、供销、信用“三位一体”综合合作试点指导意见》，明确提出支持涉农金融服务提质增效，要求切实发挥供销合作社连接新型农业经营主体与金融机构的桥梁纽带作用，助力金融机构更好地下沉服务。

（二）开展农村金融服务是供销合作社深化改革的现实需要

开展农村金融服务既是党中央对供销合作社工作的明确要求，也是供销合作社适应“三农”形势发展、深化自身改革的现实需要。

一方面，开展农村金融服务是供销合作社履行为农服务宗旨的客观要求。我国新型农业经营主体和小农户仍然面临融资难、融资贵等问题，影响了“三农”事业的发展。供销合作社作为为农服务的合作经济组织，通过多种方式稳步开展农村金融服务，能够成为传统商业金融的有益补充，帮助解决新型农业经营主体、小农户等群体的金融需求，推动农业农村经济发展。可以说，发展农村金融服务，有助于供销合作社更好地发挥服务“三农”的独特优势和重要作用。

另一方面，供销合作社开展农村金融服务也是供销合作事业发展的现实选择。供销合作社开展农村金融服务，充分发挥资金对于实体经济的促进作用，可以补齐供销合作社业务短板，连接生产、流通环节，结合土地托管、农资供销、农产品流通等优势，更好地完善供销合作社服务功能、拓展服务领域；可以为供销合作社开展经营服务引入更多资金、信息、客户等资源，增加用户黏性，推动供销合作社传统业务提质扩容、转型升级；可以提升供销合作社经济实力，反哺传统微利、薄利行业，更好提高为农服务能力，履行供销合作社服务“三农”的宗旨使命。

（三）供销合作社开展农村金融服务具备一定基础和独特优势

供销合作社长期扎根农村，渠道健全，网络完善，与农民经济联系紧密，是党和政府做好“三农”工作的重要载体，在开展农村金融服务方面既有基础也有优势，主要体现在以下几个方面。

1. 组织体系较为完整

截至2020年底，供销合作社系统拥有全国总社、32个省级社、344个市级社、2412个县级社和37652个基层社组成的五级组织结构，有各类法人企业22739个，发展了19余万家农民专业合作社，建立了44.8万个农村综合服务社，构建起了联结城乡、遍布全国的组织网络，这为开展农村金融服务奠定了坚实的组织基础。

2. 与农民联系比较紧密

供销合作社是为农服务的“国家队”，为农服务是供销合作社的立身之本、生存之基，是事业发展的“根”和“魂”。长期以来，供销合作社始终坚持为农、务农、姓农，深耕农村，与农民联系紧密，具有较大的“熟人”优势，在服务农民中树立了响亮的为农服务品牌，积累了良好的信誉和口碑，赢得了广大农民的信任和支持，这些都为开展农村金融服务奠定了坚实的基础。

3. 经营产业链条比较全面

供销合作社拥有完备的经营渠道，经营体系相对完整，农村服务网络比较健全。供销合作社开展的经营业务涵盖农资、日用消费品、农副产品、再生资源各个行业，覆盖农业生产、加工、仓储、流通各个环节，具备开展各类农村金融服务的产业优势。

二、供销合作社开展农村金融服务的实践探索

深化综合改革以来，各地供销合作社认真贯彻落实2015年中央11号文件精神，发挥自身优势，整合内外资源，在合作金融、融资担保、小额贷款、供应链金融、合作发展基金、合作保险等金融、类金融领域进行了一系列探索和实践，取得了积极成效。主要做法有以下几个方面。

（一）开展资金互助合作

供销合作社系统资金互助业务主要集中在贵州、安徽、山东和浙江等地。截至2021年9月，全系统共有各类资金互助组织565家，吸纳互助金余额161.2亿元，资金投放余额125.2元。

1. 成立资金互助组织

安徽省黄山市等地通过成立供销资金互助部等方式规范开展农民资金

互助业务，立足市情，深耕茶粮等农业领域，以“信用合作”为支撑，为“生产合作”与“供销合作”注入“金融活水”，激发农村资源要素活力。

以黄山市为例，截至2022年8月，黄山供销农村资金互助已在全市建立了15个经营网点，累计发展社员近10万人，扶持农业项目8000余个，为116个专业合作社提供借款，投向“三农”领域的互助金借款总额超56亿元。其中，休宁县供销资金互助部自2015年成立以来，以县域内无法充分享受传统金融机构服务的中低收入农民社员为主要服务对象，重点服务贫困人口和妇女社员。在所有发生业务的社员中，农户占比一直保持在80%以上，初中及以下文化水平社员占比78%以上，女性社员占比最高时超过50%。截至2022年7月，休宁县供销资金互助部在4个乡镇7个村发展信用户333户，累计发放信用借款近2.5亿元，默默耕耘在乡村振兴第一线。

2. 合作社内部开展资金互助

山东省作为全国新型农村合作金融唯一试点省份，供销合作社系统抢抓机遇，在领办的农民专业合作社中，选择部分产业基础较好、积极性较高、体系化运作的合作社进行试点，开展信用互助业务。截至2021年9月，开展信用合作业务的合作社达到132家，年互助投放金额近6亿元，累计信用互助服务金额300多亿元。浙江省供销合作社依托农合联组织，在成员内部组建农民资金互助会，并与当地农信机构合作，共同开展资金互助、担保业务。资金互助会负责业务决策、账目管理，农信机构为资金互助会提供开户结算、资金托管、借款复核、技术支持等服务。截至2021年9月，资金互助组织合计注册资金3.7亿元，入会会员5.8万人，吸收互助资金6.3亿元，发放互助资金7.2亿元。

（二）开展商业性金融服务

1. 参与组建中小型银行

参与组建中小型银行是深化供销合作社综合改革，探索拓展农村合作金融服务的重要举措，旨在加深与金融机构合作，解决农民和涉农企业融资难题，共同推动农村金融服务“三农”，助力实现乡村全面振兴。

供销合作社系统贯彻落实2015年中央11号文件精神，按照“允许符合条件的供销合作社企业依照法定程序开展发起设立中小型银行试点，增强为农服务能力”有关要求，通过多种渠道筹措资金，积极参与中小型银行试点。

以贵州省为例，贵州省供销合作社参与发起设立贵州普定农村商业银行股份有限公司。2018 年 9 月 27 日，贵州银监局下发《贵州银监局关于贵州普定农村商业银行股份有限公司开业的批复》（黔银监复〔2018〕162 号），贵州普定农村商业银行股份有限公司获准正式开业。普定农商行注册资本金 19905.43 万元，贵州省社通过直属企业贵州省供销储运公司出资 3414 万元，持股 1985 万股，占股份总数的 9.97%，成为该行第一大股东。普定农商银行始终坚持服务“三农”、服务社区、服务中小微企业的宗旨不动摇，以支农支小、促进地方经济社会发展为己任，目前在各乡（镇、街道）建有 22 个支行、2 个便民服务点、162 个村村通金融便民服务点。

2. 发展小额贷款公司

符合条件的供销合作社设立小额贷款公司同样是贯彻落实 2015 年中央 11 号文件精神的题中之义。供销合作社系统按照有关要求，结合自身实际，稳妥有序发展小额贷款公司。

以山东省为例，山东省供销合作社出资设立山东供销小额贷款有限公司。2016 年 9 月，由山东供销融资担保股份有限公司和河东区供销合作社共同出资的山东供销小额贷款有限公司，经山东省地方金融监督管理局批准设立，注册资本 2 亿元。公司立足服务“三农”领域，主要面向全省供销合作社系统和临沂市内中小微企业及个体工商户等办理信用担保、抵（质）押、仓储等贷款，并开展企业发展、管理、财务咨询等业务，搭建了供销合作社资本服务“三农”和中小企业的桥梁，壮大了区域性金融服务力量，为发展地方经济发挥了积极作用。

北京市供销合作社将小额贷款公司作为扶农助农的主要金融服务载体，成立 8 家小额贷款公司，以解决涉农个人及小微企业融资需求为主要方向。2019 年 6 月，北京市社所属世欣控股公司和支付宝平台合作，正式推出世欣助农贷、世欣自助贷产品，上线一年时间即为客户提供授信金额近 2000 万元，有效地缓解了客户融资难题。

3. 与商业银行开展普惠金融服务

供销合作社系统积极与银行等金融机构合作，引入金融资源，开展普惠金融服务。广东省供销合作社与省农行、省农担等金融机构合作开展“粤供易贷”试点工作，面向各级供销合作社以及种植养殖大户、家庭农场、农民专业合作社、涉农企业等入社社员，开展“粤供易贷”金融服务试点工作，提供 300 万元额度内免抵押的普惠贷款服务，构建供银担合力支农金融服务机制，促进金融服务资源下沉。

山东省供销合作社与省农担、省农行等金融机构合作，为“土地股份合作+全程托管服务”量身定做“供销农耕贷”“农业生产托管贷”等信贷产品；与保险机构合作，以“政策险+补充险”的组合手段提高保障水平。北京市供销合作社与市工行签订战略合作协议，市工行为北京市社及所属单位提供300亿元意向性金融服务支持额度。吉林省供销合作社与省工行合作共建农村普惠金融服务点，助力乡村产业高质量发展等。

4. 探索开展供应链金融

供销合作社系统结合实际情况，充分发挥系统产业、资源等优势，积极探索供应链金融等新业务。

浙江省供销合作社以社有农资企业为核心，不断拓展农业供应链金融服务。浙农控股下属的惠多利农资公司依托长期形成的供应链和数据积累，以自身在银行取得授信，并为银行提供可开展“E农贷”的上下游白名单客户（经销商或农民专业合作社、家庭农场、种植大户等），由银行提供定向定量的经营性贷款。如在农产品种植—加工—销售环节，银行开展上游中小微企业对惠多利的应收账款融资和下游对惠多利采购农资的赊销融资。

河北省供销合作社所属新合作控股集团有限公司参与组建河北省惠信大数据科技服务有限公司，为三大股东之一。目前，惠信大数据科技服务有限公司已建成集融资、撮合、交易等功能为一体的数字平台，可提供贷款、保险、担保、租赁、保理、基金、票据贴现等服务，满足上下游企业多元化金融需求。

宁夏回族自治区供销合作社通过宁夏供销集团有限公司投资宁夏昊鑫现代农业开发有限公司，为昊鑫农业三大股东之一。昊鑫农业主营稻谷收购及销售，每年与周边水稻种植专业合作社及大户签订稻谷采购协议并依托农资采购和稻谷收购等关键环节，与金融机构共同设计了“农资采购专项借款+农产品定向收购还款”的供应链融资方案，有效地满足了专业合作社及大户采购化肥、种子、农药等农资的融资需求。

（三）开展融资担保服务

1. 发起设立融资性担保公司

供销合作社系统积极争取财政支持组建政策性融资担保公司，对符合条件的农民专业合作社和农户提供担保，由合作的银行或信用社提供融资服务，由政府每年提取一定的风险基金补偿公司担保损失。以浙江省为例，浙江省供销合作社系统共出资组建融资担保公司30余家，专注服务农业担保，建立了“政银保”风险共担机制。截至2021年9月，已为3万多户农资企业、专业合作社、家庭农场和农户等担保金额超过70亿元，累计担保金额430多亿元。

2. 与国家农担联盟等政策性融资担保公司合作

供销合作社系统主动与政策性融资担保公司开展合作，提升系统融资担保服务能力。2019年，全国总社与国家农担公司签订战略合作协议，双方围绕社有企业、基层社和新型农业经营主体需求，通过“供银担”信贷融资担保、“核心企业+农户”供应链信贷担保、共建基层业务网点等方式开展合作。截至2021年底，全国共有13家省级供销合作社与省级农担公司建立了工作机制，累计合作项目1.1万个，累计担保金额67.2亿元，在保项目6474个，在保余额25.9亿元。

3. 打造供银担平台

供销合作社系统积极统筹协调优质资源，致力于打造支农惠农金融服务平台。以河北省为例，河北省供销合作社打造“政银企户保”金融支农平台，通过“政府搭台担保增信、银行降槛降息、企业农户承贷、保险兜底保障”的多方联动金融支农模式，打通了一条从金融机构到困难农户借贷放款的“绿色通道”，为巩固拓展脱贫攻坚成果引入了资金活水。截至2022年7月底，河北省“政银企户保”金融支农服务平台担保基金2.8亿元，已累计发放贷款114.7亿元，在贷余额6.9亿元，惠及农户15.9万户。

（四）设立合作发展基金

1. 设立专项资金支持发展

全国总社利用自有资金设立合作发展基金，主要用于支持基层社加强组织体系、服务阵地和经营网络建设，累计安排资金超过1亿元，支持200多个基层社建设为农服务项目示范带动26个省级社设立合作发展基金。

山东省供销合作社积极推动系统因地制宜设立供销合作发展基金。以滨州市为例，截至2021年12月，滨州市社（本级）和7个县级社全部完成合作发展基金的设立工作，在山东省率先实现市县社合作发展基金全覆盖，累计到位资金10亿多元，使用资金9亿元左右。邹平市供销合作社依托合作发展基金，改造基础设施，完善农村商贸流通服务网络，构建农村现代流通服务体系；整合农业服务资源，组建国有控股农业发展集团及农业社会化服务公司，做优做强现代农业。

2. 设立市场化运作的股权投资基金

供销合作社系统立足自身优势禀赋，设立股权投资基金，高效撬动社会资本。安徽省供销合作社供销基金利用社有上市公司平台，投资7500万元，通过与上市公司辉隆股份共同组建专项并购基金的方式，先后撬动2.35亿元的社会资本参与投资布局高新技术产业，成功控股收购了一家南京精细化工企业，有力地促进了社有企业发展。山东省滨州市沾化区供销合作社发挥合作发展基金“杠杆”作用，先后投资近2亿元，新建中央大厨房、供销智慧商城、供销万兴广场等，升级改造基层供销合作社、配送中心、农贸市场等，推进县乡村三级农村流通服务体系建设，大幅提升综合为农服务能力。

（五）探索涉农保险

1. 做好安全统筹

早在20世纪80年代末，为提高自身财产安全性，部分供销合作社在本地区和系统内，按照“集中使用、分级管理、比例上缴、统一赔付”原则，探索开展了带有财产保险性质的财产安全统筹业务。1999年，国务院开始整顿保险业市场，把中石化安保基金、供销合作社安全统筹、农业部渔船船东互保协会明确为行业自保。按照国家有关行业自保的政策法规，供销合作社继续开展系统安全统筹工作，探索“自保+再保”业务，分散风险。

在有效规避业务风险的基础上，河北、山东、河南等省供销合作社，继续在系统内开展财产安全统筹等行业自保业务。山东省供销合作社出台《关于印发〈山东省供销合作社联合社安全统筹统保工作管理办法（试行）〉的通知》（鲁供发〔2021〕9号），促进系统安全统筹统保工作规范健康发展。河南省供销合作社坚持“以安促统、以统保安”的原则，指导系统安全统筹工作稳定发展。河南省洛阳市供销合作社2020年实现安全统筹额215万元，荣获河南省供销合作社系统“2020年度安全统筹工作特殊贡献奖”。

2. 开展农业保险代理

在做好安全统筹业务的同时，各级供销合作社积极整合各项资源，加强与保险机构合作，推进涉农保险代理业务开展，面向农民提供农业、财产、人寿等各类保险服务，为农民生产生活提供保险保障。

以南京市溧水区为例，溧水区供销合作社与人保财险溧水支公司联合推出“供销保”业务，共同为公用品牌授权企业、系统内的农民专业合作社等农业经营主体提供保险保障，降低农产品经营风险。溧水公用品牌授权企业、供销系统内农民专业合作社可享受人保财险提供的包含政策性农业保险、农产品质量安全保险等9种保险产品在内的系统性专属保险服务，同时享受供销合作社提供的最高41%的保费补贴。

（六）参与农村信用体系建设

2022年7月20日，中国银保监会系统召开金融服务乡村振兴暨农村信用体系建设工作推进（电视电话）会议，总结金融服务乡村振兴情况，交流农村信用体系建设经验，研究部署下一步工作。会议要求持续深化农村信用体系建设，通过整合涉农信用信息，缓解农村信息不对称的问题，提升农村金融服务水平，优化农村信用环境。

一直以来，中国农村信用体系建设滞后于农村经济发展的需要，是制约农村金融供给的重要因素之一。加强农村信用体系建设事关农村经济发展，供销合作社作为为农服务的合作经济组织，积极主动发挥自身优势，采用多种方式参与、推动农村信用体系建设，搭建起联结金融机构和农村需求主体的桥梁，引导更多金融机构面向农村提供更多有针对性的金融产品，有效地扩大了农村金融供给。

1. 建立会计记账服务中心

供销合作社通过建立会计记账服务中心，探索搭建农村代理记账服务平台，为农村信用体系建设提供了有效的平台保障。

以四川省巴中市为例，巴中市供销合作社发挥领办创办农民专业合作社、广泛连接农业经营主体等优势，采取社属企业领办、基层供销合作社联建等办法，组建多家会计服务中心，健全农村会计服务体系，提升代理记账服务能力，初步搭建农村代理记账服务平台。在此基础上，为65家社属企业、乡镇供销惠农公司、基层供销合作社等开展代理记账服务，为系统内外82家商贸流通企业、农民专业合作社等提供代理记账等服务。巴中市社通过建设会计记账服务中心，切实加强了基层单位财务管理，规范了会计核算和财务收支行为，有力地推动了农村信用体系建设。

2. 搭建农村产权交易平台

搭建农村产权交易平台同样是供销合作社参与构建农村信用体系的重要举措。

以河北省为例，河北省供销合作社于2015年4月成立农村产权交易中心，开展农村集体资产交易、农村集体建设项目、供销合作社社有资产转让等业务，为农民和农村集体经济组织提供农村产权交易平台。目前，已形成包含1家省级、13家市级、143家县级、1900个乡镇服务站和40967个村级服务点的农村产权交易体系。

截至2022年7月，河北省农村产权交易鉴证额累计达328亿元，其中2022年1—7月鉴证额达160亿元，业务发展速度显著加快。农村产权交易中心在做好农村产权交易的基础上，积极与银行合作，共同探索农村产权抵押融资模式。目前，已有18个县级政府指定农村产权交易中心作为当地农村产权抵押登记机构。农村产权交易中心联合农业银行等金融机构，通过“农权贷”等方式，开发土地经营权抵押融资贷款，实现抵押登记融资7.8亿元①。

3. 面向服务对象开展征信服务

供销合作社充分利用系统组织、信息等方面优势，从信用信息采集服务等入手，积极参与农村征信体系建设。

以安徽省休宁县为例，休宁县供销合作社依托资金互助部，开展信用信息数据归集、上门采集信息以及信用户、信用村创建评定工作。同时，重点关注信用户、信用村中的新型经营主体，满足其农业生产等资金互助需求，打通农村金融服务“最后一公里”。截至2022年7月，休宁县供销信用体系建设在4个乡镇7个村相继施行，累计创建评定信用户333户，信用户贷款申请87户，累计发放贷款1029.6万元。休宁县供销合作社依托征信体系建设，拓展了农村金融服务渠道，有效地缓解了农户贷款难、融资难等问题，为农村金融服务发展增添了动力。

三、面临的问题及下一步发展方向

（一）面临的主要问题

供销合作社在开展农村金融服务方面取得了一定的进展，但总体来看，供销合作社农村金融服务仍处于不断发展完善阶段，还存在一些问题。比如，农村金融服务功能整体偏弱，地区间发展不平衡，一些地方农村金融服务存在风险隐患，等等。造成这些问题的原因是复杂的、多方面的，既有客观方面的因素，也有主观方面的影响。

---

① 数据来自供销合作社调研统计经作者整理而得。

1. 供销合作社开展农村金融服务的外部制约性因素较多

目前，我国现行金融法律缺少农村金融专门立法，农村金融服务保障体系有待进一步完善，供销合作社开展农村金融服务主要依据2015年中央11号文件，一些地方政府对相关工作持审慎态度，推进难度较大。

2. 一些地方供销合作社对金融工作重要性认识不够

金融是现代经济的血脉，供销合作社开展生产、流通等业务，都离不开农村金融服务的支撑。但一些地方供销合作社行政化思维较浓，对农村金融服务缺乏足够认识，也制约了系统农村金融服务的开展。

3. 供销合作社开展农村金融服务的基础比较薄弱

一些地方供销合作社基层组织体系不够完善，经济实力较为薄弱，此外，相当一部分供销合作社人才队伍老化，金融方面的专业人才更是缺乏，都加大了开展农村金融服务的难度。

4. 部分农村金融服务运营管理不够规范

主要集中体现在资金互助方面，一些资金互助组织违反“社员制、封闭性”原则，内控管理制度有待完善、执行不够到位，存在部分单户使用资金集中度过高等问题，风险防范压力较大。

（二）下一步发展方向

1. 加强金融合作，搭建桥梁纽带

将与金融机构合作作为主要方向，立足供销合作社联农带农组织体系和经营服务网络优势，进一步加强与农业银行、建设银行、工商银行、农业发展银行、国家开发银行和中国人民财产保险公司等金融机构的合作，积极承接各项普惠金融服务，为金融服务下沉搭建平台。同时，各级供销合作社应积极参与农村信用体系建设，通过对新型农业经营主体、农民合作经济组织、农户基本信息和交易数据的收集、整理和运用，依托征信体系建设和加强金融机构合作缓解农民融资贷款难题。

2. 组建金融机构，强化金融供给

有条件的供销合作社社有企业，可以积极参与中小银行和村镇银行的发起设立或改制重组，不纯粹做财务投资，对中小银行经营要具备影响力，与经营主业要能产生协同作用，能增强为农服务能力。信用合作开展成熟的地区，可向村镇银行转型。因地适宜组建小额贷款公司、保理公司和融资租赁公司，为社有企业、新型农业经营主体和小农户提供更多途径、更低成本的融资服务。有条件的供销合作社可在风险可控的前提下探索开展融资担保业务，积极争取财政支持组建政策性融资担保公司，着力解决农民及涉农小微企业贷款难、抵押品不足等问题。具备条件的供销合作社，可争取地方监管部门支持，探索开展农村互助保险服务。

3. 发展合作基金，形成发展合力

供销合作社要认真贯彻落实2015年中央11号文件精神，根据发展需要，结合实际，按照《供销合作社合作发展基金管理暂行办法》规范设立、运行和管理合作发展基金。合作发展基金既可以采取以市场化方式运作的股权投资基金形式，也可以采取依据合作制原则使用的发展基金形式运作，主要用于供销合作社基层组织和为农服务项目建设、龙头企业培育、产业发展等方面，提升供销合作社为农服务能力。要加强系统内合作发展基金的合作，促进系统上下贯通、联合合作，提升为农服务能力。

4. 加强制度建设，防范金融风险

供销合作社系统要把风险防控放到更加重要的位置，不断建立健全系统金融服务稳健运营机制，有效防范系统金融服务风险，促进系统金融服务规范发展。供销合作社开展金融服务要按照国家有关准入条件和监管要求，取得有关部门的批准，并在金融监管部门监管下合规开展。要持续加强制度建设，不断建立健全审贷决策机制、信息披露制度、风险准备金制度、动态监测制度、抵押担保制度、风险事项报告及应急处理等制度，促进系统金融服务规范可持续发展。对于开展信用合作的经济组织，要严格按照“社员制、封闭性、不对外吸储放贷、不支付固定回报”的规定，坚持“小额、短期、分散”原则，规范社员身份、出资额度、资金用途等，细化工作流程，强化责任追究，依法合规开展业务。

5. 强化基础工作，营造良好环境

各级供销合作社应把规范发展金融服务作为深化供销合作社综合改革的具体任务来抓，进一步提高思想认识，强化组织领导，狠抓任务落实。要积极与政府相关部门协调解决供销合作社金融服务开展中遇到的准入、设立、登记等问题，为金融服务规范发展创造良好环境。进一步建立和完善系统内的人才培训和引进机制，有针对性地开展分层次、分区域、分业务类型的金融培训工作；积极培养引进一批熟悉供销合作社情况、精通金融业务的专业人才，为供销合作社金融服务规范发展积蓄力量。认真总结和推广各地供销合作社金融服务开展过程中的好经验、好做法，为系统金融业务发展营造良好的舆论环境。

第十五章 国际农村金融发展经验借鉴*

现代经济发展的实践表明，金融是现代经济的核心和枢纽。各国农村经济发展的实践同样表明，农村金融在农村经济的发展以及在发展中国家的工业化过程中都起着举足轻重的作用。随着我国自 1994 年以来经济体制改革的深化和金融体制改革的全面展开，我国农村金融的发展已经明显不能适应农业经济发展的需要。农村金融问题已经成为困扰我国农村经济发展的“瓶颈”。因此，总结各国在农村金融方面的理论和实践成果，将对我国农村金融问题的解决产生积极而深远的影响。

一、国际农村金融发展理论

国际上农村金融发展理论是在金融发展理论的基础上，结合世界各国农村金融的实践逐步形成并且不断发展的，因此，农村金融理论的形成带有明显的时间特征。20 世纪 80 年代之前，根据当时农村经济的基本状况提出的农业融资理论占主导地位；80 年代以后，农村金融市场论逐渐取代农业融资理论而居于主导地位；90 年代，亚洲金融危机后，人们对市场的作用产生了怀疑，斯蒂格利茨等将不完全竞争理论运用在农村金融上，提出了不完全竞争市场论。同时，哈耶克运用局部知识理论，从知识论的角度也提出了解决不完全竞争和信息不对称问题的分析范式，对农村金融市场论进行了发展。①

（一）农业融资理论

第二次世界大战后，许多政治上获得独立的国家纷纷在经济上实行“赶超式”发展战略，社会资金极度缺乏。尽管农业在其经济中占有重要地位，但由于这些国家的农业极其落后，因而不可能吸引极其有限的社会资

---

* 本章作者为李博，《中华合作时报·农村金融》总监、记者。

① 白钦先，徐爱田，王小兴．各国农业政策性金融体制比较［M］．北京：中国金融出版社，2006.

金进入该领域，甚至还要为工业发展积累资金。在这种背景下，农业融资理论（信贷补贴理论）被提了出来，该理论认为，农村居民的储蓄能力较低，农业的投资周期长、收益低、风险大，以营利为目的的商业金融无法介入。因此，为了发展农业生产，增加农民收入，就必须从农村的外部来注入政策性资金，并建立政策性的金融机构来进行分配和管理，政府在促进农村资本形成的过程中应理所当然地发挥积极作用。而且，为缩小农业与其他产业的结构性收入差距，政府必须将利率控制在较低的水平。

然而，多个国家几十年的实践均证明，在国内经济和农业发展水平较低的情况下，这种模式短期内可以在一定程度上缓解农业资金投入不足问题，但从长期来看，随着国民经济的发展和各项制度的完善，它有极大的缺陷，主要表现在：一是政策性的低利率导致资金使用效率低下、回收困难，既破坏了信用环境，也影响了可持续性；二是政策性的金融机构由于大量不良贷款的积累，影响了整个金融体系的稳定，从而也影响到宏观经济的稳定；三是持续的低利率对其他金融机构产生了“挤出效应”，对农村资金的投入和资本的积累反而起了副作用；四是低息贷款的受益人往往会被转移到进行大笔贷款的较富有的或比较有权势的农户身上，财富和政治成为信贷资源配置的基础，失去了政策的初衷。

（二）农村金融市场论

随着世界经济的发展，许多发展中国家走上了工业化的道路，农业自身也有了一定的积累，农业融资理论已不能完全适应变化的世界农村经济形势。20 世纪 80 年代以来，农业融资理论的不足使其主导地位被农村金融市场论或称农村金融系统论所取代。农村金融市场论认为，即使是贫困农户也有储蓄的需求，应该通过动员农村居民的储蓄来平衡农村资金供求；减少政府管制，实行市场化利率；通过实行市场化利率来实现农村资金的供求平衡。因此，必须进行农村金融的市场化改革，具体的政策主张有：取消专项目标贷款；农村金融机构的职能是在市场化的利率基础上，在农村内部发挥资金配置的作用，实现资金供求平衡；在农村适当发展非正规金融市场；根据金融机构的经营成果与经营自立性和持续性来衡量农村金融的成功与否。

但是，进入 20 世纪 90 年代以后，农村金融市场论也受到了很大的质疑，主要表现在：缺少担保品以及自由化的利率带来的高成本，能使小农户充分得到金融市场的贷款；农村金融市场信息不对称造成市场机制失灵，由此引发的道德风险和逆向选择等问题严重地影响了农村金融市场的有效运行。

（三）不完全竞争市场理论

20世纪90年代末期的亚洲金融危机对市场机制的作用再次产生了怀疑，斯蒂格利茨的不完全竞争市场理论在农村金融领域得到了发展。该理论认为，由于金融机构无法充分掌握借款人的情况，因而农村金融市场是一个不完全竞争的市场，完全按照市场机制就很难培育出一个合意的农村金融市场。因此，必须进行适当的政府干预，同时提高借款人的组织化程度，以弥补市场机制的失效。不完全竞争市场理论被认为是适合目前农村金融状况的理论，它也为新模式的小额信贷等提供了理论基础。

从不同时期居于主流地位的农村金融理论来看，农村金融理论围绕的核心问题是政府主导还是市场主导，只是到20世纪90年代，市场是基础，政府在有限的范围内进行调节的理论才得以确立。与这根理论发展线条并行的是各国进行的实践，理论和实践的互动为农村金融的发展注入了活力。

（四）农村金融理论的新发展

1. 农村金融的价值链融资理论

1985年，迈克尔·波特提出了价值链理论，价值链分析法成为寻求企业竞争优势的工具而被广泛应用于企业管理和市场分析。近年来，价值链分析法被应用于对农村金融的供给与需求分析，提出了农村金融的价值链融资理论。该理论认为，农业价值链是一个随着农业产业链条各个环节价值增值过程的链条，对该产业链条的各个环节进行融资不仅可以提升农业产业链的价值，而且也有利于提升农村金融机构的价值。农业价值链提升的每一个环节都离不开金融的支持，金融为农业价值链提供融资服务，提高了农业价值链的价值。应从农业价值链各价值活动的资金需求者和金融供给者两个方面综合考虑农村金融的供给与需求。以价值链为中心，把农业融资体现在农业价值链的各个环节和不同参与者上来，针对价值链各价值活动参与者不同的融资需求提供与之相适应的金融供给。这一理论一经提出便被许多国家采用，一些国际发展援助机构的金融援助项目也以价值链为指导进行项目的设计。

2. 局部知识理论在农村金融理论发展中的应用

哈耶克的局部知识理论从知识论的角度提出了解决不完全竞争和信息

不对称问题的局部知识分析范式，从理论和政策上支持了金融市场论。该理论认为，农村金融中存在许多散布在特定时间和地点的局部知识，竞争是发现这种局部知识，减少信息不完全和不对称的过程。小额信贷机构、非正规金融机构等金融机构正是农村分散的局部知识的最佳利用者，促进其相互间的竞争，有利于推动金融工具的创新，减少信息不对称。借款人连带保证小组、贷款中的动态激励、有规则还款安排等信贷方式的创新都有利于充分利用分散的局部知识。另外，在局部知识论框架中，政府的作用主要体现在市场机制失灵的地方。

3. 金融创新理论在农村金融理论发展中的应用

金融创新理论是20世纪70年代以来，熊彼特的创新理论在金融领域的一种应用和发展。近年来，金融创新理论在农村金融理论发展中得到了应用，该理论认为，农村金融的创新是解决农村金融问题的有效手段，具体包括：一是农村金融制度的创新，包括货币制度创新、农村信用制度创新、农村金融的监管制度创新等；二是农村金融业务创新，包括适用于农村的金融工具创新、农村金融技术创新、农村金融交易方式的创新、农村金融服务创新、农村金融市场建设的创新等；三是组织结构创新，包括农村金融机构创新、金融结构创新、机构内部的经营管理创新等。[①]

二、国际典型农村金融发展模式

农业是一种弱质产业，农业的发展除了受到自身技术水平的制约外，还受到自然条件、市场变化等诸多因素的限制，具有高风险、低收益的特点，从而为金融机构的介入带来了许多不同于其他产业的障碍。

因此，无论是经济较为发达的美国、法国、德国、英国、日本和韩国等发达国家，还是印度、孟加拉国、印度尼西亚、墨西哥等发展中国家，都从本国的实际情况出发，采取了有针对性的政策措施，走出一条适合本国发展、可持续的农村金融发展道路，也为其他发展中国家与地区探索完善农村金融体系、优化金融扶贫机制、振兴乡村经济提供了有益的借鉴与启发。

图15-1为2021年各国农业GDP及农业人口的占比。从图中可以看出，农业国家大多是发展中国家，农业GDP占比较高，农业人口占比也

① 焦瑾璞，等．农村金融体制和政府扶持真题册国际比较［M］．北京：中国财政经济出版社，2007.

较高。

由于农业发展的水平存在很大的差异，因此发达国家和发展中国家所建立的农村金融制度和体系需要分类进行研究。

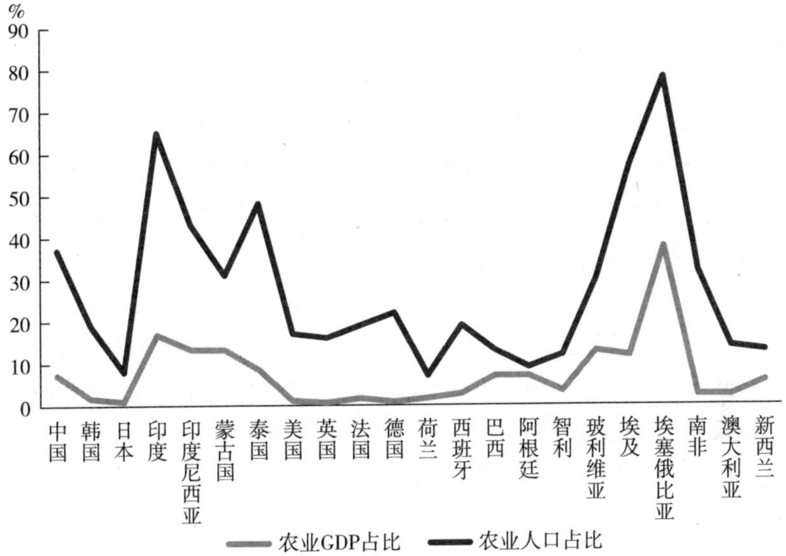

图 15-1　2021 年各国农业 GDP 及农业人口的占比

（一）发达国家的农村金融发展模式

1. 发达国家的农村金融制度和体系特点

以 1770 年土地抵押合作信用社制，即不动产金融制度的建立为标志，德国建立了世界上最早的农村金融制度。经过 200 多年的发展，发达国家普遍建立了包括政策性金融、商业性金融、合作性金融和农业保险、农产品期货市场在内的全方位多层次的农村金融服务体系，极大地支持了农业和农村经济的发展，积累了丰富的经验。

尽管我国目前农村经济状况与这些发达国家有较大的差别，但认真分析和研究这些国家的成功经验，对我国构建多层次、广覆盖可持续发展的农村金融服务体系和制度仍具有重要的理论和现实意义。

美国、法国、德国、日本、荷兰等发达国家均建立了适合本国农业发展的农村金融制度和体系，这些国家的农村金融制度和体系具有以下特点：

第一，各国都建立了包括合作性金融、商业性金融和政策性金融在内的组织体系健全的农村金融体系。从其农村金融组织分工来看，商业性金融主要提供中短期贷款，合作性金融主要提供极短期贷款，政策性金融作为推行政府农业政策的工具，主要提供长期低息贷款。这种既有分工又有协作的多元化农村金融组织体系，既保障了农村资金的相对独立运行，又能最大限度地适应和满足农村金融需求。同时，随着农村经济的发展以及农村金融市场化建设的推进，合作性金融和商业性金融在农村金融中的比重逐渐增大，政策性金融的支持范围和市场份额逐步缩小。例如，美国的政策性金融体系提供的信贷资金仅占全部农业信贷资金的 3%，而商业性金融和合作性金融分别占全部农业信贷资金的 65% 和 32%。这样的农村金融体系既满足了广大农业生产经营者多层次的资金需要，同时也实现了金融机构自身的可持续发展。

第二，各国都采取多种措施支持和促进农村金融市场的形成和发展。由于农业生产的季节性强、周期长、资金的回报率低等特殊性的存在，使农村金融吸引资金的能力差、水平低。为了保证农业资金的充分供应，实现农村金融供给的可持续，各国政府都高度重视并积极采取政策支持农村金融市场的形成和发展。这些政策包括：

一是通过出台支持农村金融的税收优惠政策，鼓励合作性金融和商业性金融发展农村金融业务。对于积极支农的合作性金融机构和商业银行，可减免营业税和所得税。

二是对商业银行涉农贷款进行利差补贴，如美国的销售贷款补贴、法国的农业贴息贷款。这就有力地保证了农业资金如实用于农业，也为非农资金向农业转移奠定了基础。

三是给予涉农金融机构以金融优惠政策，解决合作性金融和商业性金融在开展农村金融业务时遇到的资金问题。这些政策包括允许政策性金融机构发行政府担保债券、吸收存款和借取外币筹资。并通过政策性金融机构向农业领域发放低息贷款；支持合作性金融发行农业贷款债券，允许其在经营中免交存款准备金；等等。

第三，注意到了农户的分散性，各国都通过建立合作社来提高农业生产的组织化程度，将合作性金融作为农村金融市场的支柱加以培育和发展。发达国家的合作性金融存在以下几个方面的共性：一是基本相似的组织架构，各国均采取多级法人制度，各级合作组织具有独立的法人资格和自主经营权，并由各自成员入股，实行自下而上的控股制度，形成一个独立的组织体系，充分体现合作经济的特征；二是发达国家政府对合作性金融普遍给予了极大的支持，如美国合作金融机构免征联邦所得税、不缴纳存款准备金；日本在合作金融组织向农户提供农业贷款时，政府给予利息补贴、损失补贴和债务担保。

第四，发达国家建立了健全的农业保险体系和期货市场体系，通过这些体系的建立，分散了农业生产的风险，增加了农民收入的稳定性。同时，也为农业投融资体系的建设创造了极为有利的市场环境。①

2. 美国模式

美国不仅是世界第一大经济体，同时也是世界上农业最发达的国家之一，这与其科学、完善的农村金融体系是密不可分的。

美国农村金融体系是以商业金融机构和个人信贷为基础，以农场主间的合作金融为主要模式，政府农贷机构和农业保险为补充的多元化农村金融体系，该体系功能完备、层次分明、职能明确、各有侧重、互为补充，很好地满足了农业生产的信贷需求。美国农业金融体系的构成主要分为以下四个部分：

（1）政策金融体系

政策性金融机构是美国农业金融的重要组成部分。包括农民家计局、商品信贷公司、小企业管理局、农村电气化管理局四个机构。另外，联邦住房贷款银行体系和美国进出口银行也分别在相应领域构成农村政策性业务的补充。这些金融机构资金主要源于政府提供的资本金、预算拨款、贷款周转资金和部分借款，资金运用主要是提供一些商业银行和其他贷款机构不愿提供的贷款，在贷款对象上各有侧重。其主要功能是为农业生产和与农业生产有关的活动提供信贷资金和服务，并通过信贷活动调节农业生产规模和发展方向，贯彻实施农村金融政策，控制农业发展规模等。

（2）合作金融体系

美国农业合作金融体系主要由联邦土地银行系统、联邦中期信用银行系统和合作社银行系统三大独立的系统组成。这三个系统起初都是由政府出资、采用自上而下的方式组建起来的，随着政府资金的逐步退出，三大系统目前已经成为由农场主所拥有的真正意义上的合作金融组织。根据美国有关农业信贷的法律规定，全美共有 12 个农业信贷区，美国农业信贷区都设有一个联邦土地银行、联邦中期信贷银行和合作社银行，由联邦政府的独立机构——农业信贷管理局领导、管理和监督。

联邦土地银行系统。1916 年，美国设立联邦土地银行，联邦土地银行

① 胡新智，张海峰. 大变局：国际农村金融发展的新趋势［J］. 国际经济评论，2009（7）.

下设许多联邦土地银行合作社，每个合作社又由众多农场主出资组成。联邦土地银行的资金主要源于会员缴纳的股金（联邦银行合作社须向所在联邦土地银行缴纳一定比例的股金，以此取得会员与借款的资格）、发行的联邦农业债券和借款。联邦土地银行的资金用途主要是为个体农场主提供长期不动产贷款。

联邦中期信用银行系统。联邦中期信用银行系统的结构与联邦土地银行系统类似，它是由12家联邦中期信用银行及其下设的生产信用合作社组成。联邦中期信用银行只对下设的生产信用合作社贷款，然后生产信用合作社再为个体农户提供贷款。生产信用合作社与联邦土地银行合作社的贷款对象基本相同，它们的不同之处主要在于：生产信用合作社可以直接向农场主提供贷款，而联邦土地银行合作社只是协助其上级联邦土地银行办理贷款事宜；生产信用合作社提供的是中、短期贷款（1~7年），而联邦土地银行合作社只是协助其上级联邦土地银行办理长期贷款（5~40年）。

合作社银行系统。与联邦中期信用银行系统和联邦土地银行系统类似，合作银行系统也是在12个农业信用区分别设立一个合作银行，但与联邦中期信用银行系统不同的是合作银行系统还拥有一个中央合作银行。中央合作银行主要是对业务范围超过一个农业信用区的大生产合作社提供金融服务。

（3）商业金融体系

农业金融风险大、收益小，一般逐利性的商业银行都不愿意参与进来。尽管美国农业金融也存在类似情况，但美国政府为鼓励商业银行进入农村市场、防止农村资金外逃制定了一系列优惠政策，如为涉农贷款占贷款总额25%以上的商业机构提供税收优惠、为涉农贷款的利率提供补贴等。商业银行在该体系中的作用已经由传统信贷业务逐步转型为向农场主提供咨询服务、专业农场管理、土地租赁及房地产评估等中间业务。

（4）农业保险体系

美国农业保险体系是一种以联邦农作物保险公司、私营保险公司、保险代理人和保险查勘人为主体的多元化保险体系。联邦农作物保险公司主要负责规则制定、风险控制以及监督稽查等，并不直接参与保险业务的经营；私营保险公司则在联邦农作物保险公司的指导和监督下承担农作物的保险业务；保险代理人和保险查勘人，可分为独立人员和私营保险公司的雇员，他们负责农作物保险业务的具体工作。在这种多元农业保险体系里，政府依然发挥着决定性的主导作用，这主要体现在以下四个方面：一是法律支持，早在1938年美国就颁布了《联邦农作物保险法》，这为农业保险业务的开展提供了法律依据和保障。二是补贴支持，政府为承担农业保险的私营保险公司提供了一系列的保险补贴和业务补贴，并在农业保险的推广和教育方面提供了大量经费。三是再保险支持，政府主要通过联邦农作物保险公司向私营保险公司提供再保险和超额损失再保险等支持。四是税收支持，按照《联邦农作物保险法》的相关规定，政府对农作物保险免征所有税负。

3. 法国模式

法国是欧盟最大的农业生产和世界的主要农副产品出口国，农业在其国民经济中始终占有重要的地位。法国政府十分重视农业发展，采取了大量的补贴政策以及相关的专业机构专门服务于农业发展。

目前，在法国开展农村金融业务的银行都是政府所有或者受政府控制的，主要有法国农业信贷银行、互助信贷联合银行、大众银行和法国土地银行等。其中，农业信贷银行是法国的农村金融组织体系的核心。

（1）农业信贷银行体系

法国最大的农村金融机构是农业信贷银行系统，其组织模式是典型的半官半民体制模式。根据互助主义和分权原则，该体系由地方农业信贷互助地方银行、地区（省）农业信贷互助银行和中央农业信贷银行（法国国家农业信贷银行总行）三级组成。

地方农业信贷互助银行。地方农业信贷互助银行是基层组织，由个人成员和集体成员入股组成，下设服务网络营业所，保持了相当程度的合作金融特征，是合作性质体现最集中的环节，有充分的自主权。地方农业信贷互助银行主要负责吸收和管理活期存款及储备资金，推销国家信贷银行发行的库券，审核会员贷款。

地区（省）农业信贷互助银行。地区（省）农业信贷互助银行属于半官办性质，是各省农业信贷互助银行的法人代表，由若干地方农业信贷互助银行组成，在业务经营、人员选配、机构设置、利率调整等方面可以自主决定。

中央农业信贷银行。中央农业信贷银行是法国农业信贷银行的法人总代表，是独立核算的官方金融机构，同时还是全国农业信贷互助银行的最高总理机关。中央农业信贷银行实行的是中央集权与地方分权相结合的管理方式，但实行的是两级核算，总行为一级，地方银行和地区银行共同为一级。总行受农业部和财政部双重领导，其职责是参与制定、贯彻国家农业信贷政策，控制和协调各地区的农业互助银行的业务。

（2）农业贷款的财政贴息

法国对符合国家政策要求和国家发展规划的贷款项目，实行贴息优惠政策。法国政府通过向农业经营者直接发放贴息贷款，鼓励农业经营者积极向农业投资，并补贴优惠贷款利息与金融市场利率差额部分。

地方（省）农业信贷互助银行是法国唯一享受政府贴息的银行。贴息资金由农业部从政府拨给的农业年度预算中统一支付给地方农业信贷银行。贴息贷款一般仅限于中长期贷款，在放款用途上主要用于农业生产开支、投资生产设备和农民住房贷款。贴息贷款的期限、用途和数量都由农业部按照信贷原则确定，具体的放款办法由银行根据农业部制定的基本原则和该行放款章程确定。每年的放款指标由总行逐层分配给省行和地方银行，至于具体关于贷款对象、贷款期限、贴息期限、贴息幅度都可以由经办银行决定。对购买土地的贷款，年轻农民的贷款期限最长是 25 年，享受贴息 10 年，而一般的农户贷款年限为 20 年，贴息 7 年，但扩大经营的农场主享受贴息只有 5 年。需要指出的是，贴息贷款只在一定贷款期限内享受贴息，而不是整个贷款期限。

总的来看，法国农业信贷银行体系具有半官半民、上官下民、官办为主的特征。一方面，这种组织模式的优点是便于管理，合作金融机构的业务与国家政策和国家发展规划相符的项目，都优先得到支持甚至贴息。另一方面，该体系的缺点也很明显，就是各级信贷互助银行独立性较小，受政府干预大，经营效益较差，国家财政补贴较大。

另外，在法国的农村金融体系中，农业保险发挥着极其重要的作用。法国的农业保险体系主要是由互助保险公司和私有保险公司组成的私有化的体系，政府提供必要的政策支持，包括提供再保险业务等。法国以互助保险为鲜明特征的农业保险制度对减少农民收入、促进农业发展起到了极大的作用，同时也为银行业开展农村业务创造了条件。

4. 德国模式

作为世界合作金融的发源地，德国的合作金融体制一直是欧洲以及世界各国发展合作金融的典范。德国的农村金融体系主要由两部分组成：

（1）信用合作金融机构

德国合作金融体系是一种由多级法人组成的三级“金字塔”模式，即以基层合作信用社为底层，区域合作银行为中层，中央合作银行为顶层的分层建构金融体系。各层级相互独立但功能互补，自上而下提供金融服务。

中央合作银行属于综合性的商业银行，主要功能是为区域合作银行和基层信用合作社提供资金融通和清算业务；区域合作银行除了一般的资金结算功能外，还为基层信用合作社提供融资服务；基层信用合作社为基层农户和小农场主提供金融服务。

德国农村金融体系的运行模式坚持各层金融机构相互独立的合作制。各层次的不同组织相互独立，都是独立法人并有独立的经营自主权，上层金融机构对下层金融机构的主要职责不是管理而是提供金融服务。整个体系的运行除了相关法律监管外，主要依赖行业性的自律管理。

德国农村金融机构注重为农村服务，以涉农贷款比例作为控制指标保证目标实现。政府包括联邦政府和地方政府为农业贷款提供贴息补贴，限制涉农贷款的最高利率，并且还补贴农村合作金融机构的利差损失和经营亏损。

（2）政策性农业金融机构

德国的农村政策性金融距今已有200多年的历史，其宗旨是保护和扶持农业、农村的可持续发展。该体系主要包括农村地产抵押银行、农业中央银行以及地租银行，且都不以营利为目的，农村地产抵押银行具体为农林各业及食品行业提供信贷支持，在整个政策性农业金融机构中占主导地位。

5. 日本模式

日本与中国同属东亚地区，历史文化也颇有渊源，因此两国的农业发展条件较为相似。一方面，从自然条件上讲，两国都是人多地少，人均可耕地面积偏低。另一方面，从历史文化上讲，两国历史上农耕文化发达，都具有小农经营的历史传统，农村都以小农户为主要生产单位。尽管日本的农业发展条件不够理想，但是日本通过建立较为完善的农村金融体系为其农业发展提供了强大的动力与支持。

日本的农村金融体系主要包括两个部分：占据日本农村金融体系主导地位的民间的合作性金融和作为补充作用的政府的政策性金融。

（1）合作性金融体系

日本农村合作性金融体系依附于农业协同组织体系，是农协下属的一个子系统，同时具有独立融资功能的金融部门。日本农村合作性金融体系主要由最高层的中央政府所管理的农林中央金库、中间层的信用农业协同组合联合会和最底层的基层农协构成。最高层的农林中央金库由信用农业协同组合联合会入股组成，信用农业协同组合联合会又由基层农协入股组成，基层农协再由农户入股参加。这三级组织之间并不存在行政隶属关系，完全的独立核算、自主经营，并不存在领导和被领导的关系，上级组织主要通过经济手段来指导下级组织的运营。

农林中央金库是日本合作性金融系统的最高机构，相当于合作性金融系统的总行，其主要职能是协调各地信用农业协同联合会的资金活动，并承担向信农联提供咨询指导工作。

农林中央金库的资金主要源于以下三个部分：一是各地信用农业协同组合联合会的上存资金；二是其他农业团体的上存资金；三是通过发行农村债券而获得的资金。农林中央金库一般会提供高于普通存款的利率或奖励金来支持各地信用农业协同组合联合会的发展。农林中央金库的资金用途也主要是用于满足信用农业协同组合联合会的资金需求以及向农业相关企业发放贷款。

信用农业协同组合联合会是都道县一级的农业协同组合联合会中经营信用业务的专门机构，作为日本农业合作金融体系的中间层，是连接农林中央金库和基层农协的纽带，起着承上启下的作用。信用农业协同组合联合会的资金来源于基层农协及其他社会农业团体的入股和存款，然后用这些资金满足基层农协以及相关农、林、渔业团体的资金需求。

基层农协处于农业合作性金融体系的底层，由农户和其他居民及团体入股登记成立，与农户直接产生信贷关系，是与普通农户联系最为紧密的基层组织。

基层农协不以营利为目的，但会要求农户把农产品的销售款及从农协分到的其中一部分利润存入农协。随着农村经济的发展，最初只发放短期贷款的基层农协目前也开始发放长期贷款，并且其比例呈上升趋势。除了信贷业务，基层农协还可以从事农村保险、农产品供销等其他涉农业务。

（2）政策性金融与农业保险相结合的复合体系

日本农村的政策性金融主要由农林渔公库承担，是当时由日本政府依据《农林渔金融公库法》全额出资创立的，资金来源主要包括政府投入的资本金、政府补贴和借款。它主要为普通金融机构不愿涉足的领域，如农业基础设施建设等方面提供长期的低息贷款。日本实施的是一种类似政策性保障的农业保险制度。政府提供保险补贴，农户每年的保险费用有一半以上由政府承担。总的来说，日本农村金融在第二次世界大战后的60年时间内发展已经比较完善，综合起来合作性金融在农村金融体系中居于主导地位，具有合作性金融和政策性金融相结合的典型特征，日本政府在构建农村金融体系中发挥了重要作用。

6. 韩国模式

韩国农村金融的代表性机构是农业协同组合中央会。农业协同组合中央会（以下简称中央会）成立于1961年，是根据《农业协同组合法》，以原农业协同组合和韩国农业银行为基础合并而成的，在政府推动下由农民自愿组成的互助组织。中央会下设四个部门，分别是教育支援部门、农业经济部门、畜产经济部门和合作金融部门。中央会充当合作金融的“中央银行”，基层农协运营不了的资金，由中央会的合作金融部加以运营。2012年，韩国农协将农协银行从中央会完全剥离出去，设为独立的商业银行，中央会仅保留合作金融部分。

（1）韩国农协的金融职能

中央会旨在为韩国农协开展本职活动提供必需的资金与收益，为顾客提供差别化的农业金融服务。在金融事业方面，除商业银行的一般业务之外，农协还为顾客提供NH信用卡、NH保险、外汇等各种金融服务，为家庭经济、农业经济乃至国家经济担负起应有的责任。

20世纪60年代，为消除在农村蔓延的高利贷，韩国农协启动了农协互助金融事业。这项事业，一方面旨在通过储蓄的形式吸纳农村地区的闲散资金和私人贷款资金，将其提供给需要资金的用户，为农民从事农业生产提供资金支援，为农产品销售起到流通作用。另一方面通过使用非课税存款等为农民增加资产、开发劳动者生计金和阳光贷款等金融产品，在金融贫瘠地区开设网点等手段，为平民金融活性化做出贡献。

2012年3月2日，借着金融控股公司机构改革和业务重组的契机，韩国农协成立了NH农协金融控股公司。这是韩国唯一一家由纯民间资本构成的金融机构。农协金融集团在发展中构建了银行、保险公司、证券公司、资产运用公司、期货公司、CAPITAL公司等综合金融体系，旗下控股8家子公司。

（2）NH农协金融控股公司的职能机构

作为韩国最具代表性的全球合作社金融集团——农协金融控股公司，主要由以下几个机构组成。

NH农协银行。NH农协银行是一家全部由国内资本设立的民族银行，它致力于为包括偏僻地区在内的全国居民提供无差别的金融服务。

NH农协银行的职能包括：负责政府大楼、市郡金库和教育金库94%以上的金融业务；通过税务、房地产、基金、信托等资产管理咨询领域的最优秀专家为顾客提供综合资产管理服务；与全球1500多个代理行和44个清算行建立合作关系，为企业提供多种多样的进出口金融服务；NH农协银行的收益每年通过农协中央会用于支援农业、农村、农户和地区社会的发展；支援农协的农产品流通事业，为农产品价格的稳定和保证国民的饮食健康做出贡献；支援平民金融，以合作伙伴身份为中小企业提供资金服务和咨询服务。

NH农协生命保险公司。NH农协生命保险公司是一家以农协的合作社理念为基础，推出有益的商品和服务的生命保险公司。NH农协生命的职能是提供综合性保险服务，保证任何一位国民都能通过保险服务实现财政稳定，做好充分的养老准备。NH农协生命保险公司针对农户推出的特别政策保险产品和服务为提高农户的实际利益和保证农户经营稳定做出巨大贡献。

NH农协财产保险。NH农协财产保险于2012年3月从农协共济摇身变成专业财产保险公司。NH农协财产保险的职能包括提供保障顾客幸福的精品农协财产保险；推出增进农户实际利益的政策，推出农作物财产保险、家畜财产保险和农用机械综合保险三个种类构成的农业政策保险，以保护农户的财产安全。

NH投资证券公司。NH投资证券公司的前身是1969年成立的韩保证券，是韩国国内证券业界的先驱。2014年6月被NH农协金融控股公司收购，2014年12月，原先的友利投资证券和NH农协证券合并成如今的NH投资证券。NH投资证券的职能在于以泛农协集团的综合效应为基础，为顾客提供创造性的金融服务。

NH-CA资产运用公司。NH-CA资产运用公司是农协金融控股与法国Amundi合资建立的顾客资产管理公司。其职能为运用独特的代表基金，为顾客资产提供专业的财产托管，在风险中实现收益。

NH农协CAPITAL公司。NH农协CAPITAL是一家贷款专业公司，2008年7月被纳入农协中央会子公司的行列。其职能是专门提供平民金融支援和各种金融服务，包括二手汽车和产业材料租购融资、一般融资租赁和汽车融资租赁、企业金融和房地产金融、房贷资金贷款、个人信用贷款、包括新技术金融在内的投资金融等综合性金融服务。

NH农协期货。NH农协期货是1997年3月农协中央会100%出资设立的第一家金融子公司，是一家专门的衍生商品公司。主要业务是为在韩国交易所上市的国债期货、货币期货、股指期货、商品期货以及在海外知名交易所上市的商品（农产品、有色金属和原油等）提供中介服务。此外，公司还销售各种各样的集合投资证券（收益证券、MMF）等。NH农协期货的职能在于利用先进的金融技术推动金融先进化，通过期货交易保证农产品价格稳定。

此外，NH储蓄银行虽然资产总量和资本规模无法与NH农协银行相提并论，但它同样是NH农协金融控股公司旗下的重要组成部分，并且是该公司控股100%的银行。

（二）发展中国家的农村金融发展模式

1. 发展中国家的农村金融制度和体系特点

发展中国家大多是农业国家，农业GDP占比和农业人口占比均远高于发达国家，其农业生产的产业化程度远低于发达国家，而且发展中国家的农业经济现状差异也较大。因此，发展中国家根据本国农业经济的实际情况建立了不同于发达国家的农村金融制度和体系，具有以下特点：

第一，发展中国家的农业经济普遍落后，农业生产的组织化程度低，各发展中国家的农村金融体系组织结构差异较大。与发达国家相比，发展中国家没有建立起应对农业自然风险和市场风险，保证农业稳定生产的市场化机制；农业生产的规模较小，组织化程度低，农业生产效率低下，难以实现规模效应；农业生产的基础设施投资不足；等等。这些问题的存在，使发展中国家农村金融体系的建立有更大的难度。同时，发展中国家的农村金融体系有的基本实现了商业化运作，如印度尼西亚和蒙古国，但大多没有建立起可持续发展的农村金融体系。

第二，政府支持的多种形式的金融机构在发展中国家农村金融体系中占有重要地位。如泰国农业合作银行（BAAC）既是泰国唯一的农业政策性金融机构，也是支持农业发展的最主要的金融机构；而巴西70%~80%的农业生产贷款则是通过国有银行或政府扶持的商业银行发放的，而且在利率方面有较大的优惠。

第三，发展中国家的农村金融机构普遍采用小额贷款模式。比较典型的有孟加拉国福利主义的小额信贷GB模式和印度尼西亚、玻利维亚等国制度主义的商业化小额信贷BRI模式。小额信贷在许多发展中国家取得了成功，如孟加拉国、印度尼西亚、蒙古国、玻利维亚，目前已经成为发展中国家农村金融机构采用的最主要模式。但小额信贷对发展中国家农户的覆盖率仍较低，即使是覆盖率较高的孟加拉国也只有30%左右。

第四，发展中国家采取了各种支持农村金融发展的政策。除了普遍实行的农业信贷补贴以外，各个发展中国家根据本国的实际情况采取了不同的支持农村金融发展的政策。例如，为了支持农业发展，泰国政府规定商业银行必须把存款的13%用于农业；设在府县的商业银行分支机构必须将存款额的20%贷给农民，如达不到则必须把差额部分存在农业合作银行。

第五，各个国家针对本国农户的实际情况进行了卓有成效的产品创新，极大地丰富了农村金融的产品序列。印度尼西亚人民银行在进行商业化转型中，对存款模式进行了创新，它们根据农村客户的不同需要，设计了4种存款产品，使该行的存款在2000年到2004年年均增长14%，低成本融资比例则从61%提高到70%，从而使该行获得了低成本、稳定的资金来源。

第六，近年来，农业发展较快的发展中国家，其农村金融机构转型也较快，并有一些国家取得了成功。各个国家农村金融机构的转型大致遵循政策性到商业性再到多元化、国际化经营的路径，由政策性金融机构向商业性金融机构转型获得成功的典型是印度尼西亚的BRI，成功实现多元化经营的典型是泰国的BAAC。①

2. 孟加拉国模式

孟加拉国经济学家穆罕默德·尤努斯创办的格莱珉银行是发展中国家金融治理贫困问题的典范。格莱珉银行的小额信贷模式不仅帮助了无数穷人脱贫致富，而且实现了银行自身的可持续发展，为“三农”发展做出了巨大贡献。格莱珉银行具有以下两方面的显著特点：

服务对象精准，只面向贫困农户。格莱珉银行成立了非营利性基金，主要以扶贫为目的服务乡村中的贫困人口，即越贫困的农户越有可能获得贷款支持，且贷款利率远低于民间借贷利率和其他商业银行的贷款利率，从根本上减轻了贫困人口的还款压力，缓解了贫困农户“融资难、融资贵”的现实困境。

贷款抵押担保物限制较少甚至无限制。传统商业银行为控制或降低贷款风险会要求贷款人提供一定的抵（质）押担保物，若贷款人发生违约风险，银行可以通过拍卖抵（质）押担保物获得一定的风险补偿。农业容易受自然灾害等不确定因素的影响，风险较大，且贫困农户收入甚微，基本的生产生活难以维持，大多依赖政府补助，缺乏动产或不动产等合格的抵（质）押担保物。鉴于此，格莱珉银行采用“五户联保”的贷款方式，建立起科学有效的内部风险防控机制，同时采取强制性储蓄的方式建立贷款风

① 于海．中外农业金融制度比较研究［M］．北京：中国金融出版社，2003.

险补偿基金。这些措施显著降低了扶贫贷款的使用门槛和风险，且在无形中增加了贷款人的违约成本，督促贷款人按时履约还款，使乡村银行“五户联保”贷款的贷款不良率低于当地任何一家正规金融机构。

3. 印度模式

农业在印度国民经济中具有举足轻重的地位，印度地域广阔、地区之间差别大、农民的金融需求多样，为了更好地适应农业发展的需要，印度建立了体系庞大、覆盖范围广泛的农村金融体系，包括政策性金融机构、国有商业银行、私人借贷以及印度保险体系，各个体系之间具有相对不同的分工和合作，同时又保持一定程度的竞争，较好地满足了农村金融的需求。

（1）政策性金融体系

政策性金融体系包括为数众多的地区农村银行、国家农业和农村开发银行以及印度工业信贷和投资公司。每一家地区农村银行均由一家商业银行主办，其资本金由中央政府、邦政府和主办商业银行分别认缴50%、35%和15%，并可以通过发行债券进行筹措，主要服务对象是处于贫困之中的农民和小手工业者。国家农业和农村开发银行是印度中央政府和中央银行的代理机构，负责监督农村信贷合作机构和地区农村银行，并通过向农村信贷机构提供中间信贷来间接为农民提供信贷支持，其资本金来自中央政府和中央银行。印度工业信贷和投资公司资金的80%来自政府主要是为固定资产投资提供中长期贷款、投资和租赁，以及为包括农村工业在内的中小企业提供贷款。

（2）合作金融体系

印度的合作金融体系由提供短中期贷款的信用合作社和提供长期贷款的土地开发银行组成。现在，印度90%的农村地区建立了信用合作社，50%以上的农业人口加入了信用合作社。印度的信用合作社由低到高分为初级农业信用社、中心合作银行以及邦合作银行三级。印度的土地银行分为每个邦的中心土地开发银行和基层的初级土地开发银行，其资金来源于中央银行和发行债券，以土地抵押的方式为农民提供5~10年或更长期的贷款，用于购买价值高的农业设施、改良土壤、偿还旧贷款及赎回地主扣押的土地等。

（3）商业金融体系

商业性金融在印度的农村金融体系中发挥着最主要的作用，为农村提供了近70%的正式信贷。印度的商业银行是在1969年和1976年的国有化改造之后建立起来的，在政府的干预下，在全国包括偏远地区的广大农村建立了遍布全国的金融网络，为农村及边远地区的经济发展提供了急需的资金。同时，其运营效率非常低，印度政府也开始放松对银行业的干预，转为以市场调节为导向的市场经济。

在印度的农村金融体系中，农业保险充分发挥了其分散农业经营风险的作用。印度的农业保险实行自愿保险与有条件强制保险相结合的方式，即申请生产性贷款的农户必须参加相关的农业保险，其他的农户则实行自愿的原则。

4. 印度尼西亚模式

印度尼西亚的农村金融系统包括银行系统和非银行系统。银行类主要包括商业银行和农业银行，其监管由印度尼西亚中央银行负责。非银行类主要包括正式的农村信贷机构、农村信贷协会，以及非正式的自助小组和非政府组织。正式类型中，印度尼西亚人民银行代印度尼西亚中央银行监管农村信贷协会，农村信贷机构则由各地政府进行监督；非正式类型中，各自助小组和非营利性机构受地方法律法规约束（见表15-1）。

表15-1 BRI村行体系与其他营业机构的比较

名称	人民银行分支营业机构	人民银行村行体系
网点覆盖	320个营业机构分布在全国各地区和城镇，4个海外分支机构	3600个乡村信贷网点
运行模式	实行商业化运作的同时，还要管理政府资助的项目贷款	完全商业化运作
服务对象	主要是城镇和城镇周围的客户	农村地区的小客户

印度尼西亚人民银行既是印度尼西亚第四大商业银行，也是印度尼西亚最大的小额信贷服务机构。印度尼西亚人民银行将原来的村级机构组合为拥有3600个村行的面向农村地区小客户的商业化运作体系，独立核算，自主决定贷款规模、期限和抵押，执行贷款发放和收回。在1997年的亚洲金融危机中，村行体系因其特殊地位，存款不降反增，贷款质量也基本没有受到影响。

小额信贷是印度尼西亚农村金融的主要模式，商业银行的小额信贷部、农村银行以及乡村信贷管理处的贷款量占全国的90%。而非银行的机构，包括合作社、典当行、农村信贷基金组织、NGO、互助小组等在印度尼西亚农村金融中发挥的作用较小。

5. 墨西哥模式

墨西哥支持农村发展的金融机构比较齐全，包括国家农业银行、商业银行、保险公司、国家外贸银行、全国金融公司及农业保险机构。

该模式的主要特点是：

（1）分类服务

墨西哥根据农户的不同情况，分别由不同的金融机构提供资金，如现代化大农场的资金由商业银行、保险公司、国家外贸银行等金融机构提供；具有一定的生产潜力的中等农场或农户的资金主要靠国家农业银行提供优惠贷款；那些生产落后、不能获得正常银行贷款的贫困地区或贫困农户主要靠政府通过专门的基金会提供的低息或无息贷款来发展生产、保障生活。

（2）政策保险与商业保险共存，国家提供政策优惠

墨西哥农业保险公司的最初资本金由财政部提供。国家财政还提供该公司费用的25%以示支持，并对整个农业保险给予政策性免税。墨西哥还有其他4家商业保险公司经营部分农业保险业务，该农险业务向国有农业保险公司分保，并可经墨西哥农业保险公司从政府获得30%的保费补贴。农业保险的推广实行自愿原则。但是，对一些种植业、养殖业保险采取强制措施。

三、经验和启示

各国农村金融发展的机制、模式和技术，对本国贫困人口的减少、农村经济的发展发挥了重大的作用。这些宝贵的经验对我国农村金融的发展有着十分重要的借鉴意义。

（一）政府政策层面

1. 健全农村金融组织体系

虽然各国国情不同，农村金融发展的模式不同，但多数国家在农村金融发展中都有一个最大的共同点，就是建立了健全的农村金融组织体系，农村金融体系中既包括政策性金融机构、合作性金融机构，还包括商业金融机构及一部分私人借贷组织。多层次和多元化的农村金融组织体系，不同性质的金融机构协同运作，能较好地适应农村经济的多层次性和

农业生产的多样性特点，满足不同层次的农村资金需求，为农村金融发展提供良好的组织保障。

如在美国，合作金融在向农业有关的借款人提供购置固定资产等中长期信贷中占有重要地位；商业金融和个人信贷在短期农业信贷中占重要地位；而政府政策性金融机构则在推行政府的农业政策，扶持农民创业，确保农业持续发展方面发挥重要作用。

2. 多样化支农资金来源渠道

目前我国的金融机构筹资手段过于单一，资金来源不足，为了满足业务发展，一些金融机构甚至将从农村筹集的资金运用至城市业务，致使支农资金匮乏。从国外的经验来看，保证农村资金有效供给的重要前提，是农村金融机构可能通过多样化的筹资方式，多渠道扩充资金实力。

一是通过政府的直接拨款和中央银行优惠利率贷款筹资。如美国的联邦中期信贷银行和合作社就是由政府直接拨款创建；韩国农业协同组合中央会的主要资金来源就是政府和中央银行的优惠利率贷款。

二是通过发行由政府担保的债券和票据筹资。美国联邦土地银行、印度的国家农业和农村开发银行都可通过发行债券和票据筹集资金。

三是通过吸收存款和向其他金融机构，包括世界银行、外国金融机构借款。此外，合作性质的金融机构则通过社员入股的形式筹集资金。

3. 提供有力的政策扶持

由于农业生产的弱质性，许多国家的农村金融体系都带有国家强力扶持的特征。特别是在农村经济发展初期，政府需要充分发挥在农村金融中的政策主导作用，启动金融与经济间相互促进的循环发展机制。通过推动金融机构支农业务的发展，促进本国农业的发展；而农业的发展又进一步促进农村金融的快速发展。

一方面，政府通过制定相应的支持农村金融发展的法规，推动各类农村金融机构的建立。另一方面，政府直接参与到农村金融活动，保证农村资金供给：一是直接成立政策性金融机构，直接提供农村信贷资金和实施农业政策；二是通过拨款、优惠利率贷款等形式为农村金融机构注入资金，增强农村金融机构资金实力；三是通过补贴政策的充分运用，扩大农村资金供给。通过对金融机构给予差别准备金、税收减免、利率优惠和财政补贴等优惠政策，吸引更多的金融机构为农村地区提供金融服务。

4. 完善法律法规体系

国际经验表明，农村金融真正得以发展的国家，都通过建立完善的法律法规体系来推动农村金融体系的建设，规范和保障金融机构支农行为，促进农村金融的可持续发展。

例如，美国的农村金融本身就是诞生在法律基础之上，其主要合作金融机构中期信用银行、合作银行和联邦土地银行是分别根据《1916 年联邦农业信贷法》《1923 年中间信贷法》等成立的；日本的农业政策性金融机构农林渔业金融公库也是根据《农林渔业金融公库法》成立的；法国、印度等国也都有完备的法律体系来规范农村金融业务，保障金融对农村和农业的覆盖面。这些国家的农村金融法律法规在发展过程中，不断修改和补充，最终形成较为规范、有效的法律体系，规范了金融机构的运作，促进了金融机构更好地为农业发展服务。

5. 建立有效的外部支持体系

从国际经验来看，农村金融的发展还需一定的外部体系的支持。这些国家为了支持农业发展，大多有健全的农业保险制度，为农业发展面临的风险提供有效保障。而且由于农业保险风险较大，成本较高，在农业保险的发展过程中，政府还提供补贴及其他优惠政策支持，并制定农业保险法，明确其法律地位，以法律形式保障农业保险的发展。部分国家还建立了较为完善合理的利益补偿机制，以降低风险，调动金融机构支农的积极性。例如，建立农业担保体系和信用担保体系，通过信用担保机构提高农业主体的融资能力，分散农业信贷风险。一些国家如日本还建立健全了由政府、银行及民间金融机构共同协作的存款保险制度，不仅保护了存款人的利益，而且强化了政府对金融机构和市场的监管，维护了金融秩序的稳定，通过这些外部支持保障体系的建立，确保农业生产者和金融机构的利益，从而有效地推进了农村金融的健康持续发展。

（二）涉农金融机构层面

国际涉农金融机构的成功经验充分说明，涉农金融机构完全有可能在促进农业和农村发展与获得自身可持续发展之间找到良好的结合点，但这需要涉农金融机构以及包括政府在内的各相关利益主体进行不懈的探索。

同时，随着农业的现代化和经济的工业化，农村人口数量不断下降，农业在整个国民经济中的比重下降，农业贷款占金融机构贷款的比重也不断下降。这时，国际涉农金融机构为了取得长足的发展，纷纷进行了发展战略的调整，即以农村金融业务为基础，向城市金融业务延伸，并通过多元化、国际化战略的实施，向全能型国际大银行的方向发展。

因此，实现了多元化、国际化经营的国际大型涉农金融机构大多是发达国家的金融机构，这些金融机构有着许多的共同点：发端于服务农业的农村合作金融；适应合作社发展而建立的自下而上控股的“倒金字塔”公司治理模式；随着本国经济的发展，农业在国民经济中的份额下降，为了寻求发展，向多元化、国家化方向发展。

尽管有着特殊性，但国际涉农金融机构转型的成功经验仍对我国大型涉农金融机构的发展具有重要的借鉴意义。

1. 保持较强的盈利能力

保持较强的盈利能力是任何商业银行赖以生存的基础，单一的农村金融业务不仅会极大地限制商业银行的利润，而且会导致风险高度集中，不利于商业银行的发展，最终会损害涉农金融机构的可持续发展能力。因此，国际大型涉农金融机构从20世纪70年代开始，纷纷实行了多元化和国际化发展战略。

20世纪70年代中期，德国经济快速发展，农业在国民经济中的比重快速下降，德国中央合作银行为了扩大利润来源，不断扩大业务经营范围，努力发展公司银行、投资银行、资产管理和保险等业务板块。并通过在海外建立分行或办事处来开展国际业务，迅速实现多元化国际化经营，保证了集团的盈利能力。法国农业信贷银行、荷兰拉博银行等也都经历了同样的过程。

就我国的情况而言，尽管目前的农村金融市场仍有很大的潜力。但其总体规模占整个金融市场的比重不大，这就决定了涉农业务的规模和盈利空间较小，大型涉农金融机构需要根据业务发展模式。从自身的实际出发，在深度挖掘农村金融市场的同时，逐步实施多元化综合经营，力求发挥分支机构、网点、地域优势，不断扩大业务经营范围及品种，特别是中间业务以及证券、投资银行等高附加值金融服务，实现城市业务和农村业务的联动发展。同时，应适时实行国际化经营战略，一方面可主动走出国门，在海外设立分支机构；另一方面可进一步加大与外资银行的合作力度。通过实施多元化、国际化经营，努力实现城乡业务联动、国内外业务联动，形成城市金融和农村金融、国内金融和国际金融良性互动的格局。

2. 建立良好的组织架构和经营机制

法国、德国、荷兰等发达国家的涉农金融机构，由于历史的原因，形成了以基层信用社、地方分行、区域分行及总行为独立法人，通过自下而上层层控股的方式实现公司治理。这种模式的好处是各级分行独立经营，自下而上的控股，有利于内部资金的市场化定价和转移，提高资金使用效率，为总部的多元化、国际化转型提供了良好的基础。集团总部则拥有保险公司、租赁公司、投资基金公司等多家专业的子公司，实现多元化经营，通过国际控股公司运作在海外设立的分行和代表处。这种模式实现了总分行机构的合理分工与协作，一方面提高了地方银行的工作积极性，提升了客户满意度；另一方面使总行有能力参与到日益复杂的国际业务和专业领域中，在兼顾经营管理的灵活性和控制严密性的前提下，实现了较好的经营效益。

如何实现地方分行和总行之间合理的分工协作也是目前我国银行业发展中的一个突出问题。风险控制要求业务权限的上收；而市场的迅速变化、同业的激烈竞争又要求赋予地方银行更多的自主权。国际案例的成功在于依托其自下而上的控股结构，而我国银行业的股权结构则要求我们进行公司治理模式的创新，以实现总行与分行之间更为顺畅地联动。

3. 多元化、国际化发展

法国农业信贷银行从 1986 年开始成立独立的寿险公司开始，到 2005 年，先后成立了财产和意外伤亡保险子公司、证券经纪公司，在国内外完成了 11 宗银行业并购，并于 2001 年完成改制，成为法国农业信贷银行股份有限公司，并在法国证券交易所成功上市。经过多次的并购活动，法国农业信贷集团快速发展成一家拥有多个附属机构、涉足众多金融领域、业务遍及海内外的综合性金融集团。经过多年的综合化和国际化发展战略，法国农业信贷银行目前在全球 60 多个国家开展业务经营，经营范围涉及六大业务条线，涵盖几乎所有的金融服务领域。从战略实施路径上看，法国农业信贷银行也和其他国际大银行相似，走的是资本市场并购为主的扩张之路，这是大型商业银行快速实现规模经济和范围经济的重要手段。这些国际金融机构在开展多元化、国际化经营方面的成功与失败经验，对中国大型涉农金融机构即将实施的全能型国际银行战略是一个很好的借鉴。

4. 加速业务和科技创新

法国农业信贷银行、韩国 NH 农协银行等国际金融机构通过电子网络将集团内不同的法人联系起来，并实现了各个业务流程的信息化处理，显著地降低了成本费用，提高了运营和服务水平。同时，通过遍布全球的电子网络，快速实现了国际化运作。而荷兰拉博银行则是在食品和农业产业持续不断地进行业务发展模式、产品内容创新，使其一直保持行业探索者、领军者的优势。

上述经验告诉我们，国际领先银行必须在技术、制度方面均保持创新，只有这样才能在巩固原有业务优势的基础上，在新的业务领域中获取新的利润增长点。建立持续的创新能力是国际领先银行的核心竞争力的重要体现。

5. 建立内部控制与外部监管相结合的风险管理体系

开展国际化经营的银行更容易受到国际金融市场波动的影响，必须建立严格的内部控制和外部监管相结合的风险管理体系。

拉博银行通过建立庞大的内部控制审计和合规建设队伍，采取严厉措施提高贷款的归还率，建立总分行、分行之间的担保体系，加强了风险监管能力，使其成为“最安全银行”，保证了国际化经营的顺利开展。德国中央合作银行等成功开展国际化经营的涉农金融机构，也都建立起了符合本国监管要求的风险控制体系，为其开展国际化经营提供了安全保障。

我国涉农金融机构开展国际化经营是经济发展的必然趋势，因此，应及早建立和完善有效的内部控制合规机制。另外，我国亟待建立和完善相关的法律法规，避免出现监管空白，实现全面有效的监管。

6. 加速发展产业链金融

荷兰拉博银行对于农业的理解着眼于整个产业链，根据产业链的不同位置，将整个产业链划分为四个阶段，即初级生产阶段、加工阶段、贸易阶段、零售及食品服务阶段，并在不同阶段提供不同的金融服务。拉博银行遍布全球的80人的食品农业产业研究咨询机构，为拉博银行深度挖掘上述四个阶段的金融需求提供了决策支持，促进了集团各项具体业务的开展，也为拉博银行赢得了在食品农业产业领域内领军者的形象。

我国的广大农村地区主要农产品的产量及农产品贸易额均居世界前列，农村金融目前重点集中于服务初级生产阶段，加工阶段、贸易阶段、零售及食品服务的金融服务严重不足，未来发展潜力巨大。根据波特的国家竞争力理论，国内潜力巨大、需求多样的农村金融市场有助于我国农村金融市场国际竞争力的提升。因此，我国的涉农金融机构可以借鉴拉博银行的成功经验，运用价值链融资理念，在本国资源禀赋基础上，形成金融与农业和食品产业良性互动的局面，最终形成在农业和食品金融领域的国际竞争力，为国际化发展奠定基础。

后 记

按照中华全国供销合作总社党组、理事会工作部署安排，由总社金融服务部牵头，联合国家农担公司、中国人民银行、农业银行总行、总社管理干部学院、供销集团新供销产业基金等单位，共同开展“新时代中国特色农村金融创新研究”课题。在总社领导关怀下，在各有关单位共同努力下，《新时代中国特色农村金融创新研究》一书历时近一年，几易其稿，终于呈现在读者面前。

本书编委会由陈振平、吕恒心、孙同全担任主任，黄道新、申泽涛、郭晓茹担任副主任。书稿撰写过程中，在编委会统筹下，每位编纂人员翻阅大量资料和文献，认真做好资料收集整理、调查研究以及撰写审核等各项工作，为本书的顺利出版付出了大量心血和汗水。

在本书的写作和出版过程中，中国金融出版社给予了高度重视，责任编辑吕楠女士为本书编辑、出版付出了辛勤的劳动。本书在编写过程中，得到多方面的支持与帮助，特别是参考、借鉴了供销合作社史料、供销合作社年鉴等相关学术成果以及全国各地的农村金融实践案例。在此一并致谢。

《新时代中国特色农村金融创新研究》内容庞杂，在撰写过程中难免挂一漏万，如有关政策性金融以及农村信用社、村镇银行等内容未能在本书中体现，且供销合作社从自身实践角度组织编撰，难免有专业的局限性，不够准确全面之处，恳请读者朋友多提宝贵意见。

本书具体编写分工如下：第一章 孙同全、苏岚岚；第二章 王亮亮；第三章 欧海燕、张剑、郭羽佳；第四章 夏文、滑凌啸；第五章 喻琼琳；第六章 张舒建；第七章 邹春艳；第八章 王美超；第九章 刘蕊；第十章 李明、黎哲延、刘晓迪；第十一章 董佳春子；第十二章 解辞、赵丽萍、亓渴慕；第十三章 艾永梅、朱文浩；第十四章 乔小鹏、滑凌啸；第十五章 李博。本书由陈振平、孙同全负责总纂并终审定稿，由陈振平负责总体协调。

编　者

2022 年 11 月